普通高等教育"十二五"规划教材

成本会计学

胡北忠　主编

科学出版社
北京

内 容 简 介

本书主要介绍现代成本会计的理论、方法和实务,内容包括成本预测、成本决策、成本计划、成本控制、成本核算、成本分析及考核。其突出的特点是:在传统成本会计教材的基础上,加入了国内外大量信息资料,每章在对相关成本会计理论和方法论述时,都附有形式生动、内容充实的案例,有助于学生阅读和理解,也是教师采用启发式教学方式,实施成本案例教学的首选用书。

本书可作为高等院校会计学、财务管理等专业的教材使用,也可供企业单位的管理人员及财务人员等阅读与参考。

图书在版编目(CIP)数据

成本会计学/胡北忠主编. —北京:科学出版社,2013
普通高等教育"十二五"规划教材
ISBN 978-7-03-038111-8

Ⅰ.①成… Ⅱ.①胡… Ⅲ.①成本会计-高等学校-教材 Ⅳ.①F234.2

中国版本图书馆 CIP 数据核字(2013)第 148791 号

责任编辑:兰 鹏 / 责任校对:包志虹
责任印制:阎 磊 / 封面设计:蓝正设计

科 学 出 版 社出版
北京东黄城根北街16号
邮政编码:100717
http://www.sciencep.com
源海印刷有限责任公司印刷
科学出版社发行 各地新华书店经销

*

2013 年 8 月第 一 版 开本:787×1092 1/16
2013 年 8 月第一次印刷 印张:19 1/2
字数:475 000

定价:38.00 元
(如有印装质量问题,我社负责调换)

编 委 会

主任委员

　　蔡绍洪　　　　贵州财经大学　　　　　　　　　　　副校长

副主任委员

　　徐大佑　　　　贵州财经大学　　　　　　　　　　　教务处处长
　　胡华强　　　　科学出版社　　　　　　　　　　　　副总经理

委员（按姓氏拼音排序）

　　岑燕坤　　　　贵州民族大学管理学院　　　　　　　院长
　　董延安　　　　贵州财经大学会计学院　　　　　　　院长
　　杜　滨　　　　贵州大学管理学院　　　　　　　　　院长
　　范方志　　　　贵州财经大学经济学院　　　　　　　院长
　　黄东兵　　　　贵州财经大学管理科学与工程管理学院　院长
　　黄　静　　　　贵州财经大学财政与税收学院　　　　院长
　　江　能　　　　贵州财经大学金融学院　　　　　　　副院长
　　吕　萍　　　　贵州师范大学经济管理学院　　　　　院长
　　彭　刚　　　　贵州民族大学商学院　　　　　　　　院长
　　王明亮　　　　凯里学院经济管理学院　　　　　　　院长
　　王秀峰　　　　贵州大学经济学院　　　　　　　　　院长
　　文静华　　　　贵州财经大学信息学院　　　　　　　院长
　　肖良武　　　　贵阳学院经济与管理科学学院　　　　主任
　　肖小虹　　　　贵州财经大学工商管理学院　　　　　院长
　　杨华蔚　　　　贵州财经大学数学与统计学院　　　　院长

前　言

　　成本会计学是高等院校会计学、财务管理专业的专业必修课程和其他管理专业的专业选修课程。一部逻辑性强，理论体系完善的成本会计学教材，不仅有利于教师开展教学，而且能帮助学生提高学习效率，尽快熟悉和掌握成本会计专业知识。会计教育的飞速发展，促进了《成本会计学》教材建设的发展，一部部反映现代成本管理先进理论和体现广大成本会计教学工作者教学经验的《成本会计学》教材呈现在读者面前。面对如此丰富的教材成果，再编写出版一本特色鲜明的《成本会计学》教材，这对笔者来讲确实是一项艰难的任务。成本会计学课程是会计学类专业的核心课程，承担成本会计学课程教学的教师具有丰富的教学实践经验，为了总结在成本会计学教学实践与改革过程中的思考、心得和经验，体现成本会计学教学特色，本书编写人员精心组织和编写了本书。

　　本书除了积极吸收和借鉴其他优秀教材的精华内容和成本会计理论与实务的最新研究成果外，试图在以下几个方面有所创新，突出特色。

　　第一，在教材内容的安排上，本书依据现代成本会计的七个环节，按照事前、事中和事后的顺序进行谋篇布局。第一章主要阐述成本会计的基本理论和基本方法体系，是成本会计学课程教学的基础内容；第二章事前成本会计主要阐述成本预测、成本决策和成本计划的基本原理和方法；第三章到第八章主要阐述成本核算和成本控制基本理论和方法；第九章、第十章主要阐述事后成本分析与成本考核。为便于读者学习和练习，在本书的最后部分还精心编写了十四套练习题。

　　第二，在费用支出分类上，由于现行企业会计准则对费用支出的分类不再划分为收益性支出与资本支出，而是划分为费用性支出与资本支出，所以为遵从现行企业会计准则的规定，作者对费用支出的界限进行了重新划分。由于产品生产成本是要构成存货资产的价值，在资产负债表上反映，所以将其归类为资本性支出；而期间费用不构成资产价值，在利润表上反映，所以将其归类为费用性支出。

　　第三，在成本核算程序上，多数教材是将费用支出界限的划分过程作为成本核算程序，本书也不反对这种观点，但费用支出界限的划分过程没有时间的规定性，读者学习后不能明确在实际工作中成本核算的实际操作程序。本书将成本核算程序归纳为进入企业首先要了解企业的生产类型特点和管理要求，确定成本核算对象和成本计算期；具体进行成本核算总结为日常费用分配归集核算和月末费用分配结转核算两个步骤。这一成本核算程序归纳在时间和工作内容上流程清晰，读者学习后不仅知道做什么，而且清楚怎么做。

　　第四，成本会计是会计的主要组成部分，成本计算的目的还主要是为会计核算处理服务的。在成本会计方法的论述上，多数教材把重心放在"成本"，主要介绍"成本"的计算过程，不太重视"会计"，简略介绍甚至不介绍会计处理，读者学习后只知道怎么算，不知道怎么处理。本书将"成本"与"会计"视为同等重要，是将"成本"的计算过程融合于"会计"的处理过程。在介绍每一种成本会计方法时，是在介绍其"会计"的处理过程中介绍"成本"的计算过程。

　　本书是由贵州财经大学会计学院胡北忠教授担任主编，拟定教材提纲，对全书内容进行总纂，并撰写第一章、第四章、第五章、第七章、第八章；周松副教授撰写第二章；贵州大学明德学院熊军副教授撰写第三章、第六章；黎媛媛讲师撰写第九章；贵州大学管理学院王红副教授撰写第十章。

　　本书在撰写过程中得到了贵州财经大学会计学院领导、教师的大力支持，特别是前任院长张志康教授、现任院长董延安教授的大力帮助，在此一并表示衷心的感谢。

　　成本会计理论和实务的发展以及相关学科的逐步完善，对成本会计教材提出了新的要求，许多理论和方法需要补充到教材当中。但由于编写时间仓促和作者水平所限，书中难免有不足之处，欢迎广大读者、同行批评指正，以便对本书进一步修改和完善。

胡北忠

2013 年 5 月

目　　录

第一章

总　论

第一节　成本概述

一、成本的经济内涵

（一）马克思的成本价值观

成本是会计理论中的一个非常重要的会计理论问题，研究"成本会计"首先遇到的问题是"成本"的含义是什么？长期以来，我国理论界主要以马克思在《资本论》中对商品价值的论述来对成本的概念进行了界定。马克思在论述资本主义商品生产时指出："按照资本主义生产方式生产的每一个商品 W 的价值，用公式来表示是 $W=c+v+m$。如果我们从这个产品价值中减去剩余价值 m，那么在商品中剩下来的，只是一个在生产要素上耗费的资本价值 $c+v$ 的等价物或补偿价值。"[①] 他同时指出："商品价值的这个部分，即补偿所消耗的生产资料价格和所使用的劳动力价格部分，只是补偿商品使资本家自身耗费的东西，所以对资本家来说，这就是成本价格。"[②]

在上述论述中，马克思既从耗费角度指明了成本是由物化劳动和活劳动中必要劳动的价值所组成；同时，又从补偿角度指出了成本是补偿商品使资本家自身耗费的东西。由此可知，成本是商品价值的最重要组成部分，是耗费和补偿的统一体，它既是生产中耗费的反映，又是生产过程中补偿的尺度。

这里特别要指出的是，马克思的《资本论》中的"$c+v$"指的是一种特殊的成本——产品成本概念，不能作为一般成本概念理解。因为马克思在论述成本价格理论时，明确指出了"每一个商品"和"商品价值"等名词。产品成本属于成本，但成本不等于产品成本。成本涵盖了产品成本、期间成本、固定成本、变动成本、重置成本、历史成本、相关成本、沉没成本、机会成本、差别成本等概念。

---

①②　《马克思恩格斯全集》，第 25 卷，北京，人民出版社，1974 年，30 页

（二）西方会计学的成本价值观

改革开放三十多年来，西方经济学、管理学思想已融入我国经济管理理论体系中，为我国经济发展起着积极的作用。在西方会计学中，往往把成本理解为为实现一定的目的所付出的价值牺牲。其典型的定义是美国会计学会在 1951 年提出的《成本概念与标准委员会报告》中给成本所下的定义，认为"成本是指为实现一定的目的而付出（或可能付出）的用货币测定的价值牺牲。"[①]

这个定义有三重含义：第一，成本是一种价值牺牲。这种价值牺牲可以理解为一种价值消耗，不仅可以是现金支出，也可以是物资消耗、劳动消耗或是从外部提供的劳务消耗。第二，这种价值牺牲是为了一定目的，通常是指由经营目的而衍生的目的。从这个意义上说，成本是与经营目的相关而消耗的价值。第三，这种牺牲可以用货币测定。也就是说可以用货币计量，因为这些价值要变为成本，最终都必须以货币来表现。可见，这一定义的外延非常广泛，远远超出产品成本的概念。

我国会计学界对西方会计学中的成本含义存在着几种不同的认识：一是西方会计学成本含义表述准确，对成本进行了高度概括，揭示了成本本质，应该采取"拿来主义"，为我所用；二是西方会计学成本含义过于抽象，没有具体的界限和明确的内容。这样，作为商品的所有者和经营者，常常会对一些支出作出符合自己利益需要的主观规定，列入成本。并且，它与马克思在《资本论》中有关成本的表述相矛盾，掩盖了剩余劳动所创造的剩余价值，因此采取全盘否定的态度。还有一种意见认为，对西方会计学成本的含义应采取借鉴的态度，汲取其精华。西方成本的含义是对现象的高度抽象和总结，它有如下可取之处：一是其内涵比较广，不仅能用来解释产品成本，而且还能用来解释实际工作中遇到的各种具体成本；二是其定义高度概括，比较简练。

（三）会计学成本的一般含义

会计学成本的一般含义应该是对成本进行高度概括，揭示成本的本质，不仅能用来解释产品成本，而且能用来解释实际工作中遇到的各种具体成本。所以会计学成本的一般含义应该是：特定的会计主体为了达到一定的目的而发生的可以用货币计量的代价。具体来说包括如下几层含义：第一，成本必须发生于某一特定的会计主体，以符合会计主体假设。第二，成本的发生是为了达到一定的目的。生产是人类有目的的活动，如果成本的发生没有明确的目的，则只能算是一种浪费。第三，成本必须是可以用货币计量的，否则就无法进行成本的核算。同时，成本会计亦属于会计，因此应符合会计的货币计量假设。

随着现代成本会计的发展，出现了许多新的成本概念。这标志着人们对成本加深了认识，使成本理论更加丰富、充实和完善，从而为成本会计适应现代企业管理的需要开辟了新的途径。成本会计的发展历程说明，成本会计是随着社会生产的不断发展而形成并逐渐完善的，只有不断地研究新理论、新方法，成本会计的理论和实务才能不断地发展和完善。

---

① 番场嘉一郎，会计学大词典（条目选择），司徒淳译，湖北省会计学会，1981年，274页

二、产品成本的经济实质与实际构成内容

我国目前实行的是社会主义市场经济体制，作为与商品经济相联系的成本，在社会主义市场经济中，仍然是作为一个经济范畴而存在。马克思的成本价格理论，其基本原理同样适用于社会主义市场经济，只是其内涵由于所有制的不同有了新的含义。社会主义社会的商品价值由以下三部分组成：①生产经营过程中耗费的物化劳动价值（c），即已耗费的劳动工具和劳动对象的价值；②劳动者为自己劳动所创造的价值（v），即活劳动消耗中的必要劳动部分；③劳动者为社会劳动所创造的价值（m），其中 c＋v 即商品价值中物化劳动转移价值和活劳动中必要劳动所创造价值的货币表现，就是社会主义市场经济体制下的产品成本的经济实质，也称为"产品理论成本"。

要将理论成本应用于产品成本计算的实践，还应考虑宏观方针政策和微观企业管理的需要。当然，我们应该严格地限制这些需要对产品成本现实内容的影响。否则，将使产品成本范围失去理论依据。

在实际工作中，为了使企业产品成本口径保持一致，防止乱挤、乱摊产品成本，应由国家统一制定产品成本开支范围，明确规定哪些费用开支允许列入产品成本，哪些费用开支不允许列入产品成本。按这种法定的要求计算出来的产品成本，称为产品实际成本，也称为核算成本或制度成本。

产品成本开支范围的规定是财会制度的重要组成部分，直接涉及产品生产经营的劳动耗费补偿和利润取得的多少。它对于加强产品成本管理，增强产品成本的可比性和可控性，正确评价企业经济效益，保证企业生产和再生产的顺利进行具有重要的意义。我国工业企业产品成本开支范围，几经变化，在实践中逐渐明确和完善。综合《企业财务通则》、《企业会计准则》和有关财会制度的规定，产品成本开支范围包括以下各项：

（1）企业生产过程中实际消耗的原材料、辅助材料、外购半成品和燃料的原价和运输、装卸、整理等费用。

（2）为制造产品而耗用的动力费。

（3）企业生产单位支付给职工的工资、奖金、津贴、补贴和其他工资性支出，以及职工的福利费。

（4）生产用固定资产折旧费、租赁费（不包括融资租赁费）、修理费和低值易耗品的摊销费用。

（5）企业生产单位因生产原因发生的废品损失，以及季节性、修理期间的停工损失。

（6）企业生产单位为管理和组织生产而支付的办公费、取暖费、水电费、差旅费，以及运输费、保险费、设计制图费、试验检验费和劳动保护费等。

为了严肃财经纪律、加强产品成本管理，财会制度还明确规定，下列各项开支不得列入产品成本：

（1）长期资产支出，如购置和建造固定资产、无形资产和其他长期资产的支出（这些支出效益涵盖若干个会计年度，在财务上不能一次列入产品成本，只能按期逐月摊入）。

（2）投资性支出，如对外投资的支出以及分配给投资者的利润支出。

（3）期间费用支出，包括营业费用、管理费用和财务费用，这些费用与产品生产活动

没有直接联系，发生后直接计入当期损益。

（4）营业外支出，如固定资产盘亏、处置固定资产净损失、处置无形资产净损失、债务重组损失、罚款支出、非常损失、被没收的财物、支付的滞纳金、违约金、赔偿金，以及企业赞助、捐赠等支出。这些支出与企业生产经营活动无直接关系，应冲减本年利润。

（5）在公积金中开支的支出。

综上所述，国家规定的产品成本开支范围是以产品成本的经济实质为基础，同时也考虑到国家的分配方针和企业实行独立核算的要求而制定的，因此，产品成本的现实内容同其经济实质稍有背离。例如，生产单位的财产保险费，应属于 m 中进行分配的部分，也列入产品成本。又如，废品损失和停工损失等纯粹是损失性支出，并不形成产品的价值，但考虑到促使企业加强经济核算和改善成本管理，以及保证得到必要的补偿，就将这些费用也计入产品成本之内。这样，还可以提高成本指标综合反映能力，使成本指标全面反映企业工作质量的好坏，以充分发挥成本经济杠杆的积极作用。

三、成本的分类

为了适应成本计算、成本控制和成本规划的需要，寻求进一步降低成本的途径，成本可按各种不同标准加以分类。

（一）按成本的经济用途或职能分类

成本按其经济用途或职能可划分为制造成本和非制造成本两大类。

1. 制造成本

制造成本（又称生产成本或工厂成本），是指产品在制造过程中所发生的各项成本，一般包括直接材料、直接工资和制造费用三个项目。

（1）直接材料。直接材料是指加工后直接构成产品实体或主要部分的原料、主要材料与外购半成品，以及有助于产品形成的辅助材料等。例如，原棉是生产棉纱并构成其实体的原料，木材是制造家具并构成其实体的主要材料，染料、漂白粉是有助于印染色布用的辅助材料。但应指出，某些有助于产品形成的材料，如果占产品成本比例较小，为了简化产品成本核算，可将其并入制造费用。例如，制造家具用的胶剂、铁钉等就是采用这种处理方式。

（2）直接工资。直接工资是指在生产中对材料进行直接加工制成产品所耗用的人工的工资、奖金和各种津贴等。

（3）制造费用。制造费用是指在生产过程中所发生的那些除了直接材料及直接工资以外的需要计入产品制造成本的各种费用。具体指企业各个生产单位（分厂、车间）为组织和管理生产所发生的费用，以及生产单位房屋、建筑物、机器设备等的折旧费、设备租赁费（不包括融资租赁费）、修理费、机物料消耗、低值易耗品摊销、设计制图费、试验检验费、劳动保护费、季节性和修理期间的停工损失等费用。

以上各项目按经济用途划分是多数企业计算产品成本时成本分类的依据，所以将这些项目称为成本项目。各企业生产特点不同，可根据各项费用支出的比重和成本管理的要求不同，在上述统一成本项目的基础上，按需要适当增加项目，如"外部加工费"、"燃料和动力"、"废品损失"等。

对生产成本中的上述三个项目按照不同方式进行组合，又可以得到一些不同的成本概念。例如，直接工资及制造费用之和，则称为加工成本，它是指产品加工时所发生的各项成本。直接材料和直接工资之和称主要成本，它们通常是成本的主要部分。但是，随着企业制造环境的改变，特别是高科技产品的使用、高新技术的广泛采用，使得企业的产品成本结构发生了重大的变化，有些企业的制造费用占制造成本的比例超过50%。在这种情况下，直接材料和直接工资之和显然不再是主要成本了。此外，在高度自动化的企业中，生产工人往往必须完成多种工作，而且直接工资只占制造成本的极小部分，很难或不值得花很大精力单独将工资归属到各产品成本。所以，这时企业可将直接工资成本与制造费用合并为一个项目，称为加工成本，直接材料则单独列为一项。

2. 非制造成本

非制造成本（又称非生产成本或期间成本）是指与产品制造过程没有联系的非生产性成本耗费。它包括销售费用、管理费用和财务费用三类。在制造性企业，通常是将制造成本作为产品成本处理，非制造成本则视为期间成本。

(1) 销售费用：企业在销售商品、自制半成品、材料和提供劳务等过程中发生的各种费用，以及为销售本企业商品而专设销售机构的经营费用。销售费用是发生在流通领域为实现产品价值而发生的各项费用。销售费用包括的内容较多，具体包括保险费、包装费、展览费和广告费、商品维修费、预计产品质量保证损失、运输费、装卸费等；为销售本企业商品而专设的销售机构（含销售网点、售后服务网点等）的职工薪酬、业务费、折旧费等经营费用，以及企业发生的与专设销售机构相关的固定资产修理费用等后续支出。

(2) 管理费用：企业行政管理部门为组织和管理企业生产经营活动而发生的各项费用，包括企业在筹建期间发生的开办费、董事会和行政管理部门在企业的经营管理中发生的或者应由企业统一负担的公司经费（包括行政管理部门职工工资及福利费、物料消耗、低值易耗品摊销、办公费和差旅费等）、工会经费、董事会费（包括董事会成员津贴、会议费和差旅费等）、聘请中介机构费、咨询费（含顾问费）、诉讼费、业务招待费、房产税、车船使用税、土地使用税、印花税、技术转让费、矿产资源补偿费、研究费用、排污费等。

(3) 财务费用：企业在筹集生产经营资金等财务活动中发生的各项费用，它包括企业在经营期间发生的利息支出（减利息收入）、汇兑损失（减汇兑收益）、银行及其他金融机构手续费，以及因筹集资金而发生的其他财务费用。

成本按经济用途划分，是最基本的分类。按照这种分类，可以了解制造成本中各成本项目的金额，分析各成本项目的金额是否合理，寻求降低成本的途径；可以按照不同成本项目的特点，采用不同的方法将费用在各种产品当中进行分配；确定了非制造成本的类别，由于其直接计入当期损益，对于确定损益具有重要意义。

(二) 按成本同特定产品的关系或分配方式分类

按成本与特定产品关系或分配方式可分为直接计入成本与间接计入成本。

1. 直接计入成本

直接计入成本：与某一特定产品之间具有直接联系、能够经济而又方便地直接计入该产品成本。在企业的产品生产过程中，许多费用都是为了直接生产某一种产品而发生的，如领用某种材料直接生产某一种产品，而其他产品并不使用这种材料，这时，这些材料费用就可以直接计入该种产品的成本中；某些生产工人专门生产某一种产品，并不生产其他产品，这时，这些生产工人的工资就可以直接计入该种产品的成本当中。

2. 间接计入成本

间接计入成本：与某一特定产品之间没有直接联系或者虽有联系但不能经济而又方便地计入各种产品的成本。间接计入成本需要按适当的标准分配计入各种产品的成本。例如，几种产品所消耗的直接材料和计时直接工资成本以及制造费用等，由于是多种产品所耗用，不能准确地确认是由哪种产品所耗用的，因此，通常是采取按一定的标准分配计入各有关产品成本的方法。

将成本划分为直接计入成本和间接计入成本，对于正确计算产品成本是十分重要的。凡是直接计入成本必须根据原始凭证直接计入该种产品的成本，这样不但可以准确地计算每种产品的成本，而且还简化了成本计算的工作量；对于间接计入成本则要选择合理的分配标准和方法分配给相关产品。分配标准是否恰当，将直接影响成本的正确性。直接计入成本和间接计入成本的区分，可以使成本计算更加准确、简便。

（三）按成本习性或可变性分类

成本习性：成本总额与业务量（产量或销量）变化的依存关系。成本按成本习性可分为变动成本、固定成本和混合成本。

1. 变动成本

变动成本：在一定范围内其总额随着业务量的变化而成正比例增减变化的成本。例如，生产产品中使用的材料费用就属于变动成本，直接材料、直接工资中的计件工资等都属于变动成本，它是随着产量的增减而成正比例变动的。变动成本具有以下特点：

（1）变动总成本随业务量成正比例变动；

（2）单位变动成本保持不变。

变动成本同业务量之间成正比例变动的关系是有一定范围的，超过一定范围，变动成本同业务量之间的比例关系可能会改变。其成本模型见图 1-1。

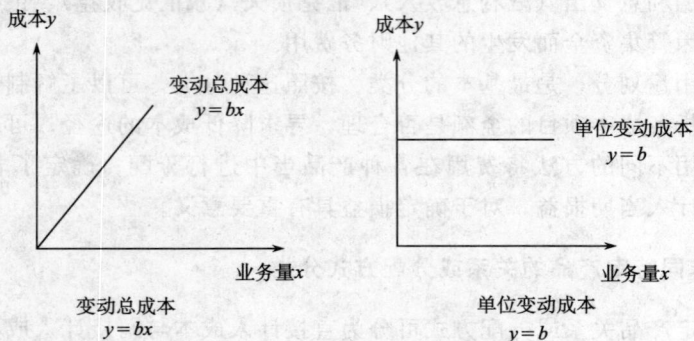

图 1-1　变动成本模型图

2. 固定成本

固定成本：在一定期间和一定业务量范围内，其总额不随业务量增减变动而变动，保持相对的固定的成本。例如，企业厂房的折旧费，它是根据厂房的原值、使用年限等资料计算的，与产量无关。因此，不论生产多少件产品，其折旧费是固定不变的。属于固定成本的还有房屋建筑物的租金、保险金、企业管理人员工资、机器设备的折旧费等。固定成本具有以下特点：①固定成本总额不随业务量变动而变动；②单位固定成本随业务量成反比例变动。

固定成本也必须是在一定期间和一定业务量范围内才具有上述点，超出范围就会发生变化。固定成本模型见图 1-2。

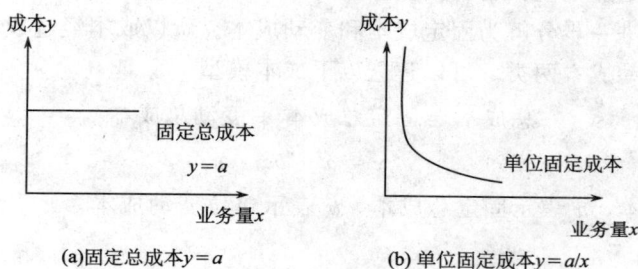

(a)固定总成本 $y=a$ (b) 单位固定成本 $y=a/x$

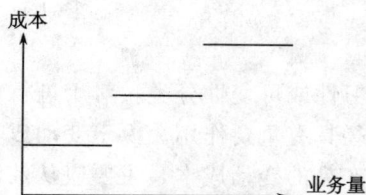

图 1-2 固定成本模型图

3. 混合成本

混合成本：介于固定成本和变动成本之间，成本总额虽然受业务量变动的影响，但其变动幅度并不同业务量的变动保持严格比例的成本。按照混合成本变动趋势的不同，可进一步分为半变动成本、半固定成本、延期变动成本、曲线变动成本四种。

（1）半变动成本：通常有一个基数，相当于固定成本，在这个基数之上，业务量增加了，成本也会相应增加。其成本模型见图 1-3。

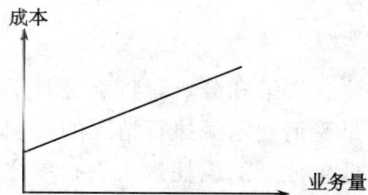

图 1-3 半变动成本模型图   图 1-4 半固定成本模型图

（2）半固定成本：当业务量在一定范围内增长时，其发生额固定不变，但在业务量增长超过一定限度时，其成本就会跳跃式上升，然后在新业务量的一定范围内又保持不变，直到出现一次新的跳跃。其成本模型见图 1-4。

（3）延期变动成本：在正常工作时间范围内其发生额固定不变，但当工作时间超过正常时间时，其发生额将随着业务量的变动而变动的成本。其成本模型见图 1-5。

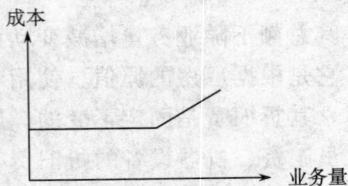
图 1-5　延期变动成本模型图

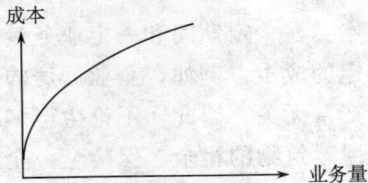
图 1-6　曲线变动成本模型图

（4）曲线变动成本：有一个初始量，相当于固定成本，然后在这个初始量基础上，随业务量增长而逐渐增加，但其增长幅度呈抛物线上升。其成本模型见图 1-6。

混合成本可以进一步分解为固定成本和变动成本。所以成本经过成本性态分析，可以分为固定成本和变动成本两类。可以建立以下成本模型：

$$总成本＝固定总成本＋变动总成本$$

$$y＝a＋bx$$

式中，y 表示总成本，a 表示固定总成本，b 表示单位变动成本，x 表示业务量。其成本模型见图 1-7。

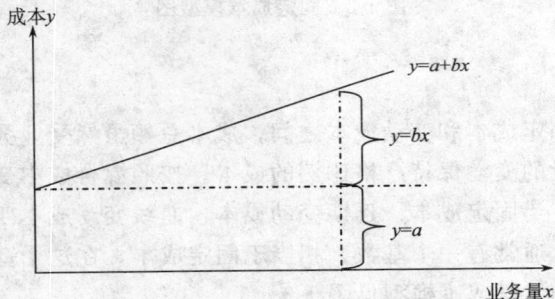
图 1-7　总成本模型图

按成本习性或可变性分类，对于进行成本预测、决策和分析，特别是对于控制和寻求降低成本途径具有重要作用。由于变动成本一般是受消耗定额执行情况的影响，因而控制和降低单位产品的变动成本，主要应从控制和降低单位产品消耗量入手。单位产品的固定成本往往同时受产量和费用发生额增减的影响，所以要控制和降低固定成本，则应从控制并降低其支出绝对额和提高业务量来实现。

（四）按成本的可控性分类

成本可控性：指成本项目按其在一定期间内是否可以为管理者所控制。成本按可控性分为可控成本和不可控成本。

1. 可控成本

可控成本：能为某个责任单位或个人的行为所制约的成本。可控成本具有多种发展可能性，并且有关的责任单位或个人可以通过采取一定的方法与手段使其按所期望的状态发展。如果某些成本只具有一种可能结果，则不存在进行控制的必要性；如果某些成本虽具有几种可能结果，但有关的责任单位或个人无法根据自己的需要对其施加影响，则也不存在进行控制的可能性。一般来讲，可控成本的确定应具备三项条件：有关的责任单位或个人有办法了解所发生耗费的性质；有关的责任单位或个人有办法对发生耗费加以计量；有关的责任单位或个人对所发生耗费加以控制和调节。

2. 不可控成本

可控成本：能为某个责任单位或个人的行为所制约的成本。不可控成本一般是无法选择或不存在选择余地的成本，它也具有相对性，与成本发生的空间范围和时间范围有关。例如，短期内，固定成本是不可控成本，但从长期看，企业可以调整固定资产支出，固定成本成为可控成本。

成本的可控与否与责任中心的权利层次有关。某些成本对于较高层次的责任中心来说是可控的，对于其下属的较低层次的责任中心而言，就可能是不可控的。

四、产品成本的作用

成本种类很多，不同的成本有不同的作用，但典型的成本是产品成本。产品成本的作用表现在以下几个方面：

（1）产品成本是生产耗费的补偿尺度。企业生产中的耗费必须从自己的产品销售收入中得到补偿。产品成本是作为这一补偿份额大小的衡量尺度。只有按产品成本数额得到足额补偿，才能保证再生产的正常进行。否则，企业生产不能按原有的规模进行。另外，企业除了用收入补偿耗费外，还必须有盈余，这样才能满足企业扩大再生产的需要，以及满足社会的需要。企业盈余的多少，主要取决于成本的高低。因此，成本作为补偿尺度对确定企业经营损益，正确处理企业和国家之间的分配关系，也具有重要的意义。

（2）成本是反映企业工作质量的一个综合指标。由于成本是生产耗费的综合（货币）反映，所以，产品设计的好坏，生产工艺是否合理，企业劳动生产率的高低，固定资产利用的好坏，原材料费用的利用程度，费用开支的节约和浪费，质量的好坏，管理工作和生产组织的水平，以及供产销环节是否衔接协调等，最终都会在成本中反映出来。因此，成本是衡量企业生产经营活动质量的综合指标。

（3）成本是制定价格的重要依据。产品的价格是产品价值的货币表现。产品价格的制定，固然要考虑价格政策和市场供求关系，以制定具有竞争力的价格，但也必须考虑企业实际承受能力，即产品实际成本水平。因为成本是产品价格制定的最低经济界限。如果商品的价格低于它的成本出售，企业生产经营费用，就不能全部由商品销售收入来补偿。因此，成本就成为制定产品价格的一个重要依据。

（4）成本是进行经营预测、决策和分析的重要依据。在市场经济条件下，市场竞争异常激烈。企业要在激烈的市场竞争中取胜，就要面向市场，对生产计划的安排、工艺方案的选择、新产品开发等都采用现代化管理的科学手段进行经营预测，从而作出正确的决策。同时，为了更好地对企业的生产经营活动进行管理和控制，还必须定期与不定期地对企业的生产经营情况进行分析，从而采取有效措施，促使企业完成各项计划任务。只有及时提供准确的成本资料，才能使预测、决策和分析等活动建立在可靠的基础之上。所以，成本指标就成为进行经营预测、决策和分析的重要数据资料。

■ 第二节   生产费用与生产费用要素

一、生产费用概念

关于费用的概念有多种。我国《企业会计准则——基本准则》中是这样表述的："费用是指企业在日常活动中发生的、会导致所有者权益减少的、与向所有者分配利润无关的经济利益的总流出。"[①]

美国财务会计准则委员会的表述是："费用是某一个体在持续的、主要或核心业务中，因交付或生产了货品，提供了劳务，或进行了其他活动，而付出的或其他耗用的资产，或因而承担的负债（或两者兼而有之）。"[②]

我国企业会计准则中的费用概念是计入当期损益的费用，是狭义的费用概念，而美国财务会计准则委员会的费用概念是广义的费用概念。然而，这两种观点都未表述生产费用是针对一定会计期间而言的。所以，生产费用的确切含义应表述为生产费用是指会计期间企业在生产经营过程中所发生的经济资源耗费的货币表现。

二、生产费用要素

费用按照经济内容（或性质）不同所进行的分类，在成本会计上称为生产费用要素。它是在 c 和 v 的基础上所作的具体分类，一般可分为如下几种。

（1）外购材料。这是指企业为进行生产经营而耗用的一切由企业外部购入的原料及主要材料、半成品、辅助材料、包装物、修理用备件、低值易耗品等。

（2）外购燃料。这是指企业为进行生产经营而耗用的由企业外部购进的各种燃料，包括固体燃料、液体燃料、气体燃料。外购燃料与外购材料从性质上看是相同的，可归为一类。但由于在许多企业，燃料是重要的能源，在成本中所占比例较大，故将其单独列为一类进行核算。

（3）外购动力。这是指企业为进行生产经营而耗用的由企业外部购进的动力，如电力等。

（4）工资。这是指企业应计入产品成本和期间费用的职工工资。

（5）职工福利费。这是指企业为改善职工福利而开支的应计入产品成本和期间费用的职工福利费。

（6）折旧费。这是指企业按照一定的方法计算的固定资产折旧费。

（7）利息支出。这是指企业应计入财务费用的借入款项的利息支出减去存款利息收入后的净额。

（8）税金。这是指应计入管理费用的各种税金，如房产税、车船使用税、土地使用

---

① 《企业会计准则讲解（2010）》财政部会计司编写组，人民出版社，2010 年，第 11 页
② 美国财务会计准则委员会．论财务会计概念，娄尔行译，中国财政经济出版社，1992 年，第 117 页

税、印花税。

（9）其他支出。这是指不属于以上各项费用要素的支出，如差旅费、租赁费、设计制图费、试验检验费等。

按经济内容分类的费用，说明企业在生产经营过程中消耗了哪些性质的费用，消耗了多少，可以帮助了解生产费用的构成，有利于加强生产费用的核算和管理。同时，又为企业核定流动资金定额、考核储备资金周转速度以及编制材料采购资金计划、劳动工资计划提供了必要的核算资料。

三、生产费用与产品成本的关系

生产费用与产品成本的联系在于：两者都是企业经济资源的耗费。其区别在于生产费用是期间化的耗费，即它是按会计期间归集的；而产品成本是对象化的耗费，即它是按具体的成本计算对象归类的。在实际工作中生产费用与产品成本往往不完全相等，其根本原因是由于以上区别点所致，具体表现如下：

（1）构成内容不同。生产费用本意是指工业性生产费用。但有些非工业性生产费用在发生时不能直接划分出去，如生产车间为企业专项工程、职工福利部门以及其他非工业生产部门提供劳务作业所发生的费用，也包括在生产费用范围之内，而产品成本只由工业性生产费用所构成。

（2）归集的原则不同。生产费用是按会计期间归集各种生产耗费，凡本期发生的各种耗费，不论是否由本期产品成本负担，均全部计入本期的生产费用总额中。产品成本是按成本计算对象归集各种生产耗费，凡是本期成本计算对象不应负担的耗费，即使本期已经发生，也不能计入该成本计算对象的产品成本中；凡是本期成本计算对象应该负担的耗费，即使本期尚未支付，也应计入该成本计算对象的产品成本中。

（3）数量不等。生产费用体现的是本期生产过程中的实际生产耗费；而产品成本反映的是本期完工产品应负担的生产耗费。本期生产费用并不完全是形成本期的完工产品成本，它还包括一些应结转至下期未完工产品上的费用；同理，本期完工产品成本并不都是由本期发生的费用所构成，它可能还包括部分期初结转来的未完工产品成本，即上期发生的生产费用。

第三节　成本会计

一、成本会计的形成和发展

成本会计是基于企业生产发展的需要而逐步形成和发展起来的。但成本会计是在什么年代产生的，学者们的观点并不一致。一种观点认为，成本会计的若干理论和方法，早在14世纪就已经产生[①]；另一种观点认为，成本会计是在19世纪下半叶，首先是为了决定价格而产生的。两种说法显然有很大差别。在西方会计史上，通常把成本会计同产业革命

[①]《成本会计之史的发展——美国会计学会所属成本会计委员会之初步报告之一》，工商经济月刊，1948年，第二卷，第三期

联系在一起,认为成本会计是产业革命带来的一项成果。多数学者的观点认为,1880~1920 年是成本会计奠基时期,成本会计随着社会经济发展,先后经历了早期成本会计、近代成本会计和现代成本会计三个阶段,才逐步成熟完善起来。

(一) 早期成本会计阶段 (1880~1920 年)

成本会计起源于英国,后来传入美国及其他国家。19 世纪 30 年代末,英国首先完成了产业革命,当时英国是资本主义最发达的国家。随后,西方其他各国也先后完成了产业革命。产业革命既是生产技术的巨大革命,也是社会生产关系的大变革,它促进了资本主义生产力的迅速发展。随着产业革命的完成,机器劳动代替了手工劳动,工厂制代替了手工工场;企业规模逐渐扩大,出现了竞争,生产成本得到企业主的普遍重视。英国会计人员为了满足企业管理上的需要,对成本会计进行研究,起初是在会计账簿之外,用统计方法来计算成本。为了提高成本计算的精确性,适应企业外部审计人员的要求,将成本计算同复式簿记结合起来,这样,利用账户对应关系反映材料和人工消耗及其相对应的价值转移和增值的全过程,并借助借贷平衡原理,稽核会计业务记录的正确性,从而形成了成本会计。这个时期是成本会计的初创阶段,由于当时的成本会计仅限于对生产过程中的生产消耗进行系统的汇集和计算,用来确定产品生产成本和销售成本,所以称之为记录型成本会计。在这一时期,成本会计取得了以下进展。

1. 在实务方面

(1) 建立材料核算和管理办法。例如,设立材料账户和材料卡片,并在卡片上标明"最高存量"和"最低存量",以确保材料既能保证生产需要,又可以节约使用资金;建立材料管理的"永续盘存制",采取领料单制度 (当时称领料许可证) 控制材料耗用量,按先进先出法计算材料耗用成本。

(2) 建立工时记录和人工成本计算方法。其主要做法是对工人使用时间卡片,登记工作时间和完成产量;将人工成本先按部门归集,再分配给各种产品,以便控制和正确计算人工成本。

(3) 确立了间接制造费用的分配方法。随着工厂制度的建立,企业生产设备大量增加,间接制造费用增长很快。成本会计改变了过去那种只将直接材料和直接人工列入成本,却将间接制造费用作为生产损失的做法,而是将间接制造费用也计入生产成本。于是,对间接制造费用的分配进行了研究,在实践中先后提出了按实际数进行分配和间接费用正常分配理论。

(4) 制造业根据生产特点,采用分批成本计算法或分步成本计算法计算产品成本。1750 年,英国人 J. 多德森 (J. Dodson) 在《会计人员或簿记方法》一书中介绍了分批成本计算方法。1777 年,英国的 W. 汤姆逊 (W. Thompson) 以亚麻制袜为例,从亚麻存货账户开始,记录了不同步骤的消耗,最后算出每双袜子的成本,可以说是分步成本法的萌芽。

2. 在理论研究方面

随着理论研究的不断深入,成本会计著作纷纷出版。被称为第一本成本会计著作的是1885 年出版的由 H. 梅特尔夫 (H. Metcalfe) 著述的《制造成本》一书;英国电力工程师

E. 加克（E. Garcke）和会计师 J. M. 费尔斯（J. M. Fells）合著的《工厂会计》于 1887 年问世，该书提出了在总账中设立"生产"、"产成品"、"营业"等账户来结转产品成本，最后通过"营业"账户借贷双方余额的结算，确定营业毛利。成本会计记录与财务会计记录的结合，可以从会计上加强对材料和人工的管理。《工厂会计》一书对于成本会计的建立，具有极为重要的意义，在会计发展史上被认为是 19 世纪最有影响的成本会计专著。

3. 在成本会计组织方面

在组织方面，美国于 1919 年成立了全国成本会计师联合会；同年，英国成立了成本和管理会计师协会。这些成本会计组织成立后，开展了一系列的成本会计研究，为成本会计理论和方法基础的奠定作出贡献。

早期研究成本会计的会计专家劳伦斯（W. B. Lawrence）对成本会计作过如下的定义："成本会计就是应用普通会计的原理、原则，系统地记录某一工厂生产和销售产品时所发生的一切费用，并确定各种产品或服务的单位成本和总成本，以供工厂管理当局决定经济的、有效的和有利的产销政策时参考。"

（二）近代成本会计阶段（1921～1945 年）

1. 标准成本制度的产生

20 世纪初，资本主义社会从自由竞争阶段向垄断阶段过渡，重工业和化学工业大大发展，企业规模更大，分工协作更细，生产开始走向机械化和自动化。由于竞争激烈，企业迫切需要一些科学管理方法。1880 年后，泰罗在钢铁公司进行试验，系统研究和分析工人操作方法和劳动时间，逐步形成了科学管理理论和方法，被后人称为"科学管理之父"。泰罗科学管理制度的主要内容是研究操作合理化，把各个工人的合理操作归结为某一种标准操作法，再要求一般工人普遍实施；同时，制定劳动定额，实行差别工资制。

泰罗的科学管理制度，"一方面是资产阶级剥削的最巧妙的残酷手段，另一方面是一系列最丰富的科学成就"[1]。这种管理方法可以提高生产效率，可以为资本家谋取高额利润，所以得到资本家的普遍重视，在美国得到广泛推行，以后又传播到世界各地的工业发达国家。泰罗的科学管理方法，也给成本会计提供了启示。19 世纪末，英国的 E. 加克和 J. M. 费尔斯提出了标准成本的观念；以后，美国工程师 H. 埃默森倡导了标准成本的应用，为生产过程成本控制提供了条件。在此之前，成本没有控制，发生多少算多少，生产中浪费了，只有事后计算实际成本才知道。实行标准成本制度后，成本会计不只是事后计算产品的生产成本和销售成本，还要事先制定成本标准，并据以控制日常的生产消耗和定期分析成本。这样，成本会计的职能扩大了，发展成为管理成本和降低成本的手段，使成本会计的理论和方法有了进一步完善和发展，形成了管理成本会计的雏形，它标志着成本会计已经进入一个新的阶段。

2. 预算控制方法的完善

西方国家普遍认为控制成本最有效的办法除了制定标准成本外，还有预算控制，标准成本制度和预算控制是成本控制的两大支柱。1921 年，美国国会公布了《预算和会计法

---

① 《列宁全集》第三卷，人民出版社，1972 年，第 511 页

案》，对于民间企业实行预算控制产生了很大影响。1922 年，芝加哥大学麦金赛（J. O. Mckinsey）教授出版了《预算控制》一书，对预算控制的发展产生了重大影响，被誉为预算控制研究的第一部专著。同年，美国全国成本会计师协会第三次会议以"预算编制和使用"为专题展开研究。但是，当时的预算都是单项预算，如销售预算、现金预算等，各自独立，没有结合在一起，后来才发展成为全面预算，即以利润为目标，把各个单项预算密切联系在一起。预算控制的初始，是采用固定预算（也称静态预算）方法，即根据预算期间某一业务量（如产量）计划水平来确定其相应的预算数。但是，产量变动使间接费用预算数和实际数无法比较，影响了预算控制的实际效果。1928 年，美国西屋公司的一些会计师和工程师根据成本与产量的关系，设计了一种弹性预算方法，分别编制弹性预算和固定预算。所谓弹性预算，是根据计划期内可以预见某一业务量的各种水平来确定相应的预算标准。这样，可使间接费用实际数同预算数更具有可比性，而且，可使企业预算合理地控制不同属性的费用支出，有利于有效控制成本，正确考核经营者的工作业绩。所以，弹性预算是 20 世纪 30 年代成本会计的重大进步，也是节约间接费用的最好方法。

3. 成本会计的应用范围更加广泛

在这一时期，成本会计的应用范围从原来的工业企业扩大到各种行业，并由企业的制造部门深入应用到企业内部的各个主要部门，特别是应用到企业经营的销售方面。

4. 形成了完全独立的成本会计学科

在近代成本会计的后期，出版了不少成本会计名著。例如，美国的尼科尔森（J. L. Nicholson）和罗尔巴克（F. D. Rohrbadc）合著的《成本会计》一书，以及陀耳（J. L. Dohr）所著的《成本会计原理和实务》等，从而使成本会计具备了完整的理论和方法，形成了完全独立的学科。

这一时期成本会计的定义，可引用英国会计专家 J. 贝蒂（J. Batty）的表述："成本会计是用来详细描述企业在预算和控制它的资源（指资产、设备、人员及所耗的各种材料和劳动）利用情况方面的原理、惯例、技术和制度的一种综合术语。"

（三）现代成本会计阶段（1945 年以后）

第二次世界大战后，科学技术迅速发展，生产自动化程度大大提高，产品更新换代很快，企业规模越来越大，跨国公司大量出现，市场竞争十分激烈。为了适应社会经济出现的新情况，考虑现代化大生产的客观要求，管理也要加速现代化，要把现代自然科学、技术科学和社会科学的一系列成就综合应用到企业管理上来。随着管理现代化，运筹学、系统工程和电子计算机等各种科学技术成就在成本会计中得到了广泛用，从而使成本会计发展到了一个新的阶段，即成本会计发展重点已由如何事中控制成本、事后计算和分析成本转移到如何预测、决策和规划成本，形成了新型的着重于管理的经营型成本会计。其主要内容有以下几点。

1. 开展成本的预测和决策

为了主动控制成本，现代成本会计逐步转向把成本的预测和决策放在首要地位。运用预测理论和方法，建立起数量化的管理技术，对未来成本发展趋势作出科学的估计和测算；运用决策理论和方法，依据各种成本数据，按照成本最优化的要求，研究各种方案的可行性，选取最优方案，谋取企业的最佳效益，从而使成本会计朝预防性管理方向发展。企业要进行经营决策，离不开成本预测，进行成本预测又需要进行成本性态分析，以了解成本与业务量之间的关系；本量利分析是对企业成本、业务量和利润之间各种变量关系进行分析的一种方法，它有利于企业制定经营决策和进行有效控制。

2. 实行目标成本计算

目标管理是由美国管理学家德鲁克（R. Drnker）在 20 世纪 50 年代所著的《管理实务》一书中首次提出的，1965 年乔治·奥迪奥恩在《目标管理》一书中作了全面论述。随着目标管理理论的应用，成本会计有了新的发展。在产品设计之前，按照客户所能接受的价格确定产品售价和目标利润，然后确定目标成本；用目标成本控制产品设计，使产品设计方案达到技术上适用、经济上合理的要求。日本成本管理的代表模式——成本企划，体现的就是这种思想。日本成本企划委员会对成本企划所下的定义是："成本企划是指在产品的策划、开发中，根据顾客需求设定相应的目标，希冀同时达成这些目标的综合性管理活动。"成本企划对成本会计的影响，就是要求成本管理的重点由生产制造阶段转向产品开发设计阶段，体现了"源流管理"的本质属性。其基本思路是从市场需求出发，在产品策划、开发和设计时，设定出符合顾客需求的产品。透过目标售价及目标利润倒推目标成本，通过源流管理，达成各部门、各环节乃至与供应商合作，共同实现成本优化及成本降低目标。这种成本管理方法的应用，突破了单纯经济方法，使成本会计与工程技术、组织措施有机结合起来，有助于企业形成产品品质和功能优化、成本低下的竞争优势。这样，成本会计扩展到技术领域，从经济角度着眼，从技术方面着手，把技术和经济结合起来，有效地促使成本降低。

3. 实施责任成本计算

第二次世界大战后，随着美国企业规模的日益扩大和管理的日趋复杂，管理由集权制转为分权制。为了加强对企业内部各级单位的业绩考核，1952 年，美国会计学家希琴斯（J. A. Higgins）倡导了责任会计，提出了建立成本中心、利润中心和投资中心相结合的会计制度，将成本目标进一步分解为各级责任单位的责任成本，进行责任成本核算，使成本控制更为有效。

4. 实行变动成本计算法

在变动成本计算模式下，只把变动成本计入产品成本，而把当期固定费用从销售收入中扣除，免去固定成本的分配计算程序。变动成本计算法是在 1936 年由美国会计师乔纳森·N. 哈里斯（Harris）提出。由于这种方法没有将固定生产费用计入产品成本，不符合公认会计原则，因而没有得到广泛认可。从 20 世纪 50 年代开始，美国会计界对于变动成本法的研究逐渐增多，在实际成本制度和标准成本制度下都可应用这种方法。这种方法既减少了成本计算工作量，还为企业进行预测和决策创造了便利条件，是企业进行经营管理的重要方法之一。应该说，变动成本法的优点多于其缺点。虽然变动成本法不符合公认会计原则要求，但是，只要企业在对外提供财务会计资料时，将变动成本法的存货成本调整为全部成本法下的成本，即可认为是遵照了会计原则的要求。因此，变动成本法完全可以在企业内部使用。

5. 推行质量成本核算

随着工业生产的发展，企业对质量管理日益重视。美国质量管理专家朱兰等对此进行了系统研究，出版了大量著作。从 20 世纪 20 年代至 60 年代，质量管理几经变革，从质量检查阶段，经过统计质量管理阶段，形成了全面质量管理。20 世纪 60 年代质量成本概念基本形成，并确定了质量成本项目以及质量成本的计算和分析方法。质量成本是企业为保证和提高产品质量而支出的一切费用，以及因未达到质量水平而造成的一切损失之和。质量成本一般包括预防成本、鉴定成本、内部损失成本和外部损失成本。质量成本的分析方法有多种，包括定性分析方法（如调查分析法和经验分析法）和定量分析方法（如排列图分析法和指标分析法等）。质量成本核算的推行，扩大了成本会计的研究领域。

由此可见，现代成本会计是根据会计资料和其他有关资料，运用会计的基本原理和一般原则对企业生产经营活动过程中所发生的成本，按照成本最优化的要求，有组织有系统地进行预测、决策、控制、计划、核算、分析和考核，促使企业提高产品质量，降低成本，实现生产经营的最佳运转，不断提高企业经济效益的一项管理活动。

综上所述，成本会计的方式和理论体系，随着发展阶段的不同而有所区别。这一发展过程见表 1-1。

表 1-1　成本会计各发展阶段比较表

发展阶段	早期成本会计阶段	近代成本会计阶段	现代成本会计阶段
成本会计方式	分批法 分布法	标准成本制度 成本预算管理制度	成本预测和决策 目标成本计算 责任成本计算 质量成本核算
成本会计重心	事后成本核算	事中成本控制	事前成本控制
理论体系	属于财务会计	形成独立学科	财务会计、管理会计、成本会计三分局面

二、成本会计环节

成本会计环节是指成本会计的工作内容和工作流程。为了完成成本会计任务，成本会计的工作内容和工作流程应包括：成本预测、成本决策、成本计划、成本控制、成本核算、成本分析和成本考核七个环节。其中：成本预测、成本决策、成本计划属于事前成本会计工作；成本控制和成本核算属于事中成本会计工作；成本核算、成本分析和成本考核属于事后成本会计工作。成本核算是成本会计的基础环节，是原始的或初级的成本会计，也是狭义的成本会计，包括七个环节的成本会计是现代成本会计，是广义的成本会计，实际上也就是成本管理。

（一）成本预测

成本预测，是指依据成本的有关数据及其与各种技术经济因素之间的依存关系，结合企业发展前景及应采取的各种措施，通过一定程序、方法和模型，对未来成本水平及其变化趋势作出的科学估计。

成本预测是成本决策的前提。企业不仅应该在成本决策之前进行成本预测，为成本决策提供依据，而且还应该在成本计划执行过程中进行成本预测，以便及时掌握成本变化趋势，为进行成本事中控制提供帮助，从而保证企业完成成本计划。进行成本预测有助于企业减少生产经营的盲目性，有利于选择最优方案，并可以提高企业降低成本的自觉性。

（二）成本决策

成本决策，是指在成本预测的基础上，按照既定目标要求，运用专门方法，对有关生产经营的成本方案进行计算分析，从中选择最优方案。

企业可以根据市场需求和其他方面的要求，通过成本预测，确定生产经营的几个备选方案。对这些备选方案，必须运用专门方法进行认真的分析论证。通过从技术上、经济上的分析论证，可以确定各备选方案的可行性，从而可以进行成本决策，确定最优方案，制定目标成本。做好成本决策对于企业正确制订成本计划，促进企业提高经济效益，具有十分重要的意义。

（三）成本计划

成本计划，是指根据成本决策所确定的方案和目标，具体规定计划期内各种生产耗费水平和各种产品成本水平，并提出实现规定成本水平所应采取的具体措施。

成本计划执行的过程，也是进行成本控制的过程。成本计划是建立成本管理责任制的基础，对于企业进行成本控制、挖掘降低成本的潜力，具有重要作用。会计期末，当企业计算出实际消耗的各种生产费用后，可以与计划成本进行对比，以分析企业成本计划的实际完成情况。

（四）成本控制

成本控制，是指预先制定成本标准作为各项费用消耗的限额，在生产经营过程中，将实际发生的费用严格控制在限额标准之内，随时揭示和及时反馈实际费用与限额标准之间的差异，并要系统分析成本差异原因，以便采取措施，消除生产中的损失和浪费。

企业应在规定的成本费用开支范围内，分别制定有关成本标准，包括原材料、燃料、工资等的费用消耗标准和数量消耗标准，并根据制定的标准控制生产过程中实际发生的各项费用，以保证完成成本目标和成本计划水平。成本控制包括事前控制、事中控制和事后控制，在进行成本预测、成本决策和成本计划过程中进行的成本控制，属于成本的事前控制。在生产经营过程中，将实际发生的费用控制在限额标准之内，为成本的事中控制。成本核算和成本事后分析，都属于成本的事后控制。进行成本控制，有利于实现预期的成本目标和不断降低成本。

（五）成本核算

成本核算，是指对生产经营过程中所发生的各项费用进行审核，按照一定的程序，采用适当的方法，归集和分配各成本计算对象所应负担的成本费用，以计算出该对象的总成本和单位成本。

成本核算是对成本计划执行结果的反映，也是对成本控制结果的反映。通过成本核算，不仅可以考核和分析成本计划的执行情况，揭露企业生产经营中存在的问题，还可以为制定产品价格提供依据。

（六）成本分析

成本分析，是指利用成本核算资料和其他有关资料，全面分析成本水平与构成的变动情况，系统地研究影响成本变动的因素和原因，挖掘降低成本的潜力。

成本分析包括的具体内容很广泛，如产品成本分析、技术经济指标对成本影响的分析、成本效益分析等。具体进行成本分析时，可以将实际成本核算资料与计划成本、上年同期实际成本、本企业的历史先进水平等进行对比分析。通过成本分析，可以正确认识和掌握成本变动的规律，明确影响成本升降的责任，以便采取措施，从而实现降低成本的目标，并为编制成本计划和制定新的经营决策提供依据，也为成本考核提供依据。

（七）成本考核

成本考核，是指将报告期的成本、成本效益的各项实际完成指标同计划指标、定额指标和预算指标进行对比，评价企业成本管理工作的成绩及存在问题的一项工作。

在经济活动完成之后，将成本、成本效益的实际指标同计划指标进行比较，可以评价企业成本计划的完成情况，以提高企业的成本管理水平，提高企业的经济效益。需要强调的是，成本考核要与一定的奖惩制度相结合，通过成本考核，用经济、行政手段进行激励，可以调动各成本责任单位与全体员工更好地完成成本计划的积极性。

成本会计的各个环节是相互联系的，它们互为条件，相辅相成，放松或削弱任何一个环节，都不利于加强成本会计工作。成本预测是成本会计的第一个环节，它是进行成本决策的前提；成本决策是成本会计的重要环节，在成本会计中居中心地位，它既是成本预测的结果，又是制订成本计划的依据；成本计划是成本决策的具体化；成本控制是对成本计划的实施进行监督，是实现成本决策既定目标的保证；成本核算是成本会计最基本的环节，它提供企业管理所需的成本信息资料，是开展其他环节工作的基础，同时也是对成本计划能否得到实现的最后检验；成本分析和成本考核是实现成本决策目标和成本计划的有效手段，只有通过成本分析，查明影响成本高低的原因，制定和执行改进和完善企业管理的措施，才能有效降低成本；通过正确评价和考核各责任单位的工作业绩，调动各部门和全体职工的积极性，进行有效控制，为切实执行成本计划，实现企业既定目标提供动力。

三、成本会计的任务

根据我国现时经济发展的客观要求，成本会计的根本任务是在保证产品质量的前提下，促进企业尽可能节约产品生产经营过程中的物化劳动和活劳动消耗，不断提高经济效益。成本会计的具体任务包括以下方面。

（一）正确计算产品成本，及时提供成本信息

进行产品成本计算，是成本会计的基础。企业只有正确计算产品成本，及时提供成本信息，才能保证盈亏计算和存货计价的正确性，有效地考核成本计划的完成情况，为成本的预测、决策和成本目标的规划，以及财务报表的编制提供成本信息。为此，企业要严格遵守成本开支范围规定，依据会计准则、企业会计制度和成本管理规定的有关要求，根据企业生产特点采用相应的成本计算方法，正确、及时地计算产品成本，这也是做好成本会计工作的最基本要求。

（二）开展成本预测，进行成本决策

做好成本预测和决策工作，是成本会计适应社会生产发展而承担的新任务。成本预测和成本决策有着密切联系，加强成本预测是优化成本决策的前提，而优化成本决策是加强成本预测的结果。把两者有机地结合起来，可为企业挖掘降低成本的潜力、提高企业经济效益指明方向。

开展成本预测，不仅要在生产过程中进行成本预测，而且要在产品投产前进行预测；要充分占有资料，并采用科学的计算方法，提高成本预测的准确程度。

进行成本决策，要收集有关信息资料，通过经济评价，合理判断，作出正确决策。决策的结果必须是经济上合理，技术上先进，资源上充足，并有具体行动规划作保证。

（三）制定目标成本，加强成本控制

目标成本是企业在一定时期内为保证实现目标利润而制定的成本控制指标。目标成本制定得正确与否，直接影响着成本控制的有效性。因此，目标成本的制定，必须以可靠的数据为依据，必须切实可行，既能激发职工的积极性，又是经过主观努力可以实现的。这样制定的目标成本才能真正起到成本控制的作用。

成本控制是在目标成本分解的基础上进行的，是目标成本的实施过程。加强成本控制，必须对目标成本的分指标进行归口分级控制，以产品成本形成的全过程为对象，结合生产经营各阶段的特点进行有效控制，从人力、物力和财力的使用效果出发，立足于成本效益的提高。

（四）做好成本分析，严格成本考核

成本分析是在成本核算的基础上进行的。将实际成本与计划成本、上期实际成本、本企业的历史先进成本水平等进行对比，可以确定差异，分析原因，以便采取措施，消除不利差异，扩大有利差异，保证成本目标实现。

现代企业应建立成本责任制，把成本责任指标分解落实到各部门、各层次和各相关人员，实行责权利相结合，以提高全体职工降低成本的责任心和积极性，从而增强企业活力。成本考核是成本责任制顺利进行的保证，通过考核，可以分清责任，正确评价各责任单位工作成绩，起到鼓励先进、鞭策落后的作用。只有通过成本考核，把成本管理的好坏，同每个人的切身利益紧密结合起来，才能保证促使企业全员改进工作，努力降低成本，不断增加效益。

四、成本会计工作的组织

为了有效地开展成本会计工作，充分发挥其应有的作用，必须加强成本会计工作的组织。成本会计工作的组织内容包括：建立健全成本会计机构，配备必要的成本会计人员，制定和推行合理的成本会计制度。产品成本高低受到企业各部门和全体职工工作的影响，因此，需要把企业各部门很好地组织起来，分解成本指标，具体落实成本责任，充分调动职工积极性，使所有部门单位和人员都重视成本，才能达到提高效益的目的。

（一）建立健全成本会计机构

建立成本会计的组织机构，必须要与企业体制、企业组织机构和会计工作组织形式相适应；必须与企业的业务特点和规模相协调；必须体现精简高效的原则；要适应成本会计工作的内容和目的，贯彻落实经济责任制，做到技术与经济相结合，有利于群众性成本工作的开展。成本会计的机构主要包括以下机构。

1. 成本工作的领导机构

根据技术与经济相结合的原则，一般企业成本工作的领导核心应由厂长或经理、总会计师、总工程师和总经济师组成。厂长是成本工作组织的领导者，并对本单位的成本负完全责任；总会计师、总工程师、总经济师应从经济、技术以及两者的结合上组织企业成本工作，并采取有效措施降低成本。一长三师应融为一体，分工合作，负责组织全厂的成本工作，具体工作内容如下：

（1）制定企业成本会计工作的基本方针和政策，批准成本会计制度；

（2）建立和健全工厂成本工作的组织机构，协调各部门在成本工作中出现的问题和矛盾；

（3）审定工厂的目标利润和目标成本，批准工厂成本计划和费用预算，综合研究和决定各项重大的降低成本方案；

（4）组织和领导各项重大的特殊成本调查和分析，进行成本决策；

（5）动员全厂各部门、各层次和全体职工管理成本。

2. 成本会计的职能机构

在大中型企业单设成本处或成本科，也有的企业在会计机构中设置成本股或成本组；在规模较小的企业里，一般是在会计部门中指定一些人专门负责成本会计工作。厂部成本会计职能机构是成本会计的综合部门，组织成本的集中统一管理，为企业领导提供各种成本信息；进行成本预测和决策，编制企业成本计划，并分解下达各部门和车间；实行成本控制，监督生产费用支出，正确核算全厂的产品成本；检查和考核工厂成本计划执行情况，开展成本综合分析；组织车间成本核算和管理，加强对班组经济核算的指导和帮助；制定全厂成本会计制度，不断总结和推广成本管理、降低成本方面的先进经验。

成本会计工作在厂部成本职能部门和企业内部各单位之间，可以采用集中核算和非集中核算两种不同的组织形式。

（1）集中核算组织形式。在集中核算的形式下，企业的一切成本会计业务，都集中在厂部成本职能部门进行，其他职能部门、车间，一般只负责提供原始资料。这种核算形式可以使成本核算资料集中在厂部成本部门，减少核算层次，精简工作人员，但是不便于企业内部其他部门掌握和控制其成本费用支出。

（2）非集中（分散）核算组织形式。在非集中核算的形式下，车间成本或部门费用支出的计划、核算和分析等，一般由这些单位的成本核算员或负责成本工作的人员承担，厂部成本部门主要负责成本数据的汇总，处理不便于分散到各单位去进行的成本工作，以及对各单位成本会计工作进行业务上的监督和指导。采用非集中核算组织形式，可以使成本工作更好地与各部门、车间的生产经营管理结合起来，同时使各部门、车间能及时了解本单位的成本水平及其升降情况，更加直接有效地指导生产。但是，这种组织形式增加了成本会计工作层次和工作人员。企业应采用哪一种核算组织形式，要从有利于更好地完成成本会计任务出发，并根据企业的规模大小和经营管理水平等条件来决定。

3. 成本归口管理部门

根据成本责任制，企业的其他职能部门都应对成本承担一定的责任，具体内容是：

（1）生产部门：负责制定生产资金定额和控制外部加工费用，编制和落实生产、作业进度计划，组织均衡生产；提高工时利用率，保证完成产量、品种等计划指标；对计划指标进行分析，力求缩短生产周期，减少在产品、半成品的资金占用。

（2）技术工艺部门：负责制定物资消耗定额，从产品设计和工艺技术上保证产品质量优、成本低、适销对路，减少原材料等各种物资消耗，节约工时，讲究经济效益。

（3）质量检验部门：负责全面质量管理，提高优级品率，减少不合格产品和废品损失，并按期提出质量成本分析报告。

（4）物资供应、储运部门：负责制定物资储备定额，控制物资的消耗，合理组织物资的采购、运输，节约物资的采购和保管费用。

（5）销售部门：负责编制产成品销售计划，合理组织产成品的销售，编制并控制销售费用预算。

（6）设备管理部门：负责制定设备利用定额，提高设备完好率和利用率，降低设备修理成本，减少维护保养费用。

（7）动力部门：负责水、电、汽消耗定额的制定和管理，在保证生产需要的前提下，努力控制能源消耗。

（8）人力资源部门：负责劳动力的合理组织，制定定员和工时定额，提高工时利用率和劳动生产率，控制工资、福利和奖金的支出，合理节约劳动保护费用开支。

（9）总务行政部门：负责有关管理费用预算的编制、日常控制和定期分析等工作。

（10）其他部门：负责与其本身责任有关的成本工作，提高工作效率，减少费用开支。

在上述职能部门管理和控制的指标中，有的直接与成本相联系，属于成本指标；也有些指标，如产量、品种、废品率、劳动生产率、工时利用率和设备利用率等，其本身不是成本指标，但这些指标完成的好坏，必然引起成本水平的升降。所以，管理和控制成本不应局限于几个成本指标，而必须同时从技术与经济、创收与节约等不同方面着手，去抓好成本工作，才能全面提高经济效益。

4. 经济核算班组

班组是最基层环节，产品生产过程中的各种消耗，大多是在班组中发生的。所以，班组对成本控制如何，直接影响成本的高低。我国一些企业根据班组的大小，配备专职或由工人兼职班组核算员，把班组成本控制和班组核算结合起来。其内容包括：将消耗指标分解落实到个人；核算和控制班组、个人生产消耗；检查分析定额和费用指标的执行情况并采取措施，保证定额和费用指标的实现。开展班组经济核算是组织工人参加成本管理工作的一种好形式，也是具有中国特色的责任会计的一种形式，对于降低成本发挥着重要作用。

(二) 配备必要的成本会计人员

在企业配备必要的能胜任成本工作的会计人员，是顺利进行成本会计工作，发挥成本会计职能作用的关键。

随着社会主义市场经济的建立，企业已成为独立的商品生产经营者，企业应面向市场，按市场需求组织生产。成本会计工作也要更新，以适应社会主义市场经济的要求。因此，成本会计人员要放眼市场，树立强烈的经营意识、竞争意识、技术进步意识和效益意识，积极参与各项经营活动，在维护全局利益的基础上把成本降下来，有效地保证企业经济效益的提高。

成本会计工作要求从事该项业务的人员具备一定的职业道德。我国对于会计人员职业道德的研究仍处于起步阶段，未形成独立、完善的会计职业道德准则。除了约束注册会计师的《注册会计师职业道德基本准则》外，约束其他会计人员的职业道德规范散见于各相关会计法规当中。例如，在财政部制定的《会计基础工作规范》中，第十七条至第二十三条对会计人员职业道德作出明确规定，可以归纳为以下八个方面。

(1) 爱岗敬业。要求会计人员热爱会计工作，安心本职岗位，忠于职守，尽心尽力，尽职尽责。

(2) 诚实守信。要求会计人员做老实人，说老实话，办老实事，执业谨慎，信誉至上，不为利益所诱惑，不弄虚作假，不泄露秘密。

(3) 廉洁自律。要求会计人员公私分明、不贪不占、遵纪守法、清正廉洁。

(4) 客观公正。要求会计人员端正态度，依法办事，实事求是，不偏不倚，保持应有的独立性。

(5) 坚持准则。要求会计人员熟悉国家法律、法规和国家统一的会计制度，始终坚持按法律、法规和国家统一的会计制度的要求进行会计核算，实施会计监督。

(6) 提高技能。要求会计人员增强提高专业技能的自觉性和紧迫感，勤学苦练，刻苦钻研，不断进取，提高业务水平。

(7) 参与管理。要求会计人员在做好本职工作的同时，努力钻研相关业务，全面熟悉本单位经营活动和业务流程，主动提出合理化建议，协助领导决策，积极参与管理。

(8) 强化服务。要求会计人员树立服务意识，提高服务质量，努力维护和提升会计职业的良好社会形象。

衡量成本会计人员会计业务水平高低的主要标准是会计职称，会计职称越高，表明成本会计人员会计业务水平越高。我们国家现有会计职称包括三个级别：初级、中级和高级。初级职称有会计员、助理会计师；中级职称有会计师；高级职称有高级会计师。成本会计人员要取得上述会计职称，必须参加相应的全国会计专业技术资格统一考试，考试合格后，取得相应职称资格，单位才能聘任该成本会计人员为相应的会计职称。

(三) 制定和推行合理的成本会计制度

成本会计制度是组织和从事成本会计工作必须遵循的规范和具体依据。因此，正确地制定和执行成本会计制度是做好成本会计工作必不可少的重要条件。我国传统的成本会计制度主要是以国家及有关部门制定的各项成本会计规章制度为依据制定。但是，从过去的成本核算制度看，由于受计划经济体制的制约，存在着以下问题：①只规定财务成本核算，缺少管理成本核算；②只规定生产成本核算，忽视供应成本和销售成本核算；③只规定产品成本核算，不重视责任成本核算等。由于这些问题的存在，企业在市场经济条件下很难适应生产经营管理的需要。企业必须转变观念，主动研究企业成本会计工作中的问题，制定适合企业自身的成本会计制度，加强成本会计工作，使成本会计工作逐步走向良性循环，保证成本效益不断提高。

企业成本会计制度要以会计准则、财务通则的有关规定为依据，并体现社会主义市场经济的要求，满足宏观调控的需要来制定；要适应企业的生产和经营特点，以及内部管理的具体要求，并同其他有关规章制度相协调；要深入实际，调查研究，发动群众讨论，在认真总结经验的基础上加以制定。

成本会计制度的内容，应包括对成本进行预测、决策、计划、控制、核算、分析和考核等作出决定，一般应包括以下几个方面：关于成本岗位责任制；关于成本预测和决策的制度；关于目标成本制定、成本计划编制的制度；关于成本控制的制度；关于成本核算制度；关于成本报表制度；关于成本分析制度；企业内部价格制定和结算制度；成本岗位考核标准；其他有关成本会计的规定。

应该指出的是，成本会计制度一经确定，就要认真严格执行，保持相对稳定。但是，随着客观形势的发展，以及人们对客观事物认识的深化，成本会计制度也必须适当地修改或作相应的调整。制度的修订是一项严肃的工作，必须既积极又慎重，不能轻易废弛。在新制度未形成之前，原有制度要继续执行，以便使成本会计工作经常处于有章可循的正常状态，充分发挥其应有的积极作用。

五、成本会计的基础工作

成本会计的基础工作是进行成本会计工作的首要条件。不重视各项基础工作，成本会计工作就不能顺利开展，也就无从完成预期的任务。成本会计的基础工作包括以下内容。

(一) 建立定额管理制度，制定必要的消耗定额

定额是指企业在生产经营过程中，对人力、物力、财力的消耗所规定的标准。制定定额，是编制成本预算、成本计划，制定半成品和产成品定额成本的基础。做好定额的制定和修订工作，可以使企业成本预算和成本计划的编制建立在科学的基础上，同时使成本核

算有了可靠的依据，也为开展成本控制和成本分析提供了客观标准。因此，加强定额管理具有重要意义。

与成本有关的定额按其内容可以分为：①劳动定额，是指单位产品所限定的劳动时间或单位时间所限定的产品数量标准，如工时定额、产量定额、缺勤率等；②材料、动力、工具消耗定额，是指为生产单位产品或完成一定工作量所限定的材料、动力、工具的消耗量标准，如原材料消耗定额、材料利用率、材料损耗率等；③费用定额，是指为完成一定工作量所限定的费用开支标准，如制造费用定额、管理费用定额、销售费用定额等；④质量定额，是指对所完成工作量规定的质量标准，如产品合格率、一级品率、废品率、返修率等；⑤固定资产利用定额，是指使用固定资产应达到的效率标准，如设备利用率、设备产量定额、固定资产修理停运时间定额等。

定额制定的基本要求是既要先进又要切合实际，并应随着企业生产技术条件的变化和管理水平的提高而定期修订，否则定额就失去了其应有的作用。

定额制定的基本方法有经验统计法与技术分析法两种。所谓经验统计法，是根据经验和统计资料而制定的定额。这种方法的优点是简便易行，但对构成定额的各种因素缺乏仔细的分析和计算，容易受主观因素影响。所谓技术分析法，是在研究和分析生产技术条件和生产组织，以及可能采取的技术组织措施基础上，通过技术计算或者测定预测指标走势的方法。技术分析法的主要优点是比较准确，但要投入大量的人力进行测定。企业采用什么方法比较合适，这要从实际出发，根据需要与可能的条件来确定。

（二）做好物资的计量、验收、领发和清查工作

做好物资的计量、验收、领发和清查工作，是正确计算成本的必要条件，也是加强企业经营管理的重要前提。

企业一切物资的收发都要经过计量、验收和办理必要的凭证手续。为此，必须要做好以下各项工作：第一，要提高人们对这项工作重要意义的认识，同时还应根据不同计量对象，配置必要的计量器具，尤其对消耗量大的水、风、电、汽的计量器具要配备齐全。第二，应该设置专职的质量检验机构，辅之以群众性的质量把关活动，形成专职机构和群众检查相结合，而以专职机构为主的质量检查制度，做到不符合质量、规格要求的材料物资不入库、不发货。第三，应建立计量仪器和器具的管理与定期检验制度，以保证计量仪器与器具始终处于良好状态；对零部件和产品的质量应不定期进行抽查，以检查质量验收制度的执行情况。

领发材料、半成品、工具等物资，都要有严格的手续和制度。有消耗定额的，按定额发料；没有消耗定额的，按照合理需用量发料，防止乱领乱用，造成积压浪费。对于每月发出或每批生产剩余的物资应及时办理退库手续或结转到下期继续使用，以使计入产品成本的材料物资消耗正确无误。

库存物资应定期进行清查、盘点，做到账物相符，避免出现差错和霉烂变质，防止积压浪费和贪污盗窃，以保护财产物资的安全。

做好材料物资的计量、验收、领发和清查工作，既可以保证企业财产物资的安全，也便于比较准确地计算生产费用和产品成本。

（三）建立内部结算制度，制定内部结算价格

建立内部结算制度，制定内部结算价格，有利于贯彻执行成本责任制，正确考核企业内部各责任单位的业绩，也有助于简化和减少成本核算工作，并便于成本计划和成本控制工作的开展。

内部结算是指对企业内部各部门、车间之间的经济事项，运用货币形式进行等价交换结算，以明确经济责任的一种管理形式。搞好内部结算要抓好内部结算价格、内部结算方式和内部结算组织三个方面的工作。

内部结算价格是指企业内部各单位之间计价结算的价格。对于原材料、辅助材料、燃料、动力、在产品、半成品和各种劳务等，都要制定合理的内部结算价格。企业内部各单位之间相互提供产品或劳务，都可以按内部结算价格进行结算。这样一来，企业内部价格的制定涉及企业各个方面利益，应由各有关部门共同协作来制定。这就要求制定的内部结算价格要保证企业整体利益与各内部单位利益的一致性；要兼顾内部各单位的利益，使各单位都感到价格公平合理，可以接受。

内部结算价格的制定，通常是以计划单位成本作为内部结算价格，也有些单位以产品计划单位成本加上一定利润作为结算价格。后一种方法能调动提供产品或劳务单位的积极性，但由于所加利润额的多少受主观因素影响很大，对内部单位业绩考评的准确性有一定影响，也不便于计算最终产品实际成本。总之，不论采用什么方法制定内部结算价格，都应使之保持相对稳定性，但也要根据企业生产经营情况的变动而定期予以调整。内部结算价格应由企业统一颁布，各单位要严格执行，不能擅自改变价格标准。

内部结算价格确定后，企业内部各单位之间发生经济往来时，就可依据一定的价格和结算方式进行结算。内部结算方式有厂内货币结算方式、厂内支票结算方式、厂内托收承付结算方式、厂内委托收款结算方式和厂内委托付款结算方式等。企业应本着既满足往来结算和资金管理的要求，又简化结算手续的原则选择使用。

无论企业采用哪种结算方式，都需要一定的内部结算组织或机构。我国目前采用较为广泛的有两种内部结算组织形式，一是在企业财会部门设立内部结算中心，二是在企业内部设立内部银行。内部结算中心职能范围小，主要负责企业内部单位之间的往来结算，一般不具有资金管理的职能，核算工作因而也较简单。一些规模较小的企业往往采用这种内部结算组织形式。厂内银行的职能范围较广，具有结算、信贷、控制和信息等职能，但它的核算工作也较复杂。因此，对于一些规模大、内部单位多、基础工作好、管理要求高的企业，通常采取厂内银行内部结算组织形式。

（四）建立原始记录制度，制定合理的凭证传递程序

成本会计的一项重要工作是对各项生产费用进行数据处理，计算产品成本，这就需要通过一定方式取得各项数据。原始记录就是提供成本计算数据的主要方式，它是按照规定的格式，对企业生产经营活动中的具体事实所作的最初的记载。例如，企业生产经营中材料的领用、工时的消耗、生产设备的运转、动力的消耗、费用的开支、废品的发生、产品质量的检验、在产品在生产过程中的转移、产成品和自制半成品的交库等，都要记录在具

有一定格式的凭证中。这种直接记载具体事实的凭证，就是原始记录。建立严密的原始记录制度，制定合理的凭证传递流程，对加强企业经营管理，正确计算产品成本，提供制定各项定额和编制成本计划的依据，都具有重要意义。

原始记录的种类很多，与成本有关的原始记录包括：财产物资方面的原始记录，如限额领料单、领料单、补料单、退库单、废料回收（缴库）单、自制原材料入库单；生产方面的原始记录，包括生产任务通知单，工票，停工通知单，废品通知单，产品完工通知单，半成品入库、调拨、报废及盈亏报告单，在产品转移交接单，能源耗用记录单等；产成品方面的原始记录，如产成品入库单、报废单及盈亏报告单；人事工资方面的原始记录，包括职工录用通知单、职工调动通知单、考勤记录表、工资和奖金支付单等；费用支付方面的原始记录，包括现金支付凭证、报销单等。

原始记录往往为几个部门所需要，因此，按要求填写的原始记录，应分别送交有关部门使用。如果采取一式一份的原始记录形式，则要按需要部门依次传递使用。这种方式的原始记录填写简单，但是不能同时送交各需用单位，影响及时使用，发生丢失时不易查对。采用一式多份的原始记录，可以同时送交各需用部门，如有丢失也便于查找。

企业应健全原始记录制度，统一规定各种原始记录的格式、内容、填制方法、存档和销毁等制度；应根据成本计算和内部控制的需要，制定各种原始记录的传递程序，包括凭证传递所流经部门、各部门对凭证的处理程序等。为了清楚地反映凭证的流程，凭证传递流程最好用流程图来表示。原始记录要符合成本管理的要求，有利于班组经济核算的开展，力求简明，讲求实效，并根据实际使用情况，及时修改，以充分发挥原始记录的作用。

需要指出的是，做好成本会计工作，除了要建立和健全以上各项基础制度之外，还必须提高全员的成本意识和素质，不但要提高成本会计人员的成本意识和素质，而且要提高其他人员特别是工程技术人员的成本意识和素质，把经济性和技术性很好地结合起来，这是完成成本会计任务的重要保证。

第二章

事前成本会计

第一节　成本预测

一、成本预测的概念和作用

成本预测，是指依据成本的有关数据及其与各种技术经济因素之间的依存关系，结合企业发展前景及应采取的各种措施，通过一定程序、方法和模型，对未来成本水平及其变化趋势作出的科学估计。

随着生产日益社会化和现代化，企业规模不断扩大，工艺过程愈加复杂，生产过程中某个环节或者是某个短暂时期内的生产耗费一旦失去控制，都有可能给企业造成无可挽回的经济损失。鉴于此，为了防止成本费用管理的失控现象，首先必须科学地预测生产耗费的趋势和程度，以便在此基础上采取有效措施，从而搞好成本管理工作。

现代成本会计发展重点已由如何事中控制成本、事后计算和分析成本转移到如何预测、决策和规划成本，形成了新型的着重于管理的经营型成本会计。成本预测作为事前成本会计的首要环节，具有以下作用。

（1）成本预测是组织成本决策和编制成本计划的前提。通过成本预测，掌握未来的成本水平及其变动趋势，有助于把未知因素转化为已知因素，帮助管理者提高自觉性，减少盲目性；作出生产经营活动中所有可能出现的有利与不利情况的全面和系统分析，还可避免成本决策的片面性和局限性。有了科学的成本决策，就可以编制出正确的成本计划；而且，成本预测的过程，同时也是为成本计划提供系统的客观资料的过程，这一点足以使成本计划建立在客观实际的基础之上。如果将成本预测与成本决策和成本计划联系起来看，其关系是：预测是决策与计划的基础和前提条件。决策和计划则是预测的产物。

（2）成本预测是加强企业全面成本管理的首要环节。伴随社会主义市场经济的进一步发展，企业的成本管理工作也不断有所提高。单靠事后的计算分析已经远远不能适应客观的需要。成本工作的重点必须相应地转到事前控制上。这一观念的形成将对促进企业合理地降低成本、提高经济效益具有非常重要的作用。

（3）成本预测为降低产品成本指明方向。企业在做好市场预测、利润预测之后，能否提高经济效益以及提高多少，完全取决于成本降低多少。为了降低成本，必须根据企业实际情况组织全面预测，寻找方向和途径，并由此力求实现预期的奋斗目标，降低产品成本。

成本预测按时间分为长期预测和短期预测。长期预测是指对一年以上期间，如三年或五年进行的预测。短期预测是指一年以下的预测，如按月、按季或按年。成本预测按预测内容分为制订计划或方案阶段的成本预测和在计划实施过程中的成本预测。

二、成本预测的程序

（1）根据企业总体目标提出初步成本目标。

（2）初步预测在目前情况下成本可能达到的水平，找出达到成本目标的差距。其中初步预测，就是不考虑任何特殊的降低成本措施，按目前主客观条件的变化情况，预计未来时期成本可能达到的水平。

（3）考虑各种降低成本方案，预计实施各种方案后成本可能达到的水平。

（4）选取最优成本方案，预计实施后的成本水平，正式确定成本目标。

以上成本预测程序表示的只是单个成本预测过程，而要达到最终确定的正式成本目标，这种过程必须反复多次。也就是说，只有经过多次的预测、比较以及对初步成本目标的不断修改、完善，才能最终确定正式成本目标，并依据本目标组织实施成本管理。

三、成本预测的基本方法

（一）定量预测法

定量预测法，是指根据历史资料以及成本与影响因素之间的数量关系，通过建立数学模型来预计推断未来成本的各种预测方法的统称。按照成本性态（习性）原理，可将成本划分为固定成本和变动成本，建立成本模型：$y = a + bx$。其中：y 表示目标总成本，a 表示固定总成本，b 表示单位变动成本，x 表示业务量。通过历史资料计算出 a、b 值，就可以根据成本模型 $y = a + bx$ 测算未来完成业务的目标总成本。通过历史资料计算出 a、b 值的方法通常有以下几种。

第一种方法：高低点法。高低点法是指根据企业一定期间产品成本的历史资料，按照成本习性原理和 $y = a + bx$ 直线方程式，选用最高业务量和最低业务量的总成本之差（Δy），同两种业务量之差（Δx）进行对比，先求 b 的值，然后再代入原直线方程，求出 a 的值，通过成本模型从而估计推测成本发展趋势的一种方法。高低点法的具体步骤如下：

（1）根据历史成本资料确定业务量的最高点和最低点及其对应的成本资料。

（2）将业务量高低点的成本之差除以业务量之差计算 b 值：

$$b = \frac{高低点成本之差}{高低点业务量之差} = \frac{Y_{高} - Y_{低}}{X_{高} - X_{低}}$$

$$或 = \frac{Y_{低} - Y_{高}}{X_{低} - X_{高}}$$

（3）将 b 值带入业务量高点或低点成本模型计算 a 值：

$$a＝高点成本－b×高点业务量＝y_高－bx_高$$
$$＝低点成本－b×低点业务量＝y_低－bx_低$$

（4）根据计算的 a、b 值建立成本性态模型：

$$y＝a＋bx$$

（5）根据未来业务量测算未来完成业务的目标总成本。

［**例 2-1**］　M 公司 2013 年 1～5 月有关产销量和成本资料，如表 2-1 所示。

表 2-1　M 公司 2013 年 1～5 月有关产销量和成本统计表

项目	时间				
	1 月	2 月	3 月	4 月	5 月
产量/件	300	500	400	700	1 000
总成本/万元	2 300	3 300	3 200	4 300	5 800

6 月份预计产销量为 800 件，采用高低点法预测 6 月份总成本。

（1）业务量高低点：

高点：5 月　（1 000，5 800）

低点：1 月　（300，2 300）

（2）计算单位变动成本：

$$b＝(5\ 800－2\ 300)÷(1\ 000－300)＝5(万元/件)$$

（3）计算固定总成本：

$$a＝5\ 800－5×1\ 000＝2\ 300－5×300＝800(万元)$$

（4）建立成本模型：

$$y＝800＋5x$$

（5）预测 2013 年 6 月份总成本：

$$2013\ 年\ 6\ 月份总成本＝800＋5×800＝4\ 800(万元)$$

高低点法计算简单，但由于只选择了历史资料中的业务量高、低两个点，不能完全代表成本发展趋势，所以其计算结果不够准确。

第二种方法：散布图法。散布图法又称布点图法或目测画线法，是指将若干期业务量和成本的历史数据标注在坐标纸上，通过目测画一条尽可能接近所有坐标点的直线，并据此来推算固定成本 a 和单位变动成本 b，通过成本模型从而估计推测成本发展趋势的一种方法。

散布图法的具体步骤如下：

（1）根据历史成本资料在坐标纸上标出散布点。

（2）通过目测画一条尽可能接近所有坐标点的直线，该直线与纵轴（成本轴）的交点即为 a 值。

（3）在直线上任选一点历史资料计算 b 值：

$$b＝(y－a)÷x$$

（4）根据计算的 a、b 值建立成本性态模型：

$$y = a + bx$$

（5）根据未来业务量测算未来完成业务的目标总成本。

[例 2-2]　　资料见 [例 2-1]，采用散布图法预测 6 月份总成本。

（1）根据历史成本资料在坐标纸上标出散布点见图 2-1：

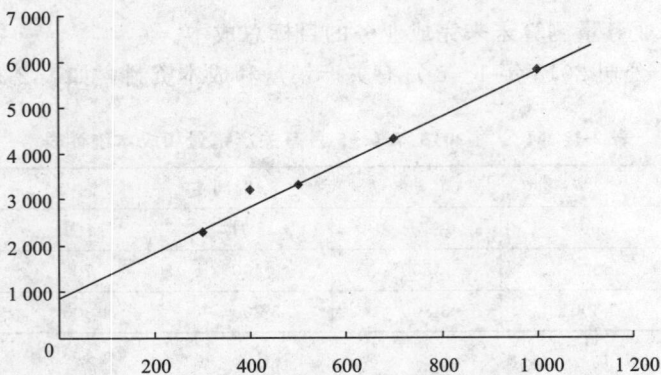

图 2-1　历史成本散布图

（2）通过目测画一条尽可能接近所有坐标点的直线，该直线与纵轴（成本轴）的交点即为 a 值：

$$a = 800 （万元）$$

（3）在直线上任选一点历史资料（700，4 300）计算 b 值：

$$b = (4\ 300 - 800) \div 700 = 5（万元/件）$$

（4）建立成本模型：

$$y = 800 + 5x$$

（5）预测 2013 年 6 月份总成本：

$$2013 年 6 月份总成本 = 800 + 5 \times 800 = 4\ 800（万元）$$

第三种方法：一元直线回归法。一元直线回归法又称最小二乘法或最小平方法，是指利用微分极值原理对若干期全部业务量与成本的历史资料进行处理，并据此来推算固定成本 a 和单位变动成本 b，通过成本模型从而估计推测成本发展趋势的一种方法。

一元直线回归法的具体步骤：

（1）根据历史成本资料列表计算 $\sum x$、$\sum y$、$\sum xy$、$\sum x^2$、$\sum y^2$。

（2）计算相关系数 r：

$$r = \frac{n \sum xy - \sum x \sum y}{\sqrt{[n \sum x^2 - (\sum x)^2][n \sum y^2 - (\sum y)^2]}}$$

r 是一元直线回归分析过程中用于判定变量 x 与 y 之间是否线性相关的一个数学参数。①相关系数取值范围为 $-1 \leqslant r \leqslant 1$。②当 $r > 0$，称正线性相关，x 上升，y 呈线性增加。当 $r < 0$，称负线性相关，x 上升，y 呈线性减少。③ $|r| = 0$，x 与 y 无线性相关关

系；$|r|=1$，完全确定的线性相关关系；$0<|r|<1$，x 与 y 存在一定的线性相关关系；$|r|>0.7$，为高度线性相关；$0.3<|r|\leqslant 0.7$，为中度线性相关；$|r|\leqslant 0.3$，为低度线性相关。

只有 $|r|>0.7$，x 与 y 之间为高度线性相关的情况下，才能使用该方法建立成本模型进行成本预测。

(3) 建立方程组计算回归系数 a 和 b 的值。

$\because$ $y=a+bx$，两边求和得：

$$\sum y = na + b\sum x \quad ①$$

$\because$ $y=a+bx$，两边同乘 x 后，求和得：

$$\sum xy = a\sum x + b\sum x^2 \quad ②$$

解方程计算求解 a 和 b 的值。

(4) 根据计算的 a、b 值建立成本性态模型：

$$y=a+bx$$

(5) 根据未来业务量测算未来完成业务的目标总成本。

[例 2-3]　资料见 [例 2-1]，采用一元直线回归法预测 6 月份总成本。

(1) 根据历史成本资料列表计算 $\sum x$、$\sum y$、$\sum xy$、$\sum x^2$、$\sum y^2$，见表 2-2。

表 2-2　历史成本资料计算表

项目	时间 (n)					
	1	2	3	4	5	1～5 月合计
产量 (x)	300	500	400	700	1 000	2 900
总成本 (y)	2 300	3 300	3 200	4 300	5 800	18 900
xy	690 000	1 650 000	1 280 000	3 010 000	5 800 000	12 430 000
xx	90 000	250 000	160 000	490 000	1 000 000	1 990 000
yy	5 290 000	10 890 000	10 240 000	18 490 000	33 640 000	78 550 000

(2) 计算相关系数 r：

$$r=(5\times 12\,430\,000-2\,900\times 18\,900)\div[(5\times 1\,990\,000-2\,900^2)\times(5\times 78\,550\,000-18\,900^2)]^{1/2}=0.992$$

$|r|=0.992>0.7$，x 与 y 之间为高度线性相关，能使用该方法建立成本模型进行成本预测。

(3) 建立方程组计算回归系数 a 和 b 的值：

$$\begin{cases}18\,900=5a+2\,900b\\12\,430\,000=2\,900a+1\,990\,000b\end{cases}$$

解方程计算求解得：

$$\begin{cases}a=1\,015.584\\b=4.766\end{cases}$$

（4）根据计算的 a、b 值建立成本性态模型：

$$y = 1\ 015.584 + 4.766x$$

（5）预测 2013 年 6 月份总成本：

2013 年 6 月份总成本＝1 015.584＋4.766×800＝4 828.38（万元）

（二）定性预测法

定性预测法主要是建立在预测者具有丰富实际经验和广泛科学知识的基础上，依靠主观判断和综合分析能力，来推断事物的性质和发展趋势，进行成本预测的方法，亦称直观判断预测法或简称直观法。其具体方法有以下几种。

第一种方法：主观判断法。由本企业熟悉销售业务、对市场的未来发展变化趋势比较敏感的领导人、主管人员和业务人员根据其多年的实践经验集思广益，分析各种不同意见并对之进行综合分析评价后所进行的判断预测。该种方法具有费时不长，耗费较小，运用灵活，并能根据销售市场的变动及时对预测数进行修正等优点。但企业内部的各有关人员对问题理解的广度和深度却往往受到一定的限制。

第二种方法：德尔菲法。主要是采用通信的方式，通过向见识广、学有专长的各有关专家发出预测问题调查表的方式来搜集和征询专家们的意见，并经过多次反复，综合、整理、归纳各专家的意见以后，作出预测判断。该种方法具有在模糊的领域对问题求得一致的判断，费用较低，用途广泛，花费专家时间较少等优点。但该种方法可靠性不够，难于评价专家们的意见的准确程度以及无法考虑意外事件，而且完成预测的时间过长。

第三种方法：专家小组法。是由企业组织各有关方面的专家组成预测小组，通过召开各种形式座谈会的方式，进行充分、广泛的调查研究和讨论，然后运用专家小组的集体科研成果作出最后的预测判断。该种方法具有专家之间可以相互启发，充分讨论，信息量大，考虑因素全面，所得预测结果较准确等优点。但该种方法容易屈从领导、权威或多数人意见，忽视"小人物"或少数人的正确意见，或会议准备不周，走过场。

■ 第二节　成本决策

一、成本决策的概念和意义

决策是指人们为了实现某一特定目标，在占有完备资料的基础上，借助于科学的理论和方法，进行必要的计算、分析和判断，从若干可供选择的方案中，选择最佳方案的方法。成本决策是现代企业成本管理中的一个重要组成部分，是为了实现成本目标，根据客观的可行性，在成本预测的基础上，拟订备选的可行性方案，运用一定的决策方法，从备选方案中选择最优成本方案的管理活动。

企业可以根据市场需求和其他方面的要求，通过成本预测，确定生产经营的几个备选方案。对这些备选方案，必须运用专门方法进行认真的分析论证。通过从技术上、经济上的分析论证，可以确定各备选方案的可行性，从而可以进行成本决策，确定最优方案，制定目标成本。做好成本决策对于企业正确制订成本计划，促进企业提高经济效益，具有十分重要的意义。

二、与成本决策有关的成本概念

（一）相关成本

相关成本是指与特定决策有关，具有导致决策差别能力的成本项目。进行决策时，需要考虑的相关成本主要有：付现成本、重置成本、差量成本、边际成本、机会成本、可避免成本、可延缓成本、专属成本等。

（1）付现成本是由于某项决策而引起的需要在未来动用现金支付的成本。

（2）重置成本是指目前从市场上购买同类原有资产所需支付的成本，也称现时成本。

（3）差量成本有广义和狭义之分。广义的差量成本是指一个备选方案的预期成本与另一个备选方案的预期成本之差额；狭义的差量成本是指由于生产能力利用程度的不同而形成的成本差别。计算差量成本，有助于进行成本决策，确定最优方案。

（4）边际成本是指在生产能力的相关范围内，因增加或减少一个单位业务量而引起变动的那部分成本。

（5）机会成本是在决策过程中，从各个备选方案中选取最优方案而放弃次优方案所丧失的潜在利益。机会成本虽不是已发生的成本支出，但在成本决策中必须加以考虑，否则可能会导致决策失误。产生机会成本的前提是某种资源常常有多种用途，即多种使用"机会"。如果某种资源只有一种用途，则机会成本为零。例如，自来水公司或煤气公司的地下管道只有一种用途，故其机会成本为零。

（6）可避免成本是通过管理者的决策行动，可改变其发生的成本。也可指同某一特定备选方案有直接联系的成本。

（7）可延缓成本是在企业财力负担有限的情况下，对已选用的某一方案如推迟执行，而不至于影响企业的大局，则与这一方案有关的成本就称为可延缓成本。

（8）专属成本又称特定成本，是指那些能够明确归属于特定备选方案的固定成本。例如，零部件自制时所追加的专用工具支出；生产某批产品而专用的机床的折旧费；等等。

（二）不相关成本

不相关成本是指过去已经发生，或者未发生但对未来决策无影响的成本。一般情况下，不相关成本主要有：沉没成本、历史成本、不可避免成本、不可延缓成本、共同成本等。

（1）沉没成本是由于过去的决策所引起的并已经支付过款项而发生的成本。

（2）历史成本是根据过去已经发生的支出而计算的成本，也称实际成本。

（3）不可避免成本是通过管理者的决策行动，不能改变其发生的成本。

（4）不可延缓成本是指已选定的某一方案，即使在财力有限的情况下也不能推迟，否则会影响企业的大局，那么与这一方面有关的成本就称为不可延缓成本。

（5）共同成本指那些需由几种、几批产品或几个部门共同分担的固定成本。共同成本的特点在于，一般情况下，无论选择哪一个决策方案，它都会发生且金额相等，因此是无关成本。

三、成本决策的基本程序与要求

(一) 确定决策目标

成本决策的目标就是要求在所处理的生产经营活动中，资金耗费水平达到最低，所取得的经济效益最大。这是成本决策的总体目标。在某一具体问题中，可采取各种不同的形式，但总的原则是必须兼顾企业目前和长远的利益，并且要通过自身努力能够实现。

(二) 广泛收集资料

收集的资料是指与进行该项成本决策有关的所有成本资料以及其他资料。广泛地收集资料是决策是否可靠的基础。一般来说，全面、真实、具体是这种收集工作的基本要求。若做不到，决策便很难保证正确可信。

(三) 拟订可行性方案

成本决策的可行性方案就是指保证成本目标实现，具备实施条件的措施。进行决策，必须拟订多个可行方案，才能从比较中择优。换言之，一个成功的决策应该有一定数量（当然应各自具备一定的质量）的可行性方案为保证。

拟订可行性方案时，一般应把握住两个基本原则：一是保持方案的全面完整性；二是满足方案之间的互斥性。当然，在实际工作中，这些原则可以根据具体情况，灵活掌握运用。

(四) 作出最优决策

对各种可行性方案，应在比较分析之后根据一定的标准，采取合理的方法进行筛选，作出成本最优化决策。对可行性方案的选优决策主要应把握两点：一是确定合理的优劣评价标准，包括成本标准和效益标准；二是选取适宜的抉择方法，包括定量方法和定性方法。

四、成本决策的基本方法

由于成本决策是在对未来进行预测的基础上，对方案进行择优的过程。对未来的预测可能是确定性的，也可能存在多种影响因素是不确定性的。所以成本决策方法可以分为确定型成本决策方法、风险型成本决策方法和不确定型成本决策方法三大类。

(一) 确定型成本决策方法

确定型成本决策通常是指决策者对未来情况所掌握的信息都是肯定的数据，没有不确定性因素在内，只要比较不同方案的计算结果就能作出的决策。其分析方法一般有总额分析法、差量分析法、相关成本分析法和成本无差别点法等。

1. 总额分析法

总额分析法是以利润最大化作为最终的评价指标，按"销售收入－变动成本－固定成本"的模式计算利润，由此决定方案取舍的一种决策方法。之所以称为总额分析法，是因为决策中涉及的收入和成本是指各方案的总收入和总成本，这里的总成本不需要区分相关成本与无关成本。其决策分析表见表 2-3。

表 2-3　总额分析法决策表

项目	A 方案	B 方案	……
销售收入	S_a	S_b	……
减：变动成本	V_a	V_b	……
贡献边际	MR_a	MR_b	……
减：固定成本	F_a	F_b	……
利润	P_a	P_b	……

总额分析法容易理解，但由于将一些与决策无关的成本也加以考虑，计算中极易出错，从而会导致决策的失误，因此决策中不常采用。

2. 差量分析法

差量分析法又称为差量损益分析法是以两个不同方案的差量损益额作为最终评价指标，由差量损益额决定方案取舍的分析方法。其具体公式如下：

$$差量损益额＝差量收入－差量成本$$

计算的差量损益额如果大于零，则前一方案优于后一方案；如果差量损益额小于零，则后一方案为优，舍弃前一方案。其决策分析表见表 2-4。

采用差量损益分析法进行成本决策时，必须坚持相关性原则，凡与决策无关的成本、收入、损益均应剔除。

表 2-4　差量损益分析法决策表

项目	A 方案	B 方案	差异额
相关收入	相关收入 R_a	相关收入	差量收入 $R_a－R_b$
相关成本	相关成本 C_a	相关成本 C_b	差量成本 $C_a－C_b$
其中：机会成本	其中：机会成本	其中：机会成本	
专属成本	专属成本	专属成本	
……	……	……	
差量损益			差量收入－差量成本

[**例 2-4**]　M 企业生产车间可以生产甲产品，或者生产乙产品，但只能选择生产一种产品。两种产品的预计年销售量分别为 800 件和 1 500 件，预计销售单价分别为 90 元

和 40 元，单位变动成本分别为 75 元和 25 元，生产乙产品还需购进设备一台 50 000 元，预计使用 10 年，预计无残值，采用直线法折旧。对该企业生产作出决策。其决策分析表见表 2-5。

表 2-5　M 企业生产决策分析表　　　　　　　　　单位：元

项目	甲产品	乙产品	差异额
相关收入	800×90＝72 000	1 500×40＝60 000	12 000
相关成本	60 000	42 500	17 500
其中：变动成本	800×75＝60 000	1 500×25＝37 500	
专属成本		50 000÷10＝5 000	
差量损益			−5 500

由于差量损益−5 500 元小于零，M 企业应选择生产乙产品。

3. 相关成本分析法

相关成本分析法是以相关成本作为最终的评价指标，由相关成本决定方案取舍的一种决策方法。相关成本越小，说明企业所费成本越低，因此决策时选择相关成本最低的方案作为优选方案。

相关成本分析法适用于只涉及成本的方案决策，或不同方案的收入相等的决策。

[例 2-5]　　N 企业的生产每月需要甲零件 1 000 件，如果外购，每个价格 25 元，如果自制，预计平均单位成本 15 元。本厂生产能力富裕，如果不自制零件，可将生产设备出租，每月可获得租金 12 000 元，对该企业甲零件自制还是外购作出决策。其决策分析表见表 2-6。

表 2-6　N 企业生产用甲零件决策分析表　　　　　　　单位：元

相关成本项目	自制方案	外购方案	差异额
制造成本	1 000×15＝15 000		
采购成本		1 000×25＝25 000	
机会成本	12 000		
相关成本合计	27 000	25 000	2 000

自制方案相关成本大于外购方案相关成本 2 000 元，所以，该企业生产用甲零件应选择外购方案。

4. 成本无差别点法

成本无差别点法是指以成本无差别点业务量作为最终的评价指标，根据成本无差别点所确定的业务量范围来决定方案取舍的方法。

成本无差别点业务量又称为成本分界点，是指两个不同备选方案总成本相等时的业务量。其决策程序如下：

（1）根据各方案资料建立成本模型。

假设方案1：$y_1 = a_1 + b_1 x$

假设方案2：$y_2 = a_2 + b_2 x$

式中，y 表示总成本，a 表示固定总成本，b 表示单位变动成本，x 表示业务量。

（2）计算成本无差别点业务量。

依据定义，令 $y_1 = y_2$，可推导出成本无差别点业务量（x_0）的计算公式：

$$x_0 = 两个方案固定成本之差 \div 两个方案单位变动成本之差$$
$$= (a_2 - a_1) \div (b_1 - b_2)$$

或者通过画图形式观察取得成本无差别点业务量（x_0），如图2-2所示。

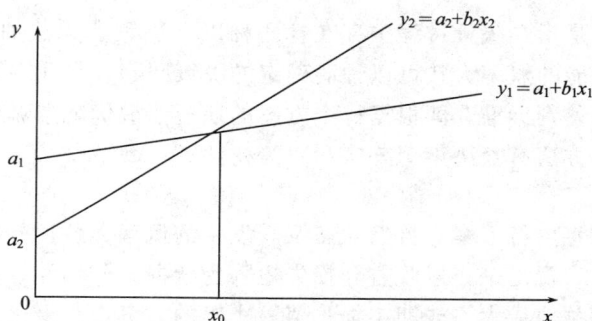

图 2-2　成本无差别点图

（3）根据业务量与成本无差别点业务量（x_0）的关系进行决策：

若业务量大于 x_0 时，则选固定成本较高的 y_1；

若业务量小于 x_0 时，则选固定成本较低的 y_2；

若业务量等于 x_0 时，则两方案效益无差别。

成本无差别点法适用于只涉及成本而且业务量未知的方案决策。

应用此法值得注意的是，如果备选方案超过两个以上方案进行决策时，最好根据已知资料先作图，这样从图上直观地进行判断，剔除不需用的点，在此基础上再进行综合判断分析。

［例2-6］　N企业在生产A产品时，可以用普通机床，也可用数控机床加工，有关资料如表2-7所示。

表 2-7　N企业机床使用成本表

机床名称	单件成本	机床调试准备费
普通机床	1	25
数控机床	0.5	120

对N企业机床使用决策如下：

（1）根据各方案资料建立成本模型。

普通机床1：$y_1 = 25 + x$

数控机床 2：$y_2 = 120 + 0.5x$

（2）计算成本无差别点业务量。

依据定义，令 $y_1 = y_2$，

成本无差别点业务量 $(x_0) = (120 - 25)/(1 - 0.5) = 190$（件）

（3）根据业务量与成本无差别点业务量 (x_0) 的关系进行决策：

若业务量大于 190 件时，则选数控机床；

若业务量小于 190 件时，则选普通机床；

若业务量等于 190 件时，则选普通机床或数控机床两方案效益无差别。

（二）风险型成本决策方法

风险型成本决策是指在决策过程中存在着两种以上决策者无法加以控制的自然状态，但各种自然状态下可能的概率大致可以预测确定的决策问题。企业在风险决策过程中通常是以最佳期望值作为评判标准，即根据哪个方案的期望值最优就选哪个方案。风险型成本决策常用的分析计算方法有：决策矩阵法和决策树法。

1. 决策矩阵法

决策矩阵法是指将可行方案、自然状态及其发生的概率、各种行动方案的可能结果三部分内容在一个表上表现出来，以收益和损失矩阵为依据，分别计算各可行动方案的期望值，选择其中期望收益值最大（或期望损失值最小）的方案作为最优方案的决策方法。其决策程序如下：

（1）编制各种方案的收益和损失矩阵表。

（2）计算各种方案的期望值。

设 $E(d_i)$ 表示第 i 个方案的期望值；x_{ij} 表示采取第 i 个方案，出现第 j 种状态时的损益值；$P(\theta_j)$ 表示第 j 种状态发生的概率，总共可能出现 m 种状态，则期望损益的计算公式为

$$E(d_i) = \sum_{j-1}^{m} x_{ij} P(\theta_j)$$

（3）根据各种方案的期望值进行决策。期望收益值最大（或期望损失值最小）的方案作为最优方案。

[例 2-7] N 企业准备扩大生产有建大厂和建小厂两个方案，其收益矩阵表如表 2-8 所示。

表 2-8 N 企业扩大生产收益矩阵表

方案	投资额/万元	状态	概率	年收益/万元	服务期限/年
建大厂	300	销路好	0.7	100	10
		销路不好	0.3	−20	
建小厂	140	销路好	0.7	40	10
		销路不好	0.3	30	

对 N 企业扩大生产决策如下：

（1）计算各种方案的期望值。

建大厂年期望收益＝100×0.7＋（－20）×0.3＝64（万元）

建小厂年期望收益＝40×0.7＋30×0.3＝37（万元）

由于两个方案投资额不相等，不能用绝对期望收益额进行决策，必须扣除投资额的影响，通过计算期望收益率进行决策。

建大厂年期望收益率＝64÷300×100%＝21.33%

建小厂年期望收益率＝37÷140×100%＝26.43%

（2）N 企业扩大生产决策：建小厂年期望收益率 26.43% 大于建大厂年期望收益率 21.33%，按决策原则应选择建小厂方案。

2．决策树法

决策树法是对决策局面的一种图解。它是把各种备选方案、可能出现的自然状态及各种损益值简明地绘制在一张图表上，先从损益值开始由右向左推导，选择其中期望收益值最大（或期望损失值最小）的方案作为最优方案的决策方法。用决策树可以使决策问题形象化。

决策树图的制作步骤如下：

（1）绘出决策点和方案枝，在方案枝上标出对应的备选方案；

（2）绘出机会点和概率枝，在概率枝上标出对应的自然状态出现的概率值；

（3）在概率枝的末端标出对应的损益值，这样就得出一个完整的决策局面图。

[例 2-8]　　资料见 [例 2-7]。采用决策树法绘制的决策树图如图 2-3 所示。其中矩形结点为决策点，从决策点引出的若干树枝为方案枝，圆形结点为状态结点（机会点），由状态结点（机会点）引出的若干树枝为概率枝，在概率枝的末端标出对应的损益值。各方案的期望收益计算如下：

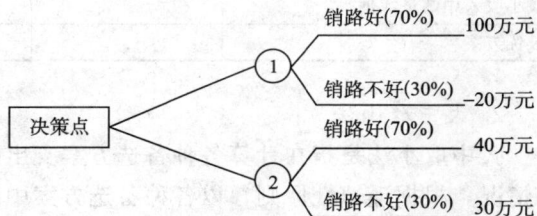

图 2-3　N 企业扩大生产决策树

建大厂期望收益率＝[100×0.7＋（－20）×0.3]/300×100%＝21.33%

建小厂年期望收益率＝(40×0.7＋30×0.3)/140×100%＝26.43%

N 企业扩大生产决策：建小厂年期望收益率 26.43% 大于建大厂年期望收益率 21.33%，按决策原则应选择建小厂方案。

（三）不确定型成本决策方法

不确定型成本决策是指决策者事先不知道决策可能出现的后果，或者虽然知道决策的可能后果但不知道出现各种后果的概率的各种决策。

在实践中，人们通常先把不确定型决策问题转化为确定型或风险型决策问题，估计出各种方案的预期收益或损失，然后以预期收益的最大值或预期损失的最小值作为最优方案。不确定型成本决策常用的分析计算方法有：小中取大法和大中取小法。

1. 小中取大法

小中取大法是指在各种备选方案成本一定的前提下，确定每一方案可能出现的不同收入情况，根据谨慎性原则，以各种备选方案的最小收入作为备选对象，经过比较，选择各种方案最小收入中最大者为最优方案的决策方法。

[**例 2-9**]   N 企业有一批不需用的材料，有三个方案可供选择：

方案一：由本厂辅助生产部门加工后出售，预计加工费 500 元，如果销路好，可获得销售收入 5 000 元，销路不好，只能获得销售收入 4 500 元。

方案二：直接对外销售，如果销路好，可获得销售收入 4 200 元，销路不好，只能获得销售收入 3 800 元。

方案三：全部销售给关联企业，如果销路好，可获得销售收入 4 350 元，销路不好，只能获得销售收入 3 950 元。

其决策过程见表 2-9。

表 2-9　N 企业不需用材料处理决策表　　　　　　单位：元

备选方案	收入值		最小收入
	销路好	销路不好	
方案一：加工后出售	5 000	4 500	4 500
方案二：直接对外销售	4 200	3 800	3 800
方案三：全部销售给关联企业	4 350	3 950	3 950
最小收入中的最大值			4 500
最优方案			方案一：加工后出售

2. 大中取小法

大中取小法是指在计算各种备选方案支出的基础上，确定每一方案可能发生的不同支出情况，根据谨慎性原则，以各种备选方案中的最大支出作为备选对象，经过比较，从不同方案的最大支出中选择最小者作为最优方案的决策方法。

[**例 2-10**]   N 企业中转 2 000 包水泥，每包 20 元，共计 40 000 元，需要在某地停放 20 天，且在此期间天气情况不明，据估计如果露天存放，遇下小雨损失 40%，下大雨损失 70%；如果租用雨篷，每天租金 450 元，下小雨损失 15%，下大雨损失 25%；如果花 19 000 元搭建临时雨棚，下小雨无损失，下大雨损失 5%。

其决策过程见表 2-10。

表 2-10　N 企业中转 2 000 包水泥处理决策表　　　　　　单位：元

备选方案	成本＋损失			最大支出
	不下雨	下小雨	下大雨	
露天存放		16 000	28 000	28 000
租用雨篷	9 000	15 000	19 000	19 000
搭建临时雨棚	19 000	19 000	21 000	21 000
最大支出中最小				19 000
最优方案				租用雨篷

第三节 成本计划

一、成本计划概述

成本计划是企业生产经营总预算的一部分，指在成本预测和决策的基础上，根据计划期的生产任务、降低成本的要求及其相关资料，通过一定的程序，运用一定的方法，以货币形式规定企业在计划期内产品生产耗费和各种产品的成本水平以及相应的成本降低水平和为此采取的主要措施的书面方案。

成本计划属于成本的事前管理，是企业生产经营管理的重要组成部分，通过对成本的计划与控制，分析实际成本与计划成本之间的差异，指出有待加强控制和改进的领域，达到评价有关部门的业绩，增产节约，从而促进企业发展的目的。企业的整体预算从销售预算开始，最终流向预计收益表和预计现金流量表，而成本计划是主要的中间环节。所以做好成本计划对企业的经营管理有重要的意义。

成本计划（或预算）的内容可以分为两大类。一类是费用预算。它按生产费用要素以及生产费用用途反映企业生产耗费。按生产要素反映可以编制材料费用预算、工资费用预算；按费用用途反映可以编制制造费用预算。另一类是按产品品种编制，反映计划期各种产品的预计成本水平的产品成本计划。产品成本计划一般主要包括主要产品单位成本计划和全部商品产品成本计划。

二、成本计划编制要求

通过编制成本计划对于做好成本计划工作，提高企业领导和职工降低成本的自觉性，克服盲目性，严格控制生产费用支出，挖掘降低成本的潜力，保证完成成本计划任务，提高产品的经济效益，都有着重要的意义。所以，必须正确编制成本计划。其具体要求如下：

（1）要以先进合理的技术经济定额为依据来编制成本计划。这些定额包括物资消耗定额、劳动定额、费用开支定额等。

（2）要以其他生产经营计划为依据编制成本计划。就是要依据生产计划、物资供应计划、劳动工资计划等为依据来编制成本计划。

（3）要按照分级归口管理的原则来组织成本计划编制。由财务部门负责组织有关部门参与成本计划编制，保证成本计划符合实际。

三、成本计划编制程序

（1）收集资料。收集和整理资料是成本计划的基础工作，应收集的主要资料：①各项成本降低指标及有关的各项规定；②计划期企业的生产、物料供应、劳动工资和技术组织措施等计划；③计划期各种直接材料、直接人工的消耗定额和工时定额；④材料计划价格、各部门费用预算以及劳动工资率；⑤上期产品成本资料；⑥费用开支标准及有关规定。

（2）预计和分析上年成本计划完成情况，确定生产和销售预算。

（3）成本指标的试算平衡。在对上期成本计划完成情况分析的基础上，考虑计划期各种因素的变化和增产节约的措施，进行反复测算，确定计划期的目标成本。成本指标的试算平衡还要求其他计划指标进行综合平衡，如产品材料计划和物资供应计划、成本计划和资金计划的互相衔接平衡。

（4）编制成本计划。通过试算平衡，结合企业的经营要求就可以正式编制企业的成本计划。

四、成本计划编制方式

成本计划编制方式有统一编制和分级编制两种方式。

（1）统一编制方式是以企业财会部门为核心，在其他有关部门的配合下，根据综合经营计划的要求，编制成本计划。这是一种自上而下的编制方式，主要适合于中小型企业或品种较少的企业。

（2）分级编制方式是由高层管理下达成本控制指标，下级单位在根据这一指标，按成本计划的要求，通过同级间，上级与下级间的沟通、协调，最后形成总体成本计划。分级编制采用自下而上的方法，是一种参与性的编制方式。这一方式适合于企业集团和产品较多的企业。

[例 2-11] M 公司 2013 年度成本计划编制相关基础资料如下（表 2-11 至表 2-13）。

（1）根据市场需求情况预测，本公司主要生产和销售甲产品 2013 年度预计销量如表 2-11 所示。

表 2-11　销售计划表

2013 年度　　　　　　　　　　　　　　单位：件

项目	第一季度	第二季度	第三季度	第四季度	合计
销售计划	500	700	600	600	2 400

（2）根据公司经验，每个季度的期末产品存货量为本季度预计销售量的 15%，期末材料存货量为本季度预计生产耗用量的 10% 较为合理。

（3）2012 年期末甲产品存货量 80 件；期末 A 材料存货量为 30 吨。

（4）甲产品材料、工时耗用标准（定额）。

表 2-12　产品单位定额和计划价格表

2013 年度

项目	材料标准（定额）	工时标准（定额）
甲产品	0.5 吨/件	4 工时/件
材料计划单价	3 300 元/吨	
计划人工成本率		45 元/工时

（5）各季度材料采购货款本季度付款 50%，下季度付款 50%。2012 年年末应付账款余额 25 000 元，假设在 2013 年度第一季度支付。

（6）制造费用月耗用标准：

表 2-13　制造费用月耗用标准表　　　　单位：元

项目	间接材料	间接人工	水电费	维修费用	折旧费	其他费用	合计
月耗用标准	350	450	200	100	300	800	2 200

M 公司 2013 年度成本计划编制如表 2-14 至表 2-19 所示。

表 2-14　生产计划（2013 年度）　　　　单位：件

项目	第一季度	第二季度	第三季度	第四季度	全年合计
预计销售量	500	700	600	600	2 400
加：预计期末结存量	75	105	90	90	90①
合计	575	805	690	690	2 490②
减：预计期初结存量	80	75	105	90	80③
预计生产量	495	730	585	600	2 410

①为第四季度的预计期末结存量；②2 400＋90＝2 490；③为第一季度的预计期初结存量

表 2-15　直接材料成本计划（2013 年度）　　　　单位：元

项目		第一季度	第二季度	第三季度	第四季度	全年合计
预计产品生产量/件		495	730	585	600	2 410
单位产品材料标准/(吨/件)		0.5	0.5	0.5	0.5	0.5
本期产品生产材料需用总量/件		247.5	365	292.5	300	1 205
加：预计期末材料存货量/件		24.75	36.5	29.25	30	30①
减：预计期初材料存货量/件		30	24.75	36.5	29.25	30②
预计材料采购量/件		242.25	376.75	285.25	300.75	1 205
材料计划单价/(元/吨)		3 300	3 300	3 300	3 300	3 300
材料采购总成本		799 425	1243 275	941 325	992 475	3976 500
预计现金流出量	期初应付账款	25 000				25 000
	第一季度采购款	399 712.5	399 712.5			799 425
	第二季度采购款		621 637.5	621 637.5		1 243 275
	第三季度采购款			470 662.5	470 662.5	941 325
	第四季度采购款				496 237.5	496 237.5
	现金流出合计	424 712.5	1 021 350	1 092 300	966 900	3 505 262.5

①为第四季度的预计期末材料存货量；②为第一季度的预计期初材料存货量

表 2-16 直接人工成本计划（2013 年度）

项目	第一季度	第二季度	第三季度	第四季度	全年合计
预计产品生产量/件	495	730	585	600	2 410
单位产品工时标准/工时	4	4	4	4	4
预计工时合计	1 980	2 920	2 340	2 400	9 640
计划人工成本率/（元/工时）	45	45	45	45	45
直接人工总成本/元	89 100	131 400	105 300	108 000	433 800
预计现金流出量/元	89 100	131 400	105 300	108 000	433 800

注：各季度预计直接人工总成本，当期全额现金支付

表 2-17 制造费用计划（2013 年度）　　　　　　　　　　单位：元

项目	第一季度	第二季度	第三季度	第四季度	全年合计
间接材料	1 050	1 050	1 050	1 050	4 200
间接人工	1 350	1 350	1 350	1 350	5 400
水电费	600	600	600	600	2 400
维修费用	300	300	300	300	1 200
折旧费	900	900	900	900	3 600
用其他费用	2 400	2 400	2 400	2 400	9 600
制造费用合计	6 600	6 600	6 600	6 600	26 400
预计现金流出量（元/件）	5 175	5 700	5 700	5 700	22 275

注：间接材料本季度和下季度各付 50%；折旧费不需要付现；预计制造费用小时费用率＝制造费用计划总额÷全年预计工时合计＝26 400÷9 640＝2.74（元/小时）

表 2-18 单位产品成本计划（2013 年度）

品种：甲产品

项目	直接材料	直接人工	制造费用	合计
单位产品耗用标准	0.5 吨/件	4 工时/件	4 工时/件	—
标准定价及费用率	3 300 元/吨	45 元/工时	2.74 元/小时	—
预计单位产品成本	1 650	180	10.96	1 840.96

表 2-19 商品产品成本计划（2013 年度）

品种：甲产品　　　　　　　　　　　　　　　　　　　　　　单位：元

项目	第一季度	第二季度	第三季度	第四季度	全年合计
生产量/件	495	730	585	600	2 410
销售量/件	500	700	600	600	2 400
单位产品成本	1 840.96	1 840.96	1 840.96	1 840.96	1 840.96
生产总成本	911 275.2	1 343 900.8	1 076 961.6	1 104 576	4 436 713.6
销售总成本	920 480	1 288 672	1 104 576	1 104 576	4 418 304

第三章

产品成本核算原理

一、产品成本核算的意义

产品成本是指企业在生产某种产品过程中发生的各种费用总和。产品成本核算是指按确定的成本计算对象，通过对生产费用的汇集和分配，将生产费用在完工产品和在产品之间进行分配之后，计算出各种产品完工产品成本的过程。

工业企业正确组织产品成本核算工作，具有非常重要的意义，主要表现在如下几个方面：

（1）通过产品成本核算，计算出产品实际成本，可以作为生产耗费的补偿尺度，也是确定企业盈利的依据；同时，产品实际成本又是有关部门制定产品价格和企业编制财务成本报表的依据。

（2）通过产品成本核算，反映和监督各项消耗定额及成本计划的执行情况，可以控制生产过程中人力、物力和财力的耗费，从而做到增产节约、增收节支。同时，利用成本核算资料，开展对比分析，还可以查明企业生产经营的成绩和缺点，从而采取措施，改善经营管理，促使企业进一步降低产品成本。

（3）通过在产品成本的核算，还可以反映和监督在产品占用资金的增减变动和结存情况，为加强在产品资金的管理、提高资金周转速度和节约有效地使用资金提供资料。

（4）通过产品成本的核算计算出的产品实际成本资料，可与产品的计划成本、定额成本或标准成本等指标进行对比，除可对产品成本升降的原因进行分析外，还可据此对产品的计划成本、定额成本或标准成本进行适当的修改，使其更加接近实际。

二、产品成本核算的原则

成本核算原则是会计人员在成本核算过程中应该遵循的基本规范。为了协调各种成本计算目的，使成本计算制度化，同时也为了规范成本会计人员计算成本的行为，从而提高成本信息的可靠性。会计人员在成本核算过程中应该遵循以下原则。

1. 实际成本计价原则

实际成本计价也称历史成本计价，它包含三个方面的含义：第一，对生产所耗用的原材料、燃料和动力等费用，都是按实际成本计价。具体说，原材料、燃料和动力在数量方面要按其实际耗用数量计算，其价格方面，不一定必须采用实际价格，也可采用计划价格计价。但是在计入产品成本时，对计划价格同实际价格的差异要作调整，将其调整为实际成本。第二，对固定资产折旧必须按其原始价值和规定的使用年限计算。第三，对完工产品要按实际成本计价，但并不排除"库存商品"账户及其明细账也可按计划成本计价。对于实际成本与计划成本之间的差额，另设"产品成本差异"账户登记。按实际成本计价，能正确地计算企业当期的盈利水平，但是它也有局限性。当物价变动较大时，将使历史成本不能确切地反映资产的现值。为此应按国家的规定，根据物价变动的情况，对资产账面价值及损益进行适当的调整。

2. 成本分期原则

企业生产经营活动是连续不断进行的，为了计算一定期间所生产产品的成本，企业就必须将其生产经营活动划分为若干个相等的成本会计期间，分别计算各期产品的成本。成本核算的分期，必须与会计年度的分月、分季、分年相一致。这样有利于各项工作的开展。但需指出，成本核算的分期与产成品（完工产品）成本的计算期不一定一致，不论生产类型如何，成本核算中的费用归集、汇总和分配，都必须按月进行。至于完工产品的成本计算与生产类型有关，可以是定期的，也可以是不定期的。

3. 合法性原则

合法性原则是指计入成本的费用必须符合国家法律、法令和制度等的规定，不符合规定的费用就不能计入成本。例如，目前制度规定，凡属于增加固定资产而发生的各项资本性支出，不能直接计入成本；购入无形资产的支出、对外投资支出、被没收的财物、各项罚款性质的支出等不能列入成本开支。又如，管理费用、财务费用和销售费用等作为期间费用处理，不能计入产品成本。

4. 重要性原则

在进行成本核算时，所采用的成本计算步骤、费用分配方法、成本计算方法等，都是根据每一企业的具体情况进行选择的。对于一些主要产品、主要费用，应采用比较复杂、详细的方法进行分配和计算，而对于一些次要的产品、费用，则可采用简化的方法，进行合并计算和分配，而不能不分主次。因此，按照重要性原则进行成本核算，既减轻了成本计算的工作量，也加快了成本核算的速度。

5. 一贯性原则

企业在进行成本核算时，一般应根据企业生产的特点和管理的要求，选择不同的成本核算方法进行成本核算。产品成本计算方法一经确定，没有特殊的情况，不应经常变动，以使计算出来的成本资料便于进行比较。如果因情况特殊确需改变原有的成本核算方法，应在有关的会计报告中加以说明，并对原成本计算单中的有关数字进行必要的调整。

6. 权责发生制原则

在进行成本核算时，应遵循权责发生制原则。权责发生制原则是以收入和支出是否在本期已经发生作为确认其应否算作本期的收入和支出的一种方法。权责发生制原则的基本内容是，凡是应计入本期的收入和支出，不论款项是否收到或已付出，都算作本期的收入或支出；凡是不应计入本期的收入和支出，即使款项已经收到或付出，也不算作本期的收入或支出。在成本会计中运用权责发生制原则，主要是指费用的问题，即应正确处理待摊和预提的问题。在成本核算时，对于已经发生的支出，如果其受益期不仅包括本期而且还包括以后各期，就应按其受益期分摊，不能全部列入本期；对于虽未发生的费用，但却应由本期负担，则应先行预提计入本期费用中，待实际支出时，就不再列入费用。但不能利用待摊和预提等方式人为地调节成本，将不应该摊销的费用全部列入当期费用中或应该摊销的不摊销；也不能不该预提的也进行预提，使成本信息失真。

第二节　产品成本核算的要求

为了完成成本核算的各项任务，充分发挥成本核算的作用，不断改善企业的生产经营管理，产品成本的核算工作应做到以下几点。

一、严格执行国家规定的成本开支范围和费用开支标准

成本开支范围是根据企业在生产过程中发生的生产费用的不同性质，根据成本的内容以及加强经济核算的要求，由国家综合经济管理部门在有关的财经法规中制定的。企业发生的费用是多种多样的，而这些不同用途的费用应由不同的渠道开支。例如，企业为生产产品所发生的各项费用应列入产品成本。企业进行基本建设、购建固定资产、同企业正常生产经营活动无关的营业外支出等费用的支出，不能列入产品成本。费用开支标准是对某些费用支出的数额、比例所作出的具体规定。例如，固定资产和低值易耗品的划分标准、职工工资开支标准等，都应根据国家规定的标准开支，不能突破。企业严格遵守国家规定的成本开支范围和费用开支标准，既能保证产品成本的真实性，使同类企业以及企业本身不同时期之间的产品成本内容一致，具有分析对比的可能，又能正确计算企业的利润并进行分配。所以严格遵守成本开支范围和费用开支标准这一财经纪律，是国家对企业核算产品成本时提出的一项最基本的要求，每个企业都应遵照执行。

二、正确划分各种费用支出的界限

为了正确核算产品成本，保证产品成本的真实可靠，在费用支出发生时应正确划分各种费用支出的界限。

1. 分清各个期间的费用支出界限

支出是企业生产经营活动的经常性业务，是为了达到特定的目的而由经济主体的支付行为而导致的资源减少。包括偿还债务的偿债性支出、构成资产价值的资本性支出、为获取当期收益的费用性支出和为获取权益资本使用权的权益性支出。由于支出是有特定目的，这个特定目的可能是过去的，现在的，也可能是未来的。例如，支付货款，如果支付的是过去的购货款属于偿债性支出，如果支付的是现在的购货款，应记入所购货物成本，属于资本性支出，如果支付的是未来的购货款，应作为预付款，属于资本性支出。所以，

费用支出发生首先应分清各个期间的费用支出界限。

2. 分清资本性支出与费用性支出的界限

资本性支出是以获取某项资产为目的，并构成该项资产价值的支出。如购买材料、生产产品、购建固定资产、研发无形资产的支出，最终会形成存货、固定资产和无形资产的价值。费用性支出是以获取当期收益为目的，并从当期收益中获得补偿的支出，如产品销售成本、销售税金及附加、管理费用、财务费用、营业外支出等。资本性支出只有在出售后才能全额转为费用性支出，并一次性从当期收益中获得补偿，或者在使用过程中采用摊销形式转为费用性支出，逐渐从当期收益中获得补偿。

3. 分清计入产品成本和不应计入产品成本的费用支出界限

企业在生产经营过程中发生的各种资本性支出，不是全部都计入产品成本的。对于企业在生产经营过程中发生的一些周转性资本性支出，如购建固定资产、构成无形资产的支出，不应列入产品成本，而应计入固定资产、无形资产的价值中。产品成本是指企业为生产产品在生产过程中所消耗的材料、工资和制造费用。所以，只有那些在生产过程中，为生产产品为目的的支出才能计入产品成本。

4. 分清各种产品成本的界限

属于哪一种产品成本负担的费用，就应计入哪一种产品成本；对于不能直接计入各种产品成本的费用，应采用合理的分配标准，在有关产品之间进行分配。在进行费用的分配时，不能为了简化成本核算方法或其他目的，将费用随意在各种产品中进行分配，即不得将应计入可比产品的费用，计入不可比产品成本中或相反；也不能将应列入亏损产品的费用，计入盈利产品成本中或相反。

5. 分清在产品成本和产成品成本的界限

对需要计算在产品成本的某些产品，要采用适当的方法，将生产费用在产成品和在产品之间进行分配，不得人为地任意压低或提高在产品的成本，保证成本计算的真实性。为了保证准确地将费用在完工产品和在产品之间进行分配，使各期的成本指标具有可比性，在产品的成本计算方法一经确定，一般不应经常改变。

正确划分以上五条费用支出界限的过程实质上就是产品成本核算的过程，只有严格划分各种费用支出界限，才能保证产品成本和损益计算的准确性。企业费用支出的五条界限的划分层次如图 3-1 所示。

三、完善成本责任制

为了正确地进行成本核算，考核各责任单位的成本水平，必须完善成本责任制，以进一步降低产品成本，提高企业的经济效益。要完善成本责任制，应做好如下几项工作。

1. 建立健全责任成本制度

责任成本是指以各责任单位作为成本计算对象所计算的成本。企业在进行成本计算时，最后计算出产品成本是非常重要的。但是，产品成本由于是以产品作为成本计算对象的，所以，它不能反映每一责任单位的工作业绩，不便于将每一责任单位成本的高低与其应承担的责任及经济利益相联系。因此，在进行成本计算时，还应创造条件，计算出每一责任单位的责任成本，便于进行各责任单位责任成本的考核和分析。

図 3-1 費用支出界限划分过程图

```
                        ┌──────────┐
                        │ 费用支出  │
                        └────┬─────┘
        ┌──────────────┬─────┴────────┬──────────────┐
   ┌─────────┐   ┌─────────┐    ┌─────────┐    ┌─────────┐
   │偿债性支出│   │资本性支出│    │费用性支出│    │权益性支出│
   └─────────┘   └────┬────┘    └─────────┘    └─────────┘
              ┌───────┴────────┐
        ┌──────────┐    ┌────────────┐
        │产品制造成本│    │周转性资本支出│
        └─────┬────┘    └────────────┘
       ┌──────┴────────┐
 ┌────────────┐  ┌────────────┐
 │甲产品制造成本│  │乙产品制造成本│
 └────────────┘  └─────┬──────┘
              ┌─────────┴────────┐
        ┌──────────┐    ┌──────────┐
        │完工产品成本│    │在产品成本 │
        └──────────┘    └──────────┘
```

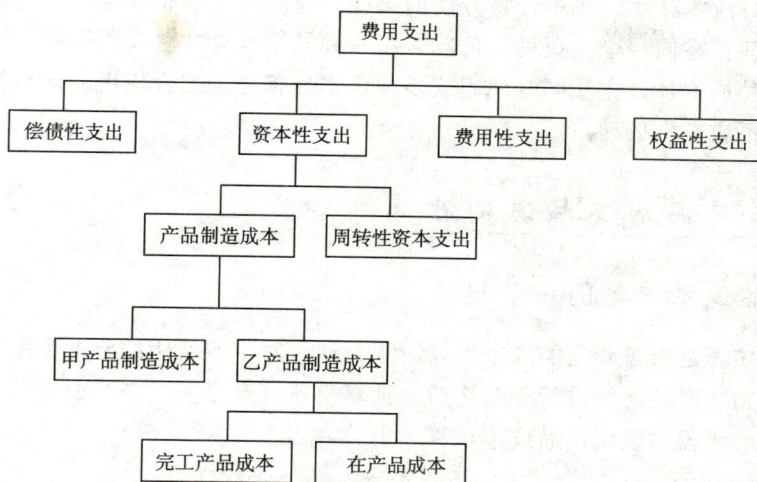

图 3-1　费用支出界限划分过程图

2. 建立健全内部成本管理体系

内部成本管理体系是一个非常复杂的系统，它涉及企业的所有部门和全体职工。该系统的完善程度，运行是否合理，直接关系到成本责任制的推行。因此，应建立一个运行自如、合理的内部成本管理体系，使之逐步完善。

3. 建立健全成本考核制度

成本会计不仅要计算产品成本，并对产品成本指标进行分析，而且还需进行考核。应考核每一种产品成本的升降以及各责任单位的责任成本高低情况。要对成本进行考核，就应建立一套成本考核的收集、整理、对比、计算等方法和程序，使成本考核形成制度，促使成本指标不断降低。

4. 建立健全成本责任奖惩制度

在计算出产品成本及责任成本之后，应对各责任单位可控成本的高低进行分析，实行规范、严格的奖惩制度，以鼓励先进，督促落后，调动各部门及人员不断降低产品成本的积极性，促进企业经济效益的不断提高。

四、做好成本核算的各项基础工作

在进行成本核算时，要正确计算成本，各项基础工作是非常重要的。如果基础工作做得不好，就会影响成本计算的准确性。要做好成本核算的各项基础工作，需要会计部门和其他各部门的密切配合，共同做好这项工作。成本核算的基础工作主要有：制定各种定额并及时地进行修订；建立健全财产物资的计量、收发、领退制度；建立各种原始记录的收集整理制度；制定厂内内部结算价格；建立各责任单位的责任成本等。

五、选择适当的成本计算方法

企业在进行成本核算时，应根据本企业的具体情况，选择适合于本企业生产特点的成本计算方法进行成本计算。成本计算方法的选择，应同时考虑企业生产类型的特点和管理的要求两个方面。在同一个企业里，可以采用一种成本计算方法，也可以采用多种成本计算方法，即多种成本计算方法同时使用或多种成本计算方法结合使用。成本计算方法一经选定，一般就不应经常变动。

■ 第三节　产品成本核算的程序

一、产品成本核算的一般程序

产品成本核算是指按确定的成本计算对象，通过对生产费用的分配和汇集，将生产费用在完工产品和在产品之间进行分配之后，计算出各种产品完工产品成本的过程。每个企业应按照以下一般程序组织产品成本核算。

（一）确定成本计算对象

成本计算对象是确定分配和归集生产费用的具体对象，即生产费用承担的客体，是设立成本明细分类账户，分配和归集生产费用以及正确计算成本的前提。成本计算对象表现在两个方面：①成本计算实体，表现为产品或半成品；②成本计算空间，表现为生产步骤或整个生产过程。

成本计算对象的确定取决于企业的生产特点和管理要求。由于企业的生产特点和管理要求的不同，各个企业的成本计算对象不同。通常企业成本核算的对象主要有：产品品种、产品生产批别或订单和产品生产步骤三种成本计算对象。由于成本计算对象不同形成了不同的成本计算基本方法，以产品品种为成本计算对象的成本计算方法称为品种法；以产品生产批别或订单为成本计算对象的成本计算方法称为分批法；以产品生产步骤为成本计算对象的成本计算方法称为分步法。

（二）确定成本计算期

成本计算期是指每次计算产品成本的期间。计算产品成本的期间并不完全与产品的生产周期或会计结算期一致。有的企业产品成本计算期与会计结算期相一致，有的企业产品成本计算期与会计结算期并不一致，而与产品的生产周期一致。

影响成本计算期的主要因素是企业生产组织的特点。在大量大批生产的企业里，在月内一般都有大量的完工产品，产品的生产周期较短，由于随时有完工产品，因此不能在产品完工的同时，就计算它的成本，而是定期地在月末进行计算。这时，产品的成本计算期与会计结算期一致，而与产品的生产周期不一致；在单件小批生产的企业里，当每一订单产品或每批产品未完工时，全部是在产品的成本，只有产品全部完工时，才能计算完工产品的成本，故其成本计算期是不固定的，与产品的生产周期一致，但与会计结算期不一致。

需要指出的是成本计算期与会计结算期并不能相提并论，尽管在单件小批生产的企业里要在产品完工时才计算完工产品的成本，但企业与成本计算有关的经济业务，如费用的分配与归集都应按月进行，并按月结账，据以考核企业内部各单位产品成本的发生情况。同时，也可积累资料，待产品完工时，便于及时进行成本计算。

（三）日常发生费用的分配和归集核算

每个企业在确定了成本计算对象和成本计算期后，就要按确定的成本计算对象和成本计算期对日常发生的费用进行分配和归集核算。对日常发生的费用按照国家规定的成本开支范围进行审核合格后，对那些能够分清属于某个成本计算对象所耗用的直接计入费用，应直接计入该成本计算对象的成本；对那些不能够分清属于哪个成本计算对象所耗用的共同费用，应选择恰当的分配标准，在各个成本计算对象之间进行分配后，再计入各个成本计算对象的成本；对那些应计入产品成本，但不属于成本计算对象直接耗用的间接费用，应统一归集，到期末时再选择恰当的分配标准，在各个成本计算对象之间进行分配后，再计入各个成本计算对象的成本。

（四）期末费用的分配和结转核算

通过对日常发生费用的分配和归集核算，期末应按恰当的分配标准进行分配结转核算。其具体内容包括以下几点。

1. 辅助生产费用分配结转核算

辅助生产车间日常发生的费用，通过日常分配归集，已归集在"生产成本——辅助生产成本"账中，到期末应采用适当的方法在辅助生产车间的各个受益单位之间进行分配结转，由各个受益单位承担辅助生产费用。

2. 制造费用分配结转核算

各生产车间日常发生的间接费用和没有专设成本项目的费用，通过日常分配归集，已归集在按车间设置的"制造费用"账中，到期末应采用适当的方法在本车间生产的各种产品之间进行分配结转，计入各种产品成本。

3. 生产损失分配结转核算

生产过程中发生的生产损失，通过日常和期末的分配归集，到期末应采用适当的方法在责任人和同类合格品之间进行分配结转，分别结转给责任人承担和计入合格品产品成本。

4. 生产费用在完工产品和在产品之间分配结转核算

生产过程中发生的需要计入产品成本的费用，通过日常和期末的分配归集，已归集在按成本计算对象设置的"生产成本——基本生产成本"账中，期末如果该产品有完工产品，就应采用适当的方法在完工产品和在产品之间分配，结转完工产品成本。

5. 期间费用结转核算

企业日常发生的期间费用，通过日常分配归集，已归集在"管理费用"、"销售费用"和"财务费用"账中，到期末应结转到"本年利润"以便正确计算当期盈亏。

二、产品成本核算的账务处理程序

(一) 产品成本核算应设置的会计科目

1. "生产成本"科目

"生产成本"科目属于成本类科目。本科目核算企业进行工业性生产发生的各项生产费用，包括生产各种产品（如产成品、自制半成品等）、自制材料、自制工具、自制设备等。该科目的借方登记生产过程中发生的直接材料、直接工资等直接费用以及分配转入的制造费用。该科目的贷方登记完工入库的产成品、自制半成品的实际成本以及分配转出的辅助生产费用。该科目的期末余额在借方，为尚未完工的各项在产品成本。"生产成本"科目应设置"基本生产成本"和"辅助生产成本"两个明细科目进行明细核算。

1) "基本生产成本"明细账

"基本生产成本"明细账是用来核算企业基本生产车间发生的各项生产费用，计算基本生产车间产品成本的明细账。为了计算基本生产车间各种产品的成本，该明细账还应按成本核算对象设置三级明细账。

"基本生产成本"明细账账页一般采用借方多栏式，按成本项目设置专栏。其账页格式见表3-1。

表 3-1　基本生产成本明细账

品种：甲产品　　　　　　　　　　　　　　　　　　　　　　　　　　　　单位：元

日期	凭证	摘　要	直接材料	燃料及动力	直接工资	制造费用	合　计
略	略	月初在产品成本	3 200	7 600	2 100	3 100	16 000
		分配材料费用	80 000				80 000
		分配工资费用			38 000		38 000
		分配辅助生产费用		110 000			110 000
		分配制造费用				48 760	48 760
		本月发生额	80 000	110 000	38 000	48 760	276 760
		合　计	83 200	117 600	40 100	51 860	292 760
		结转完工产品成本*	59 000	108 000	38 000	46 000	251 000
		月末在产品成本	24 200	9600	2 100	5 860	41 760

* 此栏数据为红字

基本生产车间是指企业生产对外销售的主要产品的生产车间。基本生产车间平时在发生各项生产费用时，应按成本核算对象和成本项目分别归集。属于直接生产产品耗用并专设了成本项目的直接费用，应直接记入"基本生产成本"明细账中。属于直接生产产品耗用，但没有专设成本项目的直接费用和间接费用先在"制造费用"科目中归集，期末再按一定的分配方法，分配计入各有关产品成本，转入"基本生产成本"明细账中。期末，如果有完工产品的，应编制成本计算单（表3-2）作为计算结转完工产品成本的原始凭证，从"基本生产成本"明细账转入"库存商品"等账户。

表 3-2　产品成本计算单

2012 年 8 月　　产品名称：甲产品　　　　　　　　　　　　　　　　　单位：元

摘要		直接材料	燃料及动力	直接工资	制造费用	合计
月初在产品成本		3 200	7 600	2 100	3 100	16 000
本月发生额		80 000	110 000	38 000	48 760	276 760
合计		83 200	117 600	40 100	51 860	292 760
分配标准	完工产品数量	150	150	150	150	
	在产品约当量	50	25	25	25	
	合计	200	175	175	175	—
分配率		260	653	135	150	1 198
完工产品成本		39 000	97 950	20 250	22 500	179 700
月末在产品成本		13 000	16 325	3 375	3 750	36 450

2）"辅助生产成本"明细账

"辅助生产成本"明细账是用来核算企业辅助生产车间发生的各项生产费用，计算辅助生产成本的明细账。辅助生产车间是为企业的基本生产车间、行政管理等部门提供产品或劳务的生产车间，一般很少对外服务。因此，辅助生产车间发生的费用应由各受益的车间、部门负担。

在只生产一种产品或只提供一种劳务的辅助生产车间，如供水、供电、供汽、运输等车间。应按车间分别设置"辅助生产成本"明细账，在账内按费用内容设置专栏，辅助生产车间日常所发生的所有费用都直接登记在"辅助生产成本"明细账内。

在生产多种产品或提供多种劳务的辅助生产车间，如工具、模型等车间。应按辅助生产车间的产品或劳务分别设置"辅助生产成本"明细账，在账内按规定的成本项目设置专栏。辅助生产车间日常所发生的费用，属于直接生产产品耗用并专设了成本项目的直接费用，应直接记入"辅助生产成本"明细账中。属于直接生产产品耗用，但没有专设成本项目的直接费用和间接费用先在"制造费用"科目中归集，期末再按一定的分配方法，分配计入各有关产品成本，转入"辅助生产成本"明细账中。

企业的辅助生产车间为基本生产车间和行政管理等部门提供的产品和劳务，应于期末，按一定的标准分配给各受益对象，并从"辅助生产成本"明细账中转出。结转后"辅助生产成本"明细账一般没有余额。其账页格式见表 3-3。

表 3-3　辅助生产成本明细账

车间：供电车间　　　　　　　　　　　　　　　　　　　　　　　　单位：元

日期	凭证	摘要	工资	办公费	折旧费	外购电力	消耗材料	其他支出	合计
略	略	分配材料费					25 000		25 000
		分配工资费用	54 000						54 000
		提取折旧费			20 000				20 000

续表

日期	凭证	摘要	工资	办公费	折旧费	外购电力	消耗材料	其他支出	合计
		分配其他费用		28 000				14 000	42 000
		外购电力费用				210 000			210 000
		合计	54 000	28 000	20 000	210 000	25 000	14 000	351 000
		本月转出*	54 000	28 000	20 000	210 000	25 000	14 000	351 000

* 此栏数据为红字

　　企业基本生产和辅助生产较为复杂的情况下，可以将"基本生产成本"明细账和"辅助生产成本"明细账直接作为一级账，可以不再设置"生产成本"科目。

　　2."制造费用"科目

　　"制造费用"科目属于成本类科目。该科目核算企业生产车间、部门为生产产品和提供劳务而发生的各项间接费用。该科目应当按照不同的生产车间、部门设置明细账进行明细核算，在账内按费用内容设置专栏。企业在发生制造费用时，应计入该科目的借方；制造费用应按企业成本核算办法的规定，分配计入有关的成本核算对象时，计入该科目的贷方。除季节性生产或采用累计分配率法分配制造费用的企业外，本科目月末应无余额。其账页格式见表3-4。

表 3-4　制造费用明细账

车间：基本生产车间　　　　　　　　　　　　　　　　　　　　　　　　　　　单位：元

日期	凭证	摘要	工资费用	办公费	机物料	水电费	折旧费	修理费	运输费	低值易耗品摊销	劳动保护费	其他支出	小计
略	略	分配材料费用			4 200								4 200
		分配工资费用	12 300										12 300
		折旧及修理费					5 000	5 500					10 500
		分配其他费用		4 000		3 800			500		1 100	800	10 200
		分配待摊费用								880			880
		分配辅助生产费用				10 780							10 780
		月计	12 300	4 000	4 200	14 580	5 000	5 500	500	880	1 100		48 860
		本月转出*	12 300	4 000	4 200	14 580	5 000	5 500	500	880	1 100	800	48 860

* 此栏数据为红字

　　在大中型企业中，根据管理需要，可将"生产成本"科目分为"基本生产成本"和"辅助生产成本"两个明细科目。对于属于辅助生产车间的制造费用，可直接记入"生产成本——辅助生产成本"科目的借方，也可以仍然通过"制造费用"科目，再转入"生产成本——辅助生产成本"科目的借方。另外，在中小型企业中，如果业务比较简单，也可以将"生产成本"和"制造费用"两个科目合并为"生产费用"科目。

（二）产品成本核算账务处理程序

　　产品成本核算账务处理程序是按照产品成本核算的一般程序要求，进行日常费用分配和归集核算和期末费用分配结转核算的账务处理过程，如图 3-2 所示。

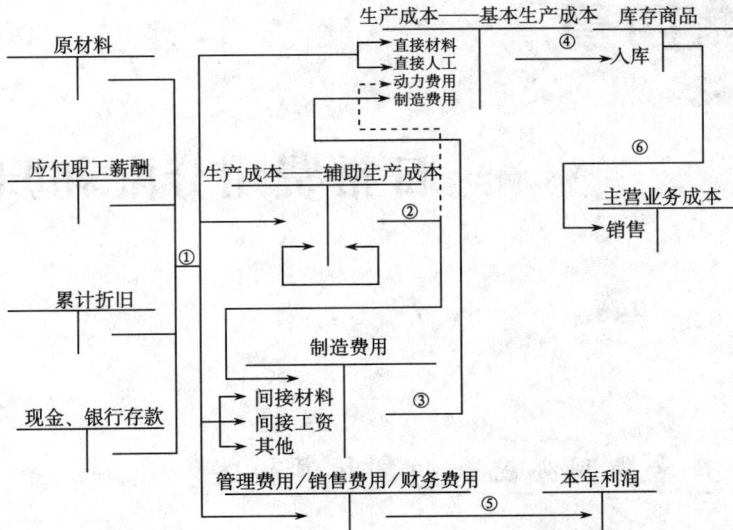

①日常费用分配和归集核算；②辅助生产费用分配结转核算；③制造费用分配结转核算；
④期末计算结转完工产品成本核算；⑤期末期间费用结转核算；⑥期末结转已售产品成本核算

图 3-2 产品成本核算账务处理程序

第四章

日常费用分配和归集核算

■ 第一节 日常费用分配和归集核算概述

一、日常费用分配和归集核算的一般原则

产品生产过程中发生的各项生产费用，应采用一定的方法进行分配和归集计入产品成本中。日常费用分配和归集的原则，首先应按照费用要素的用途和发生的地点，将各种费用区分为应计入产品成本的费用和不应计入产品成本的费用。对于应计入产品成本的各种费用，还应按其与产品的关系进行分配和归集。凡是专为某种产品所耗用，并专设成本项目能确认其负担数额的直接计入费用，则应根据原始凭证采取直接计入的方法计入某种产品成本；凡是几种产品共同耗用，并专设成本项目不能确认为某种产品所消耗的共同费用，则应采取适当的方法分配计入产品成本。因此，日常费用分配的一般原则可概括为凡是属于专设成本项目的直接计入费用应直接计入产品成本；凡是属于专设成本项目的共同费用经分配后计入产品成本。在日常费用的归集中，应特别强调直接计入费用直接计入的问题。凡是能够确认为某种产品所发生的并专设成本项目的费用，都应尽量采取直接计入的方法。因为若采用一定的标准进行分配时，其结果的准确性要差一些，进而影响产品成本的真实性。

二、日常费用分配的方法和归集核算的原理

（一）日常费用分配的方法

在只生产一种产品的企业，应计入产品成本的全部费用都是直接计入费用，应直接计入产品成本。在生产多种产品的企业，应计入产品成本的生产费用，有的是为某种产品所耗用，有的为几种产品共同耗用。这就要根据实际情况，按照上述日常费用分配的一般原则区别对待。对于能确定为某种产品所耗用的直接计入费用要直接计入；为几种产品共同耗用的共同费用，要采用一定的方法分配计入。其分配的方法通常采用"某某比例分配法"。比例分配法的分配过程可分为三个步骤。

第一步：确定分配标准。

分配标准通常是"比例"前面的"某某"。分配标准的确定直接影响分配结果的可靠性和合理性，常用的分配标准有三类：①成果类，如产品的产量、重量、体积、产值等；②消耗类，如产品的生产工时、生产工资、机器工时、原材料耗用量或原材料费用等；③定额类，如定额消耗量、定额费用等。

第二步：计算费用分配率。

$$共同费用分配率 = \frac{待分配共同费用总额}{各种产品分配标准之和}$$

第三步：计算费用分配额。

$$某产品分配的费用 = 该产品的分配标准 \times 共同费用分配率$$

在计算费用分配额时，如果共同费用分配率没有除尽或者采用四舍五入保留小数位的，最后一种产品分配的费用应采用倒扎法计算。

[例4-1]　某企业生产甲、乙两种产品，共同耗用原材料费用10 500元。单件产品原材料定额：甲产品15千克、乙产品12千克。产量：甲产品100件、乙产品50件。

要求：按原材料定额消耗量比例分配计算甲、乙产品实际耗用原材料费用。

第一步：确定分配标准：产品原材料定额消耗量。

甲产品原材料定额消耗量＝100×15＝1 500（千克）

乙产品原材料定额消耗量＝50×12＝600（千克）

第二步：计算费用分配率。

$$材料费用分配率 = \frac{10\ 500}{1\ 500 + 600} = 5$$

第三步：计算费用分配额。

甲产品分配原材料费用＝1 500×5＝7 500（元）

乙产品原材料定额消耗量＝600×5＝3 000（元）

（二）日常费用归集核算原理

日常费用的分配是通过编制费用分配表来进行的。费用分配表的编制，应根据成本核算的体制、凭证的份数以及传递程序等具体条件的不同而有所区别。企业实行一级成本核算体制时，应由财会部门来编制；实行两级成本核算体制时，则是由各车间的成本会计人员来编制。费用分配表不论由谁来编制，其编制的要求和基本方法是一样的。费用分配表编制完成后，作为日常费用归集核算的原始依据，由成本会计人员进行日常费用归集核算的账务处理。属于生产产品所耗用并专设成本项目的费用，应借记"生产成本"账户；属于生产产品所耗用，但没有专设成本项目的费用和生产车间一般耗用的间接费用，应借记"制造费用"账户；属于期间费用的应借记"管理费用""销售费用"和"财务费用"等账户。贷记"原材料""应付职工薪酬"等资产或负债账户。日常费用归集核算的账务处理如下：

借：生产成本——基本生产成本——×产品（基本生产车间生产产品耗用并专设成
本项目的费用）

生产成本——辅助生产成本——×车间（辅助生产车间耗用的费用）

制造费用(生产产品所耗用，但没有专设成本项目的费用和生产车间一般耗用的间接费用)

管理费用（企业行政管理部门耗用的费用）

销售费用（企业销售部门耗用的费用）

财务费用（利息、结算手续等费用）

贷：原材料/应付职工薪酬等资产或负债账户

三、日常费用的分配和归集核算程序

日常费用分配和归集核算的一般程序是：

（1）根据发生费用的原始凭证或原始凭证汇总表，编制费用分配表或费用汇总分配表，并编制记账凭证；

（2）根据原始凭证或记账凭证登记各种成本明细账；

（3）根据记账凭证登记成本类总账。

在以下各节中，将介绍在一级成本核算体制的情况下，日常费用分配和归集核算的一般程序。

第二节　材料费用的分配和归集核算

一、材料费用分配和归集核算的任务

材料是生产过程中的劳动对象。材料在生产过程中所起的作用各不相同，有的材料经过加工后构成产品的主要实体；有的材料虽不构成产品的主要实体，但却有助于产品的形成；有的材料在生产过程中被劳动工具所消耗。虽然材料在生产过程中的作用不同，但其价值转移方式却是相同的，即材料在生产过程中被全部消耗，或改变其原有的实物形态，变成新产品的组成部分。这时，材料的价值也就一次、全部转移到新生产的产品中去，构成了产品成本的重要组成部分。

材料是产品成本的重要组成部分，加强对材料费的核算，对于降低产品成本、节约使用资金，加速资金周转等方面，都有着十分重要的作用。所以在成本会计中，材料费分配和归集核算的主要任务是：

（1）反映和监督材料采购计划的执行情况，控制材料采购支出，降低材料采购成本。

（2）反映和监督材料的收入、发出和结存情况，降低材料储备所占用的资金和储存成本，做到既要满足生产需要，又要防止储备不足。

（3）反映和监督材料费的归集情况，应按材料发生的地点和用途进行材料费的归集。

（4）反映和监督材料费用的分配情况。材料费用发生后，要按材料的用途，采用既简便又合理的方法，将材料费在各种产品中进行分配。材料费用的分配方法一经确定后，没有特殊情况，不应经常变动，以便使各期的成本资料便于进行比较。

为了完成上述材料费分配和归集的任务，应做好材料费分配和归集的基础工作，确定

发出材料实际成本及材料分配的各种计算方法，并配合材料采购部门，做好材料资金的各项管理工作。

二、材料费用分配和归集核算的基础工作

1. 建立和健全发出材料的计量制度

发出材料的数量计量方法有永续盘存制和实地盘存制两种方法。

1）永续盘存制

永续盘存制：也称账面盘存制，就是通过设置材料明细账，对日常发生的材料增加或减少，都必须根据会计凭证在账簿中进行连续登记，并随时在账面上结算各项材料的结存数。

$$账面期末库存数量＝期初库存数量＋本期入库数量－本期减少数量$$

采用这种方法时，材料明细账卡要按每一品种、规格设置。在明细账卡中，要登记收、发、结存数量，有的还同时登记金额。在永续盘存制下，对材料仍须定期或不定期地进行实地盘点，以便核对账存数和实存数是否相符。

永续盘存制的优点是：加强了对材料的管理。在材料明细账卡中，可以随时反映出每种材料的收入、发出和结存情况，并在数量和金额两方面进行控制。明细账卡的结存数量，可以通过盘点与实存数量进行核对。当发生库存溢余或短缺，可以查明原因，及时纠正。此外，明细账卡上的结存数，还可以随时与预定的最高和最低库存限额进行比较，取得库存积压或不足的资料，以便及时组织材料采购，加速资金周转。

采用永续盘存制对发出材料的数量控制是通过签发各种领料、发料凭证进行的。

2）实地盘存制

实地盘存制：又称定期盘存制、以存计耗制，是指期末通过对库存材料进行实地盘点，确定期末材料数量和倒推当期发出材料数量的方法。

$$本期发出数量＝期初库存数量＋本期入库数量－期末库存数量$$

实地盘存制的优点是核算工作比较简单，工作量较小。其缺点是手续不够严密，不能通过账簿随时反映和监督各项材料物资的收、发、结存情况，反映的数字不精确，仓库管理中尚有多发少发、物资毁损、盗窃、丢失等情况，在账面上均无反映，而全部隐藏在本期发出数量中，这样不利于监督检查。因此，实地盘存制只适应数量大、价值低、收发频繁的存货。一般只用于核算那些价值低和数量不稳定、损耗大的材料。

2. 建立和健全材料领料、发料凭证制度

加强发出材料的控制是正确计算产品成本和促进降低产品成本的有效手段。仓库发出材料，不论什么原因，都必须填制发料凭证，并经有关人员批准，仓库管理人员才能据以发料。通常材料发出的凭证主要以下几种。

（1）领料单。领料单是一种一次性有效的领料凭证，每领一次材料就要填写一份。可以在领料单上填写和领取一种材料，称为一单一料；也可以在领料单上填写和领取多种材料，称为一单多料。一单一料的领料单便于汇总，一单多料的领料单适用于经常领用的辅助材料和按生产批号领料等。领料单一般适用于没有消耗定额或不经常领用的材料领发业务。领料单由领料单位填写，一式三联，一联由领料单位留存；一联由仓库发出材料后作

为登记明细账的依据；一联交财会部门作为账务处理的依据。格式如表 4-1 所示。

表 4-1　领料单

领用部门：　　　　　　　　　　　　　年　月　日　　　　　　　　　　　　　编号：

料仓库：

材料编号	材料类别	材料名称及规格	单位	数量		实际（计划）成本		用途
				请领	实发	单价	金额	

记账：　　　　　　发料：　　　　　　领料部门主管：　　　　　领料：

（2）限额领料单。限额领料单是一种对指定的材料，在规定限额和有效期内多次使用的累计发出凭证。它适用于经常领用并规定有消耗定额的材料领发业务。限额领料单一般在月份开始前，由生产计划部门根据月度生产作业计划和材料消耗限额，按照每种材料和每一用途填制限额领料单一式两联。一联作为仓库据以备料和发料的凭证，每次领料时，领料单位应在单内填写请领数量，经仓库审查未超过限额，予以发料。月末仓库结出实发数量和金额，据以登记材料明细账，并交由财会部门稽核签收，作为财会部门进行材料发出总分类核算的原始依据。另一联交给用料单位据以领料，并于月末转给成本会计，据以进行产品成本中的材料费用的明细核算。限额领料单有利于简化核算手续，能随时反映材料消耗定额的执行情况，便于加强对材料领用的控制与管理。限额领料单格式见表 4-2。

表 4-2　限额领料单

领料单位：　　　　　　　　　　　　　年　月　　　　　　　　　　　　　编号：

材料类别、编号：　　　　　　　　规格：　　　　　　　　　　　　仓库：

领用限额：　　　　　　　　　　　计量单位：　　　　　　　　　用途（产品）：

日期	请领数量	实发数量	退回数量	累计实发数量	尚可领用余额	领料部门负责人签章	收（退）料人签章
合计							

生产计划部门：　　　　　供应部门：　　　　　仓库：

（3）材料内部转移凭证。由于某些企业范围较大，仓库较多而且分散，为了便于生产部门领用，可根据企业各仓库材料的储备量，作适当的内部转移。转移材料时，由供应部门签发一式三联的"材料内部转移凭证"，标明发出和收入仓库名称，以及材料名称、规格、数量和计划成本，并经双方签名盖章。其中两联分别作为调出仓库发料和收入仓库收料的凭证，第三联作为材料会计记录明细账的依据。

（4）退料手续。为正确计算产品成本，期末各车间已领未用的材料，应办理退料手续。下月不再继续使用的材料，应填写退料单或填写红字领料单，送仓库收料；采用限额领料单的也可以在限额领料单用红字填写退料数量，以冲减当期领用数量。下月继续使用的材料，则办理假退料手续，即同时填写本月退料单和下月领料单，材料不退回仓库。

3. 建立和健全发出材料的计价制度

材料计价制度有按实际成本计价和按计划成本计价两种制度。

（1）材料按实际成本计价制度指材料收、发、结存从凭证到明细账和总账全部按实际成本计价核算。采用实际成本进行材料日常核算的企业，发出材料的实际成本，可采用先进先出法、全月一次加权平均法、移动加权平均法、个别计价法等方法计算确定，对于不同的材料，可以采用不同的计价方法，材料计价方法一经确定，不应随时变动。

$$发出材料实际成本＝发出材料数量×材料实际单位成本$$

（2）材料按计划成本计价制度指企业对每种材料的收入、发出和结存都按预先确定的计划成本计价进行日常核算，同时另设有关成本差异账户，反映实际成本与计划成本的差异以及差异的分摊情况的核算。在材料按计划成本计价的情况下，对于发出的材料，应计算发出材料应负担的材料成本差异，把发出材料的计划成本调整为实际成本，对于期末库存材料，应以实际成本反映在资产负债表上。

$$发出材料计划成本＝发出材料数量×材料计划单位成本$$
$$发出材料成本差异＝发出材料计划成本×差异率$$
$$差异率＝\frac{期初差异±本期入库差异}{期初材料计划成本＋本期入库材料计划成本}$$
$$发出材料实际成本＝发出材料计划成本±发出材料成本差异$$

三、材料费用分配方法

（一）材料费用的分配原则

材料费用的分配，是通过编制"材料费用分配表"的方式进行的，因此，各生产车间和部门的材料费用分配表应根据各种领料凭证中的记录编制，在按实际成本核算时，根据各种领料凭证中所登记的实际成本汇总编制"材料费用分配表"；在按计划成本核算时，除根据各种领料凭证中所登记的计划成本汇总外，还应根据材料成本差异率计算领用材料应负担的材料成本差异，计算发出材料的实际成本。但在"材料费用分配表"中，还应同时登记材料的计划成本和材料成本差异额。如果多种产品共同耗用某种材料时，还应采用适当的方法在各种产品中进行分配，然后登记材料费用分配表，在各车间、部门"材料费用分配表"的基础上，汇总编制"材料费用汇总分配表"，据此进行材料费用分配的总分类核算。

不管材料是按实际成本核算还是按计划成本核算，对于发出材料的成本一般是根据各种发料凭证编制"材料费用分配表"，根据"材料费用分配表"进行材料费的分配归集核算。

在进行材料费分配时应首先确定材料费的分配对象，材料费的分配对象应根据材料的具体用途确定。

1. 生产产品使用材料费用的分配

对于用于产品生产并构成产品主要实体或有助于产品形成的各种材料，其分配原则是直接材料费用直接计入，共同材料费用分配计入各成本计算对象的"直接材料"成本项目中。直接材料费用是指直接为生产某一种产品所耗用的材料，并能直接确定其归属对象，而共同材料费用是指几种产品共同耗用的某种材料，不能直接确定其归属对象，需采用简便合理的方法在几种产品中进行分配。分配方法的简便是指作为分配标准的资料比较容易取得，并且应尽量采用单一标准，避免采用复合标准；分配方法的合理性是指所采用的分配方法、分配标准应同各个成本计算对象负担的费用成正比例关系。例如，当分配铸铁件材料费时，以铸铁件的重量、定额耗用量等作为分配标准就比较合理，若采用生产工时作为分配标准就不合适了。

2. 生产中一般消耗材料费用的分配

对于生产车间和行政管理部门一般耗用的材料，应分别计入"制造费用"和"管理费用"中的相关项目中。在材料费的分配中，对于直接用于生产各种产品的材料，如果数量较少、金额较小，根据重要性原则，可以采用简化的分配方法，即全部计入"制造费用"中，以省去一些复杂的计算分配工作。

3. 其他材料费用的分配

除了生产过程中使用的材料外，对于发出的其他用途的材料，应根据其发生的具体用途，分别计入"其他业务支出"、"在建工程"等相关的项目中。

（二）材料费用的分配方法

对于领用直接用于生产某一种产品的材料，可采用直接分配法，计入该产品"直接材料"成本项目中；对于几种产品共同耗用的某种材料，则应采取适当的分配方法分配后计入各种产品"直接材料"成本项目中。几种产品共同耗用材料费用通常采用比例分配法进行分配，其分配的标准通常采用产品重量、产品产量、产品材料定额耗用量和产品材料定额成本等。由于采用的分配标准不同产生了不同的分配方法：①产品重量比例分配法；②产品产量比例分配法；③产品材料定额耗用量比例分配法；④产品材料定额成本比例分配法。

[例4-2]　　M公司2013年6月生产甲、乙两种产品，单件产品原材料定额：甲产品56千克，乙产品48千克。产量：甲产品100件，乙产品50件。本月耗用A材料12 000千克，其中：甲、乙产品分别耗用5 000千克、2 500千克，共同耗1 200千克，机修辅助车间耗用1 300千克，基本生产车间一般耗用1 500千克，行政管理部门耗用500千克。A材料实际单位成本40元/千克，按产品材料定额耗用量比例分配法分配甲、乙产品共同耗用A材料费用。

第一步：确定分配标准：产品原材料定额消耗量。

甲产品原材料定额消耗量＝100×56＝5 600（千克）

乙产品原材料定额消耗量＝50×48＝2 400（千克）

第二步：计算费用分配率。

$$材料费用分配率＝\frac{12\ 000×40}{5\ 600+2\ 400}＝6$$

第三步：计算费用分配额。

甲产品分配原材料费用＝5 600×6＝33 600（元）

乙产品原材料定额消耗量＝2 400×6＝14 400（元）

四、材料费用分配归集核算的账务处理

通过材料费用分配，编制"材料费用分配表"后，成本会计人员就要以"材料费用分配表"为依据进行材料费用分配归集核算的账务处理，将材料费用归集到相关账户中。由于材料计价制度的不同，其账务处理有所不同。

1. 材料按实际成本计价的账务处理

借：生产成本——基本生产成本——××产品
　　　　　　——辅助生产成本——××车间　　｝实际成本
　　制造费用——××车间
　　管理费用
　　销售费用
　贷：原材料

2. 材料按计划成本计价的账务处理

（1）结转发出材料的计划成本。

借：生产成本——基本生产成本——××产品
　　　　　　——辅助生产成本——××车间　　｝计划成本
　　制造费用——××车间
　　管理费用
　　销售费用
　贷：原材料

（2）结转发出材料的成本差异。

借：生产成本——基本生产成本——××产品
　　　　　　——辅助生产成本——××车间　　｝节约用红字　超支用蓝字
　　制造费用——××车间
　　管理费用
　　销售费用
　贷：材料成本差异

也可以将发出材料的计划成本和成本差异合并为一个分录。

借：生产成本——基本生产成本——××产品
　　　　　　——辅助生产成本——××车间　　｝实际成本
　　制造费用——××车间
　　管理费用
　　销售费用
　贷：原材料（计划成本）
　　材料成本差异（节约用红字，超支用蓝字）

[**例 4-3**]　资料见［例 4-2］。材料按实际成本计价核算。编制的"材料费用分配表"见表 4-3。

表 4-3 材料费用分配表

2013 年 6 月   单位：元

分配归集对象	直接计入	分配计入			材料实际成本合计
		分配标准	分配率	分配金额	
甲产品	200 000	5 600		33 600	233 600
乙产品	100 000	2 400		14 400	114 400
小计	300 000	8 000	6	48 000	348 000
辅助生产	52 000				52 000
车间一般用	60 000				60 000
行政管理用	20 000				20 000
合计	432 000			48 000	480 000

以表 4-3"材料费用分配表"为依据作如下会计分录：

借：生产成本——基本生产成本——甲产品   233 600
　　　　　　　　　　　　　——乙产品   114 400
　　　　　　　——辅助生产成本——机修车间   52 000
　　制造费用——生产车间   60 000
　　管理费用   20 000
　　贷：原材料——A 材料   480 000

如果材料按实际成本计价核算，A 材料计划单位成本 40 元/公斤，差异率−3‰。编制的"材料费用分配表"见表 4-4。

表 4-4 材料费用分配表

2013 年 6 月   单位：元

分配归集对象	直接计入	分配计入			材料计划成本	材料成本差异	材料实际成本
		分配标准	分配率	分配金额			
甲产品	200 000	5 600		33 600	233 600	−7 008	226 592
乙产品	100 000	2 400		14 400	114 400	−3 432	110 968
小计	300 000	8 000	6	48 000	348 000	−10 440	337 560
辅助生产	52 000				52 000	−1 560	50 440
基本生产车间一般用	60 000				60 000	−1 800	58 200
行政管理用	20 000				20 000	−600	19 400
合计	432 000			48 000	480 000	−14 400	465 600

以表 4-4"材料费用分配表"为依据作如下会计分录：

借：生产成本——基本生产成本——甲产品   226 592
　　　　　　　　　　　　　——乙产品   110 968
　　　　　　　——辅助生产成本——机修车间   50 440

```
制造费用——生产车间                              58 200
管理费用                                      19 400
  贷：原材料——A 材料                                    480 000
    材料成本差异                                      14 400
```

五、燃料费用分配归集核算

生产过程中使用的燃料，实际上也属于材料。因此，燃料费用的分配与归集核算与材料费用的分配与归集核算大致相同。

对于生产产品使用的燃料，在燃料使用不多时，可不设置专门的成本项目，而将其归集计入"制造费用"账户，期末再分配转入产品生产成本中的"制造费用"成本项目中；若燃料耗用的数量较大，则应专门设置"燃料及动力"成本项目，归集生产中使用的燃料费用，以便于对其使用情况进行分析和考核。这时，对于直接用于产品生产的燃料，能分清是由哪种产品耗用的，则应根据有关的原始凭证，直接归集计入该产品的生产成本中的"燃料及动力"成本项目中；几种产品共同耗用而分不清哪种产品耗用的燃料费用时，则应采取适当的分配标准，在各种产品当中进行分配后，再归集计入各种产品的生产成本中的"燃料及动力"成本项目中。采用的分配标准一般为产品的重量、体积、材料实际或定额耗用量等。

对于辅助生产车间使用的燃料，应列入"辅助生产成本"明细账中；基本生产车间一般耗用的燃料，则应列入"制造费用"明细账中；管理部门使用的燃料，应列入"管理费用"明细账中。

[例 4-4]　接 [例 4-3]。本月共耗用燃煤 1 000 吨，其中：甲、乙产品共同耗 500 吨，机修辅助车间耗用 200 吨，基本生产车间一般耗用 200 吨，行政管理部门耗用 100 吨。燃煤实际单位成本 200 元/吨，按原材料实际消耗量比例分配法编制的"燃料费用分配表"见表 4-5。

甲、乙产品原材料实际消耗量计算，依据表 4-3 中甲、乙产品所耗原材料实际成本除以 A 材料实际单位成本 40 元/千克计算。

甲产品原材料实际消耗量＝233 600÷40＝5 840（千克）

乙产品原材料实际消耗量＝114 400÷40＝2 860（千克）

表 4-5　燃料费用分配表

2013 年 6 月　　　　　　　　　　　　　　　　　　　　单位：元

分配归集对象	直接计入	分配计入			材料实际成本合计
		分配标准/千克	分配率	分配金额	
甲产品		5 840		67 101.6	67 101.6
乙产品		2 860		32 898.4	32 898.4
小计		8 700	11.49	100 000	100 000
辅助生产	40 000				40 000

续表

分配归集对象	直接计入	分配计入			材料实际成本合计
		分配标准/千克	分配率	分配金额	
基本生产车间一般用	40 000				40 000
行政管理用	20 000				20 000
合计	100 000			100 000	200 000

以表 4-5 "材料费用分配表"为依据作如下会计分录：

借：生产成本——基本生产成本——甲产品　　　　　　　　67 101.6

　　　　　　　　　　　　　——乙产品　　　　　　　　　32 898.4

　　　　　　——辅助生产成本——机修车间　　　　　　　40 000

　　制造费用——生产车间　　　　　　　　　　　　　　　40 000

　　管理费用　　　　　　　　　　　　　　　　　　　　　20 000

　贷：燃料——A 材料　　　　　　　　　　　　　　　　　　　　200 000

■ 第三节　外购动力费用的分配和归集核算

一、外购动力费用支付核算

外购动力费用是指企业从外单位购入的电力、蒸汽等动力费用。外购动力应根据其使用的数量，向供应单位支付款项。一般情况下，使用的外购动力都由仪器仪表计量。在支付外购动力费用时，应根据仪器仪表上记录的耗用数量、规定的价格向提供动力的单位支付款项。以支付款项的凭证编制记账凭证，作为外购动力费用分配和归集的依据。

在实际工作中，外购动力费用的支付有多种情况，通常有以下几种。

（1）企业设置有专门的供电等辅助车间，统一对外结算支付外购动力费用。所以，供电等辅助车间在统一对外结算支付外购动力费用时，应先归集在"生产成本——辅助生产成本"账户，到期末再分配结转给各个受益单位。支付外购动力费用时所作账务处理如下：

借：生产成本——辅助生产成本——供电等辅助车间

　　应交税费——应交增值税（进项税）

　贷：银行存款

（2）企业没有设置专门的供电等辅助车间，但企业必须先按供电等部门设置的计量器统一支付整个企业的外购动力费用，然后再根据企业内部各部门使用情况进行分配。所以，企业在统一对外结算支付外购动力费用时，可以先作为暂付款处理。具体账务处理如下：

借：应付账款——××供电局

　　应交税费——应交增值税（进项税）

　贷：银行存款

（3）企业规模较小，没有设置专门的供电辅助车间，按企业各部门设置的计量器分别支付外购动力费用，可按动力的用途直接记入有关成本、费用账户。具体账务处理如下：

借：××成本、费用账户

　　应交税费——应交增值税（进项税）

　贷：银行存款

二、外购动力费用分配归集核算

外购动力费用分配时，应由财会部门根据所支付的外购动力费用额以及各部门耗用外购动力的数量，通过编制"动力费用分配表"进行分配。如果使用外购动力的各部门都有仪器仪表计量，则外购动力费用应根据仪器仪表记录的各部门耗用量进行分配。若使用动力的部门没有仪器仪表计量，可按机器工作时数等标准进行分配。

1. 基本生产车间用于产品生产外购动力费用的分配和归集

基本生产车间生产产品用的动力，如电解用电力、烘干用蒸汽、炼钢用氧气，以及可以按产品确定消耗定额的动力用电等，应计入该产品的生产成本中的"燃料及动力"成本项目中。对于几种产品共同耗用的动力费用，则应采取适当的分配标准，在各种产品当中进行分配后，再归集计入各种产品的生产成本中的"燃料及动力"成本项目中。采用的分配标准一般为产品定额工时或实际工时消耗量、机器工时等。其方法有：①产品定额工时比例法；②产品实际工时比例法；③产品机器工时比例法。

2. 基本生产车间一般耗用外购动力费用的分配和归集

基本生产车间照明、取暖等耗用的动力，应根据其耗用的数量和动力费用分配率，计算出应分配的动力费用数额，记入"制造费用"明细账中有关的项目。

3. 辅助生产车间耗用外购动力费用的分配和归集

辅助生产车间耗用的动力费用，应根据其耗用的数量和动力费用分配率，计算出应分配的动力费用数额应记入"辅助生产成本"明细账中有关的项目。

4. 管理部门耗用外购动力费用的分配和归集

管理部门耗用的外购动力费用，应根据其耗用的数量和动力费用分配率，计算出应分配的动力费用数额应记入"管理费用"明细账中的有关项目。

[例4-5] M公司2013年6月25日按供电局设置的计量器统一支付整个企业本月电费120 000元，增值税20 400元。M公司未专设供电车间。其账务处理如下：

借：应付账款——××供电局　　　　　　　　　　　　　　　　120 000

　　应交税费——应交增值税（进项税）　　　　　　　　　　　　20 400

　贷：银行存款　　　　　　　　　　　　　　　　　　　　　　　140 400

[例4-6] 接 [例4-5]。月末分配本月电费，本月共耗电200 000度，其中：生产甲、乙产品共同耗150 000度，机修辅助车间耗用20 000度，基本生产车间一般耗用10 000度，行政管理部门耗用20 000度。甲、乙产品实耗生产工时3 000工时、2 000工时。采用实际生产工时比例分配外购电费。编制"动力费用分配表"见表4-6。

电力单位成本＝120 000÷200 000＝0.6（元/度）

第一步：确定分配标准：产品实际生产工时。

甲产品实际生产工时＝3 000工时

乙产品实际生产工时＝2 000工时

第二步：计算费用分配率。

$$动力费用分配率 = \frac{150\,000 \times 0.6}{3\,000 + 2\,000} = 18$$

第三步：计算费用分配额。

甲产品分配动力费用＝3 000×18＝54 000（元）

乙产品分配动力费用＝2 000×18＝36 000（元）

表 4-6　外购动力费用分配表

2013 年 6 月　　　　　　　　　　　　　　　　单位：元

分配归集对象	耗电数量/度	电单价/(元/度)	分配计入			电费分配额
			分配标准	分配率	分配金额	
甲产品			3 000		54 000	54 000
乙产品			2 000		36 000	36 000
小计	150 000		5 000	18	90 000	90 000
辅助生产	20 000					12 000
基本生产车间一般用	10 000					6 000
行政管理用	20 000					12 000
合计	200 000	0.6				120 000

以表 4-6"外购动力费用分配表"为依据作如下会计分录：

借：生产成本——基本生产成本——甲产品　　　　　　　　54 000

　　　　　　　　　　　　　　——乙产品　　　　　　　　36 000

　　　——辅助生产成本——机修车间　　　　　　　　　　12 000

　　制造费用——生产车间　　　　　　　　　　　　　　　6 000

　　管理费用　　　　　　　　　　　　　　　　　　　　　12 000

　　贷：应付账款——××供电局　　　　　　　　　　　　　　120 000

第四节　职工薪酬费用的分配和归集核算

一、职工薪酬概述

职工薪酬是指企业为获得职工提供的服务而给予各种形式的报酬以及其他相关支出。职工薪酬的构成包括职工范围、职工薪酬内容和职工薪酬支付方式。

（一）职工范围

（1）与企业订立劳动合同的所有人员，含全职、兼职和临时职工。按照我国《劳动法》和《劳动合同法》的规定，企业作为用人单位与劳动者应当订立劳动合同，职工薪酬准则中的职工首先包括这部分人员，即与企业订立了固定期限、无固定期限和以完成一定的工作为期限的劳动合同的所有人员。

（2）未与企业订立劳动合同，但由企业正式任命的人员，如董事会成员、监事会成员等。按照我国《公司法》的规定，公司应当设立董事会和监事会，董事会、监事会成员为企业的战略发展提出建议、进行相关监督等，目的是提高企业整体经营管理水平，对其支付的津贴、补贴等报酬从性质上属于职工薪酬。因而，尽管有些董事会、监事会成员不是本企业职工，未与企业订立劳动合同，但是属于职工薪酬准则所称的职工。

（3）在企业的计划和控制下，虽未与企业订立劳动合同或未由其正式任命，但为其提供与职工类似服务的人员，也属于职工薪酬准则所称的职工。例如，企业与有关中介机构签订劳务用工合同，虽然企业并不直接与合同下雇佣的人员订立单项劳动合同，也不任命这些人员，但通过劳务用工合同，这些人员在企业相关人员的领导下，按照企业的工作计划和安排，为企业提供与本企业职工类似的服务；换言之，如果企业不使用这些劳务用工人员，也需要雇佣职工订立劳动合同提供类似服务，因而，这些劳务用工人员属于职工薪酬准则所称的职工。

（二）职工薪酬内容

（1）职工工资、奖金、津贴和补贴，指按照构成工资总额的计时工资、计件工资、支付给职工的超额劳动报酬和增收节支的劳动报酬、为了补偿职工特殊或额外的劳动消耗和因其他特殊原因支付给职工的津贴，以及为了保证职工工资水平不受物价影响支付给职工的物价补贴等。

（2）职工福利费，主要包括职工因公负伤赴外地就医路费、职工生活困难补助、未实行医疗统筹企业职工医疗费用，以及按规定发生的其他职工福利支出。

（3）医疗保险费、养老保险费等社会保险费，指企业按照国务院、各地方政府或企业年金计划规定的基准和比例计算，向社会保险经办机构缴纳的医疗保险费、养老保险费、失业保险费、工伤保险费和生育保险费，以及以购买商业保险形式提供给职工的各种保险待遇。

（4）住房公积金，指企业按照国家规定的基准和比例计算，向住房公积金管理机构缴存的住房公积金。

（5）工会经费和职工教育经费，指企业为了改善职工文化生活、为职工学习先进技术和提高文化水平和业务素质，用于开展工会活动和职工教育及职业技能培训等相关支出。

（6）非货币性福利，指企业以自己的产品或外购商品发放给职工作为福利，企业提供给职工无偿使用自己拥有的资产或租赁资产供职工无偿使用，如提供给企业高级管理人员使用的住房、免费为职工提供医疗保健等服务，或者向职工提供企业支付了一定补贴的商品或服务等，如以低于成本的价格向职工出售住房等。

（7）因解除与职工的劳动关系给予的补偿，指由于分离办社会职能、实施主辅分离、辅业改制，重组、改组计划等原因，企业在职工劳动合同尚未到期之前解除与职工的劳动关系，或者为鼓励职工自愿接受裁减而提出补偿建议的计划中给予职工的经济补偿。

（8）其他与获得职工提供的服务相关的支出，指除上述七种薪酬以外的其他为获得职工提供的服务而给予的薪酬。例如，企业提供给职工以权益形式结算的认股权、以现金形式结算但以权益工具公允价值为基础确定的现金股票增值权等。

表 4-7　考勤记录格式

职工考勤表

年　月　日

部门_____　分厂_____　班组_____

应出勤天数_____　应休假天数_____

序号	姓名	出勤情况 1	2	3	4	5	6	7	8	9	10	11	12	13	14	15	16	17	18	19	20	21	22	23	24	25	26	27	28	29	30	31	合计 应出勤	实出勤	病假	事假	旷工	工伤	其他假	公差	公休	出勤率
1																																										
2																																										
3																																										
4																																										
5																																										
6																																										
7																																										
8																																										
9																																										
10																																										
11																																										
12																																										
13																																										

考勤符号：出勤√；病假：○；事假：⊙；旷工：×；公差：公；公休：休；其他假：◇

说明：此表作班组考勤，月后 4 日内交人事部

班组长签字：_____　考勤员签字：_____

（三）职工薪酬支付方式

（1）货币性职工薪酬，指以货币形式支付给职工和为职工支付的薪酬。职工薪酬内容中除非货币性福利以外，其他内容多数为货币性职工薪酬。

（2）非货币性职工薪酬，指以非货币形式支付给职工的薪酬，主要有非货币性福利、提供给职工以权益形式结算的认股权等。

二、职工薪酬计算

（一）职工薪酬核算应做好的基础工作

为了正确地计算和分配职工薪酬费用，企业应根据自身的特点和管理的要求，确定职工薪酬核算所需原始凭证的种类、格式、登记方法以及传递程序。做好内部分工，保证各项凭证记录准确无误。职工工资核算的各项原始记录主要有：

（1）考勤记录，是登记职工出勤和缺勤情况的记录。考勤记录是计算职工工资的重要记录，同时，它对于分析和考核职工工作时间利用情况，加强企业的劳动纪律，提高企业管理水平等方面，也有着同样的重要作用。企业的考勤记录一般分车间、班组、科室分别进行，考勤工作应由兼职人员担任。考勤记录应由考勤人员根据职工出勤和缺勤情况进行逐日登记。考勤记录在月末经财会部门审核后，作为计算计时工资的依据。考勤记录的格式见上页表4-7。

（2）产量记录，是反映工人或班组在出勤时间内生产产品的产量和耗用生产工时的记录。产量记录不仅是计算计件工资的依据，同时，也是统计产量和生产工时的依据。所以产量记录应提供产量、合格品产量、废品产量、工时等资料。生产车间的工艺过程和生产组织的特点以及产品的性质不同，产量记录的具体内容与编制程序也不一样。在单件小批生产的企业里，一般采用"工作通知单"作为产量记录。在成批生产的企业里，一般采用"工序进程单"作为产量记录。产量记录的格式见表4-8。

表 4-8　产量记录格式

2013 年 8 月　　　　　　　　　　　　　　　　　　　　班组：一车间第一小组

工人			工作任务					检查结果									工资			
工号	姓名	等级	加工进程单编号	产品型号	零件编号	工序	发给加工数量	工时定额	交验数量	合格数量	退修数量	工废数量	料废数量	短缺数量	未加工数	定额总工时	实际工时	检验员	计件单价	合格品工资	废品工资	工资合计
19	张洋	8		08	12	1	20	5	20	18		1	1			90	98	11	60	1 080	60	1 140
20	李靖	4		08	9	2	18	9	18	16	2	—	—			144	150		70	1 120	—	1 120
21	王清	3		08	11	3	18	12								216	200		72	1 296		1 296
22	李明	7		08	10	4	18	5	20	18		1	1	—		90	95	11	58	1 044	58	1 102

（二）职工工资计算

1. 计时工资的计算

计时工资是指按计时工资标准和工作时间计算支付给职工个人的劳动报酬。企业在计算职工计时工资时，可采用月薪制和日薪制两种方法。

（1）月薪制是指按职工固定的月标准工资扣除缺勤工资计算其工资的一种方法。采用月薪制时，只要职工出满勤，不论该月份是多少天，都可以得到固定的月标准工资。如果出现缺勤，则应从月标准工资中将缺勤工资予以扣除。其计算公式如下：

$$应付计时工资＝月标准工资－缺勤应扣工资$$

$$缺勤应扣工资＝缺勤日数×日工资率×应扣比例$$

其中，日工资率的计算有三种方法：

① 按月平均日历天数 30 天计算日工资。按照这种方法计算日工资，双休日和法定节假日视为出勤，照付工资，因而缺勤期间的双休日和节假日也应视同缺勤，照扣工资。

$$日工资率＝月标准工资÷30$$

② 按月平均实际工作日数 20.83 天［（365－104－11）÷12］计算日工资。按照这种方法计算日工资，不论大月或小月，每月应计工作日数均固定按 20.83 天计算。各月内的双休日、法定节假日不付工资，因而缺勤期间的双休日和节假日也不扣工资。

$$日工资率＝月标准工资÷20.83$$

③ 按当月满勤日数（当月日历日数－当月节假日和星期休假日）计算日工资。按照这种方法计算日工资，由于各月满勤日数不相等，所以，日工资也不相等。各月内的双休日、法定节假日不付工资，因而缺勤期间的双休日和节假日也不扣工资。

$$日工资率＝月标准工资÷当月满勤日数$$

[例 4-7]　职工洪萍的月标准工资为 3 780 元，2012 年 5 月请事假 5 天（其中有两天为双休日），病假 3 天（其中有一天节日），工龄 7 年，病假扣发工资比例为 10％，当月有双休日 8 天，节假日 1 天。采用月薪制计算如下：

①按月工作日 30 天计算：

日工资＝3 780÷30＝126（元）

应付计时工资＝3 780－ 5×126－3×126×10％＝3 112.20（元）

②按月工作日 20.83 天计算：

日工资＝3 780÷20.83＝181.47（元）

应付计时工资＝3 780－3×181.47－2×181.47×10％＝3 199.30（元）

③按当月满勤日数计算：

日工资＝3 780÷22＝171.82（元）

应付计时工资＝3 780－3×171.82－2×171.82×10％＝3 230.18（元）

（2）日薪制是指按职工实际出勤日数和日工资计算其应付工资的一种方法，其计算公式如下：

$$应付计时工资＝实际出勤日数×日工资率$$

式中，日工资可按月薪制下计算日工资三种方法中的第二种方法计算。

采用日薪制计算职工应付计时工资时，有利于正确计算生产工人的工资成本，但是由于每个月份实际工作天数不同、职工出勤的天数不同，所以每个月份都需要计算，计算工作量较大。

[例4-8]　见[例4-7]。采用日薪制计算如下：

实际出勤日加数＝31－5－3－（9－3）＝17（天）

日工资＝3 780÷20.83＝181.47（元）

应付计时工资＝17×181.47＝3 084.99（元）

2. 计件工资计算

计件工资是指根据规定的计件单价和完成合格品数量计算支付的工资。在计算计件工资时，对于由于材料缺陷等客观原因产生的废品即料废，应照付计件工资；对于由于工人加工过失等原因而产生的废品，即工废，则不应支付计件工资。计件工资按照支付对象的不同，可分为个人计件工资与集体计件工资两种。

（1）个人计件工资计算。当职工所从事的工作能分清每个人的经济责任时，可采取个人计件工资的方式。其计件工资计算公式如下：

应付计件工资＝∑（合格品数量＋料废数量）×计件单价

（2）集体计件工资计算。当工人集体从事某项工作且不易分清每个职工的经济责任时，可采取集体计件工资的方式。其计件工资计算分为两步：

第一步：计算应付集体计件工资总额。

应付集体计件工资总额＝∑（合格品数量＋料废数量）×计件单价

第二步：按集体内各个职工的计时工资或实际工作天数比例分配计算各个职工的应付计件工资。

[例4-9]　某单位4名职工本月共装车皮300个，装一个车皮的计件工资为160元。甲、乙、丙、丁4名职工实际工作天数分别为21天、20天、20天、19天，则每人应付计件工资计算见表4-9。

应付集体计件工资总额＝300×160＝48 000（元）

表4-9　集体计件工资分配表　　　　　　　　　单位：元

职工	实际工作天数/天	分配率	分配的计件工资额
甲	21		12 600
乙	20		12 000
丙	20		12 000
丁	19		11 400
合计	80	600	48 000

3. 奖金的计算

奖金是指对职工的超额劳动在标准工资以外支付给职工的物质奖励性质的劳动报酬，包括生产奖、节约奖、劳动竞赛奖以及其他奖金。奖金应根据国家的有关规定和企业内部的奖励标准进行计算。

4. 津贴和补贴的计算

津贴和补贴是指为了补偿职工特殊或额外的劳动消耗和其他特殊原因支付给职工的津贴，以及为了保证职工工资水平不受物价影响而支付给职工的物价补贴等。津贴和补贴应按国家规定的种类和标准计算。

5. 加班加点工资的计算

加班加点工资是指按规定支付给职工的加班工资和加点工资。加班加点工资应按日工资（或小时工资）乘以加班加点天数（或小时）及国家规定的支付标准（系数）计算。其计算公式如下：

$$应付加班加点工资 = 加班加点天数 \times 日工资 \times 规定的支付标准（系数）$$

在上式中，规定的支付标准（系数）是，在正常工作时间外加班加点应按标准工资的150%计算（系数为1.5）；在星期天加班加点时，按标准工资的200%计算（系数为2）；在节假日加班加点时，按标准工资的300%计算（系数为3）。

6. 特殊情况下支付的工资的计算

特殊情况下支付的工资是指根据国家法律法规和政策规定，职工因病、工伤、产假、婚假、事假、探亲假等原因按规定支付的工资。特殊情况下支付的工资应按国家规定的标准和考勤记录计算。

上述各项目计算出来后，就是应付给每位职工的工资，再扣除企业为职工代扣代缴的各种款项，其余额即为实发工资。应付职工工资和实发工资的计算公式为

$$应付职工工资 = 计时工资 + 计件工资 + 奖金 + 津贴和补贴 + 加班加点工资$$
$$+ 特殊情况下支付的工资$$
$$实发工资 = 应付职工工资 - 代扣代缴款项$$

在实际工作中，应付职工的工资、代扣款项及实发工资等，是通过编制"职工工资单"的形式进行的。"职工工资单"应按车间、部门进行编制，以便反映每个职工工资的详细情况，并作为企业与职工工资结算的原始记录。"职工工资单"的格式见表4-10。

为反映整个企业工资结算情况，由财务部门根据各车间、部门报来的职工工资结算单，按部门进行汇总编制"工资结算汇总表"作为职工薪酬费用分配的依据。"工资结算汇总表"的格式见表4-11。

（三）其他职工薪酬项目计算

1. "五险一金"计算

"五险一金"是指医疗保险费、养老保险费、失业保险费、工伤保险费、生育保险费五种保险和住房公积金。其中：医疗保险费、养老保险费、失业保险费和住房公积金由单位和个人共同交纳；工伤保险费和生育保险费由单位交纳。其交纳比例由企业所在地人民政府统一规定。其计算公式如下：

$$五险一金 = 应付职工工资总额 \times 交纳比例$$

2. 工会经费和职工教育经费计算

工会经费是由单位拨付给工会部门开展正常活动所需的费用。企业应当按照我国《工会法》相关规定，于每月15日前，按照上月份全部职工工资总额的2%，向工会拨交当

表 4-10 职工工资单

2013 年 6 月

车间：基本生产车间生产工人

单位：元

| 职工姓名 | 月工资标准 | 日工资 | 缺勤 | | 应付标准工资 | 奖金 | 津贴和补贴 | | 加班加点工资 | 特殊工资 | | 应付工资 | 代扣款 | | | 实发工资 |
			天数	金额			津贴	补贴		病假	探亲		保险	个税	合计	
李伟	1 046	50	2	100	946	500	200	80	300	—	—	2 026	60	1.3	61.3	1 964.7
张强	941.40	45	1	45	896.40	300	150	70	650	45	—	2 066.4	70	3.32	73.32	1 993.08
合计	35 000	—	—	950	34 050	4 200	2 100	800	3 200	250	—	44 600	850	120	970	43 630

表 4-11 工资结算汇总表

2013 年 6 月

单位：M 公司

单位：元

| 职工姓名 | 月工资标准 | 日工资 | 缺勤 | | 应付标准工资 | 奖金 | 津贴和补贴 | | 加班加点工资 | 特殊工资 | | 应付工资 | 代扣款 | | | 实发工资 |
			天数	金额			津贴	补贴		病假	探亲		保险	个税	合计	
生产工人	35 000	—	—	950	34 050	4 200	2 100	800	3 200	250	—	44 600	850	120	970	43 630
车间管理人员	15 000	—	—	100	14 900	2 100	890	600	1 000	—	—	19 490	250	300	550	18 940
机修人员	3 500	—	—	95	3 405	420	210	80	320	25	—	4 460	85	12	97	4 363
行政人员	30 000	—	—	—	30 000	3 200	2 150	1 000	4 200	—	—	40 550	1 200	800	2 000	38 550
合计	83 500	0	0	1 145	82 355	9 920	5 350	2 480	8 720	275	0	109 100	2 385	1 232	3 617	105 483

月的工会经费。其计算公式如下：

$$工会经费 = 应付职工工资总额 \times 2\%$$

职工教育经费是指企业为了职工学习先进技术和提高文化水平和业务素质，用于开展职工教育及职业技能培训等相关支出。企业应当按照财务规则等相关规定，别按照职工工资总额的 1.5% 的计提标准，计提职工教育经费。从业人员技术要求高、培训任务重、经济效益好的企业，可根据国家相关规定，按照职工工资总额的 2.5% 计量应计入成本费用的职工教育经费。其计算公式如下：

$$职工教育经费 = 应付职工工资总额 \times 1.5\%$$

3. 非货币性福利计算

企业以其生产的产品或外购商品作为非货币性福利提供给职工的，应当按照该产品的公允价值和相关税费计量应计入成本费用的职工薪酬金额。

企业将拥有的房屋等资产无偿提供给职工使用的，应当根据受益对象，将住房每期应计提的折旧计入相关资产成本或当期损益，同时确认应付职工薪酬。租赁住房等资产供职工无偿使用的，应当根据受益对象，将每期应付的租金计入相关资产成本或当期损益，并确认应付职工薪酬。难以认定受益对象的，直接计入当期损益，并确认应付职工薪酬。

三、职工薪酬费用分配和归集核算

职工薪酬应按其发生的地点和用途进行分配和归集。对于生产车间直接从事产品生产的生产工人工资，应计入"生产成本"科目中的"直接工资"成本项目中；生产车间管理人员的工资，应计入"制造费用"科目；行政管理人员的工资应计入"管理费用"科目中；固定资产大修理等工程人员的工资，应计入"在建工程"科目中；专设销售机构人员的工资，则应计入"销售费用"中。

对于生产车间发生的直接工资费用在生产一种产品时，可将其全部直接计入该产品的成本中；如果生产几种产品，则应采用一定的方法分配后计入各种产品成本中。直接工资费用的分配方法通常有：①实际工时比例法；②定额工时比例法。

为加强职工薪酬费用的分配和归集核算，成本会计人员应根据"工资结算汇总表"和其他职工薪酬计算原始凭单编制"职工薪酬费用分配表"作为职工薪酬费用的分配和归集核算账务处理的原始依据。

[例 4-10]   M 公司 2013 年 6 月各类职工工资情况见表 4-11。根据所在地政府规定，公司分别按照职工工资总额的 10%、12%、2% 和 10% 计提医疗保险费、养老保险费、失业保险费和住房公积金，缴纳给当地社会保险经办机构和住房公积金管理机构。按照职工工资总额的 2% 和 1.5% 计提工会经费和职工教育经费。基本生产车间本月生产甲、乙产品实耗生产工时 3 000 工时、2 000 工时。采用实际生产工时比例分配工资费用。编制"职工薪酬费用分配表"见表 4-12。

第一步：确定分配标准（产品实际生产工时）。

甲产品实际生产工时 = 3 000（工时）

乙产品实际生产工时 = 2 000（工时）

第二步：计算费用分配率。

工资费用分配率$=\dfrac{44\ 600}{3\ 000+2\ 000}=8.92$

第三步：计算费用分配额。

甲产品分配工资费用$=3\ 000\times8.92=26\ 760$（元）

乙产品分配工资费用$=2\ 000\times8.92=17\ 840$（元）

表 4-12　职工薪酬费用分配表

2013 年 6 月　　　　　　　　　　　　　　　　　　　　单位：元

分配归集对象	工时	分配率	工资费用	保险费用（24%）	住房公积金（10%）	工会经费（2%）	职工教育经费（1.5%）	职工薪酬费用合计
甲产品	3 000		26 760	6 422.4	2 676	535.2	401.4	36 795
乙产品	2 000		17 840	4 281.6	1 784	356.8	267.6	24 530
小计	5 000	8.92	44 600	10 704	4 460	892	669	61 325
辅助生产			4 460	1 070.4	446	89.2	66.9	6 132.5
基本生产车间一般用			19 490	4 677.6	1 949	389.8	292.35	26 798.75
行政管理用			40 550	9 732	4 055	811	608.25	55 756.25
合计			109 100	26 184	10 910	2 182	1 636.5	150 012.5

以表 4-12"职工薪酬费用分配表"为依据作如下会计分录：

借：生产成本——基本生产成本——甲产品　　　　　　　　　36 795

　　　　　　　　　　　　　　——乙产品　　　　　　　　　24 530

　　　　　——辅助生产成本——机修车间　　　　　　　　　6 132.50

　　制造费用——生产车间　　　　　　　　　　　　　　　　26 798.75

　　管理费用　　　　　　　　　　　　　　　　　　　　　　55 756.25

　贷：应付职工薪酬——工资　　　　　　　　　　　　　　　　　　109 100

　　　　　　　　　　——社会保险费　　　　　　　　　　　　　　26 184

　　　　　　　　　　——住房公积金　　　　　　　　　　　　　　10 910

　　　　　　　　　　——工会经费　　　　　　　　　　　　　　　2 182

　　　　　　　　　　——职工教育经费　　　　　　　　　　　　　1 636.5

第五节　固定资产折旧费与后续支出分配和归集核算

一、固定资产折旧费分配和归集核算

（一）固定资产折旧概述

资产折旧是指在固定资产使用寿命期内，按照确定的方法对应计提折旧总额进行的系统分摊。应计折旧总额是指应当计提折旧的固定资产的原价扣除其预计净残值后的金额。已计提减值准备的固定资产，还应当扣除已计提的固定资产减值准备累计金额。

固定资产的价值损耗是通过计提折旧的形式进行补偿的，计提的折旧计入企业的成本、费用，是成本费用的重要组成部分，如何合理、正确地进行固定资产折旧的核算，关系到企业经营成果的真实性和合理性。同时固定资产通过计提折旧，在企业的生产经营过程中逐渐得到补偿，为企业的固定资产更新，维持和扩大生产经营规模做好资金积累。

企业会计准则规定企业应当对所有固定资产计提折旧。但是，已提足折旧仍继续使用的固定资产和单独计价入账的土地除外。固定资产计提折旧的时间范围是当月增加的固定资产，当月不提折旧，从下月起计提折旧；当月减少的固定资产，当月仍提折旧，从下月起停止计提折旧。

（二）固定资产折旧方法

固定资产提取的折旧额大小受计提折旧基数、净残值、折旧年限、折旧方法等因素的影响。企业会计准则规定企业应当根据与固定资产有关的经济利益的预期实现方式，合理选择固定资产折旧方法。可选用的折旧方法包括年限平均法、工作量法、双倍余额递减法和年数总和法等方法，其中年限平均法和工作量法是直线法；双倍余额递减法和年数总和法属于加速折旧法。固定资产的折旧方法一经确定，不得随意变更。但是，企业至少应当于每年年度终了，对固定资产的折旧方法进行复核。与固定资产有关的经济利益预期实现方式有重大改变的，应当改变固定资产折旧方法。

1. 年限平均法

年限平均法是指将固定资产的应计折旧总额在固定资产整个预计使用年限内平均分摊的方法。该种方法各期折旧额相等，累计折旧总额与时间成直线。其计算公式如下：

$$固定资产年折旧额 = \frac{固定资产应计折旧总额}{预计使用年限} = 固定资产原值 \times 年折旧率$$

$$固定资产月折旧额 = \frac{固定资产年折旧额}{12} = 固定资产原值 \times 年折旧率$$

$$年折旧率 = \frac{1 - 预计净残值率}{预计使用年限} \times 100\%$$

$$月折旧率 = \frac{年折旧率}{12}$$

[例 4-11]　　M 公司一台机器原值 79 000 元，估计净残值 4 000 元，预计使用年限 5 年。采用年限平均法计算折旧。采用年限平均法计算的年折旧额和月折旧额如下：

$$固定资产年折旧额 = \frac{79\,000 - 4\,000}{5} = 15\,000 （元）$$

$$固定资产月折旧额 = \frac{15\,000}{12} = 1\,250 （元）$$

2. 工作量法

工作量法是按照固定资产每一会计期间实际工作量计提折旧额的一种方法。该种方法累计折旧总额与工作量成直线。其计算公式如下：

$$某期折旧额 = 当期实际工作量 \times 单位工作量折旧额$$

$$单位工作量折旧额 = \frac{固定资产应计折旧总额}{预计工作总量}$$

可作为工作量的指标：①预计工作总时数；②预计行驶总里程；③预计总产量。

[**例 4-12**]　接例 [4-11]。该机器预计可工作 50 000 台时。该设备投入使用后，第 1 年实际工作 12 000 台时。采用工作量法计算的第 1 年折旧额如下：

第 1 年折旧额＝12 000×1.5＝18 000（元）

$$单位工作量折旧额 = \frac{79\,000 - 4\,000}{50\,000} = 1.5（元/台时）$$

3. 双倍余额递减法

双倍余额递减法是在不考虑固定资产残值的情况下，根据每期期初固定资产账面余额和双倍直线法折旧率计算固定资产折旧的一种方法。由于双倍余额递减法不考虑固定资产的残值收入，因此，在应用这种方法时必须注意不能使固定资产的账面折余价值降低到它的预计残值收入以下，即实行双倍余额递减法计提折旧的固定资产，应当在其固定资产折旧年限到期以前两年内，将固定资产净值扣除预计净残值后的余额平均摊销。其计算公式如下：

$$年折旧额 = 期初净值 \times 年折旧率$$

$$最后两年年折旧额 = \frac{倒数第二年初净值 - 预计净残值}{2}$$

$$月折旧额 = \frac{年折旧额}{12}$$

$$年折旧率 = \frac{2}{预计使用年限} \times 100\%$$

[**例 4-13**]　接 [例 4-11]。采用双倍余额递减法计算的各年折旧额表 4-13。

表 4-13　折旧计算表

（双倍余额递减法）　　　　　　　　　　　　　　　单位：元

年次	期初固定资产净值	年折旧率/%	年折旧额	累计折旧额	期末固定资产净值
1	79 000	40	31 600	31 600	47 400
2	47 400	40	18 960	50 560	28 440
3	28 440	40	11 376	60 936	17 064
4	17 064－4 000	50	6 532	68 468	10 532
5	10 532－4 000		6 532	75 000	4 000
合计			75 000		4 000

4. 年数总和法

年数总和法是将固定资产的原值减去净残值后的净额乘以一个逐年递减的分数折旧率计算每年的折旧额，这个分数的分子代表固定资产尚可使用的年数，分母代表使用年数的逐年数字总和。其计算公式如下：

$$年折旧额 = （固定资产原值 - 预计净残值）\times 年折旧率$$
$$= 固定资产应计折旧总额 \times 年折旧率$$

$$月折旧额 = \frac{年折旧额}{12}$$

$$年折旧率 = \frac{预计使用年限 - 已折旧年限}{1 + 2 + \cdots + 预计使用年限}$$

[例 4-14] 接 [例 4-11]。采用年数总和法计算的各年折旧计算表 4-14。

表 4-14 折旧计算表

（年数总和法）   单位：元

年次	应计折旧额	剩余年限	年限总数	年折旧率	年折旧额
1	75 000	5	15	5/15	25 000
2	75 000	4	15	4/15	20 000
3	75 000	3	15	3/15	15 000
4	75 000	2	15	2/15	10 000
5	75 000	1	15	1/15	5 000
合计					75 000

（三）固定资产折旧费用分配归集核算

由于固定资产计提折旧时，是以月初可提取折旧的固定资产账面原值为依据，当月增加的固定资产，当月不提折旧，从下月起计提折旧；当月减少的固定资产，当月照提折旧，从下月起不提折旧。因此，企业各月计提折旧时，可以在上月计提折旧的基础上，对上月固定资产的增减情况进行调整后计算当月应计提的折旧额。计算公式如下：

本月应计提折旧额＝上月计提折旧额＋上月增加固定资产应计提折旧额
－上月减少固定资产应计提折旧额

由于产品成本项目中没有专设"固定资产折旧费用"项目，所以，在进行固定资产折旧费用分配归集时，基本生产车间固定资产折旧费用应归集在"制造费用"账户中；行政管理部门的固定资产折旧费用应归集在"管理费用"账户中；销售部门的固定资产折旧费用应归集在"销售费用"账户中；辅助车间固定资产折旧费用可以直接归集在"生产成本——辅助生产成本"账户中，也可以归集在"制造费用"账户中。通过编制"折旧费用分配表"据以进行账务处理。

[例 4-15] M 公司 2013 年 6 月根据各部门固定资产折旧计算表编制的"折旧费用分配表"见表 4-15。

根据表 4-15 为依据作如下会计分录：

借：制造费用 26 000
　　生产成本——辅助生产成本——机修车间 8 800
　　管理费用 1 200
　　销售费用 500
　　贷：累计折旧 36 500

表 4-15　折旧费用分配表

2013 年 6 月　　　　　　　　　　　　　　单位：元

部门	科目	折旧费用
基本生产车间	制造费用	26 000
辅助生产车间	生产成本——辅助生产成本——机修车间	8 800
行政管理部门	管理费用	1 200
销售部门	销售费用	500
合　计		36 500

二、固定资产后续支出分配和归集核算

固定资产后续支出是指固定资产在后续使用过程中发生的更新改造支出和修理费等支出。固定资产后续支出处理原则：

（1）符合固定资产确认条件的，应当予以资本化计入固定资产价值。资本化后续支出的会计处理如下。

① 发生资本化后续支出时：

借：在建工程

　　贷：××账户

② 完工达到预定可使用状态后，计入固定资产价值：

借：固定资产

　　贷：在建工程

（2）不符合固定资产确认条件的，应当予以费用化直接计入当期损益。费用化后续支出的会计处理如下。

借：管理费用（生产车间、行政管理部门固定资产发生费用化后续支出）

　　销售费用（销售部门固定资产发生费用化后续支出）

　　贷：××账户

第六节　其他费用的分配和归集核算

其他费用是指除了外购材料、外购燃料、外购动力、工资、折旧费等费用以外的各项费用，包括邮电费、差旅费、办公费等。

根据《企业会计准则第 32 号——中期财务报告》第十三条规定，"企业在会计年度中不均匀发生的费用，应当在发生时予以确认和计量，不应在中期财务报表中预提或者待摊，但会计年度末允许预提或者待摊的除外"。[①] 其他费用发生应按照以下两种情况进行分配和归集核算。

---

① 《企业会计准则（2006）》，中华人民共和国财政部制定，经济科学出版社，2006 年，第 157 页

一、在同一会计年度发生并承担的费用

在同一会计年度发生并承担的其他费用，应根据有关凭证，按其发生的地点及部门，分别计入"制造费用"或"管理费用"科目。在凭证较多的情况下，也可以根据有关凭证，汇总编制其他费用分配表，据以登记各种明细账。

[例4-16]　M公司2013年6月发生并承担的其他费用编制"其他费用分配明细表"见表4-16。

表 4-16　其他费用分配明细表

2013 年 6 月　　　　　　　　　　　　　　　　　　　　单位：元

分配对象	办公费	差旅费	保险费	审计费	修理费	运输费	其他支出	合计
基本生产车间	4 468		3 128		800		204	8 600
辅助生产车间——机修车间	365		500				100	965
行政管理部门	8 460.8	3 440	370.20	4 200	1 000	2 000	500	11 140
合计	4 833	3 440	3 628	4 200	1 800	2 000	804	20 705

根据"其他费用分配表"作如下会计分录：

借：制造费用——基本生产车间　　　　　　　　　　　　　　　8 600

　　生产成本——辅助生产成本——机修车间　　　　　　　　　965

　　管理费用　　　　　　　　　　　　　　　　　　　　　　11 140

　　贷：银行存款等科目　　　　　　　　　　　　　　　　　　　　20 705

二、在不同会计年度发生并承担的费用

在不同会计年度发生并承担的其他费用，应采用待摊和预提方式进行核算。

(1) 一次支付跨会计年度负担的费用，在其发生时应计入"长期待摊费用"科目，在每个会计年度末分期摊销计入成本、费用。

[例4-17]　2013年6月1日M公司销售部租入销售门面一间，租期3年，一次支付3年租金72 000元。

① 6月1日支付租金时：

借：长期待摊费用　　　　　　　　　　　　　　　　　　　　72 000

　　贷：银行存款　　　　　　　　　　　　　　　　　　　　　　72 000

② 12月31日摊销本年负担的租金：

借：销售费用　　　　　　　　　　　　　72 000÷36×6＝12 000

　　贷：长期待摊费用　　　　　　　　　　　　　　　　　　　　12 000

(2) 累计在以后会计年度支付的费用，应在每个会计年度末预提计入成本、费用。

[例4-18]　2013年6月1日M公司向银行借入1年期流动资金借款300 000元，年利息率9%，到期一次还本付息。

① 6 月 1 日取得借款：

借：银行存款 300 000

　　贷：短期借款 300 000

② 12 月 31 日预提本年负担的借款利息：

借：财务费用 $300\,000 \times 9\% \div 2 = 13\,500$

　　贷：应付利息 13 500

③ 2014 年 6 月 1 日还本付息时：

借：短期借款 300 000

　　财务费用 $300\,000 \times 9\% \div 2 = 13\,500$

　　应付利息 13 500

　　贷：银行存款 327 000

第五章

月末费用分配结转核算

一、辅助生产费用分配结转核算原理

（一）辅助生产车间的特点

辅助生产车间是为企业的基本生产车间、行政管理等部门提供产品或劳务的生产车间。由于辅助生产车间提供的产品和劳务绝大部分是为基本生产车间生产产品服务的，对外销售的很少。因此，辅助生产车间发生的费用应由各受益的车间、部门负担。

（二）辅助生产费用的归集

辅助生产车间为生产产品或提供劳务而发生的各种费用，构成了这些产品或劳务的成本。为了核算辅助生产车间所发生的费用，计算生产产品或劳务的成本，应设置"生产成本——辅助生产成本"科目进行辅助生产费用的归集核算。"辅助生产成本明细账"的设置，应根据各个辅助生产车间的具体情况决定。

在只生产一种产品或只提供一种劳务的辅助生产车间，如供水、供电、供汽、运输等车间。应按车间分别设置"辅助生产成本"明细账，在账内按费用内容设置专栏，辅助生产车间日常所发生的所有费用都直接登记在"辅助生产成本"明细账内。其账务处理见图 5-1。

在生产多种产品或提供多种劳务的辅助生产车间，如工具、模型等车间。应按辅助生产车间的产品或劳务分别设置"辅助生产成本"明细账，在账内按规定的成本项目设置专栏。辅助生产车间日常所发生的费用，属于直接生产产品耗用并专设了成本项目的直接费用，应直接记入"辅助生产成本"明细账中。属于直接生产产品耗用，但没有专设成本项目的直接费用和间接费用先在"制造费用"科目中归集，期末再按一定的分配方法，计入各有关产品成本，转入"辅助生产成本"明细账中。其账务处理见图 5-2。

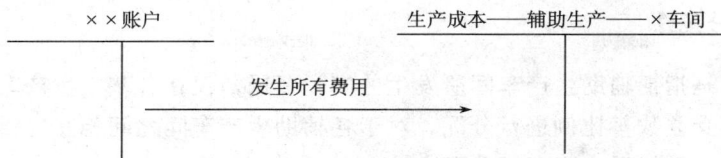

图 5-1　辅助生产车间费用归集图

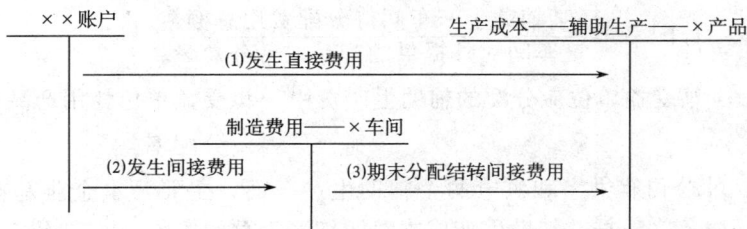

图 5-2　辅助生产车间费用归集图

（三）辅助生产费用分配结转核算原理

通过日常费用的分配和归集核算，辅助生产车间发生的费用已按车间或者产品（劳务）劳务归集在"辅助生产成本"明细账中。由于辅助生产车间提供的产品和劳务绝大部分是为基本生产车间和行政管理部门服务的，对外销售的很少。因此，辅助生产车间归集的费用应分配结转给各受益的车间、部门负担。

（1）辅助生产车间生产的材料、工具等产品入库后，再被各受益单位领用的。

① 辅助生产车间生产的材料、工具等产品入库时：

借：原材料/周转材料

　　贷：生产成本——辅助生产成本

② 各受益单位领用时：

借：××账户（受益单位）

　　贷：原材料/周转材料

（2）辅助生产车间提供电、水、蒸汽、修理等产品或劳务直接被受益单位耗用的，应采用恰当的方法在各个受益单位之间分配后，转入各个受益单位。其账务处理如下：

借：××账户（受益单位）

　　贷：生产成本——辅助生产成本

二、辅助生产费用在各个受益单位之间分配的方法

辅助生产车间之间相互受益，相互制约互为条件，使辅助生产费用的分配产生了困难。因而，辅助生产费用的分配采用了一些特殊的分配方法，主要有直接分配法、一次交互分配法、计划成本分配法、代数分配法和顺序分配法等。

（一）直接分配法

直接分配法是指把辅助生产车间所发生的实际费用，仅在各基本生产车间和行政管理等部门之间按其受益数量比例进行分配，对于各辅助生产车间之间相互提供的产品或劳务则不进行分配的一种辅助生产费用分配方法。

该分配方法的特点是辅助生产费用只分配给辅助生产车间以外的受益单位，不分配给受益单位是辅助生产的车间。其分配计算公式如下：

$$分配率 = \frac{某辅助生产车间待分配费用总额}{该车间对外提供的产品或劳务总量}$$

$$某受益单位应分配的辅助生产费用 = 该受益单位耗用产品或劳务数量 \times 分配率$$

[例 5-1]　N 公司有供水和供电两个辅助生产车间，主要为本企业基本生产车间和行政管理部门等服务，根据"辅助生产成本"明细账汇总的资料，2013 年 5 月供水车间本月发生费用为 20 700 元，详见表 5-1，供电车间本月发生费用为 47 400 元，见表 5-2。各辅

表 5-1　辅助生产成本明细账

车间：供水车间　　　　　　　　　　　　　　　　　　　　　　　　　　　　　单位：元

日期	凭证	摘 要	工资	办公费	折旧费	外购水费	消耗材料	其他支出	合计
略	略	分配材料费					500		500
		分配工资费用	5 400						5 400
		提取折旧费			200				200
		分配其他费用		1 000				600	1 600
		外购水费用				13 000			13 000
		合计	5 400	1 000	200	13 000	500	600	20 700
		本月转出*	5 400	1 000	200	13 000	500	600	20 700

* 此栏数据为红字

表 5-2　辅助生产成本明细账

车间：供电车间　　　　　　　　　　　　　　　　　　　　　　　　　　　　　单位：元

日期	凭证	摘要	工资	办公费	折旧费	外购电力	消耗材料	其他支出	合计
略	略	分配材料费					2 000		2 000
		分配工资费用	6 000						6 000
		提取折旧费			1 000				1 000
		分配其他费用		3 500				2 500	6 000
		外购电力费用				32 400			32 400
		合计	6 000	3 500	1 000	32 400	2 000	2 500	47 400
		本月转出*	6 000	3 500	1 000	32 400	2 000	2 500	47 400

* 此栏数据为红字

助生产车间提供产品或劳务数量详见表5-3。采用直接分配法分配辅助生产费用见表5-4。

表 5-3　辅助生产车间提供产品或劳务数量统计表

2013 年 5 月

受益单位	供水车间供水/米³	供电车间供电/度
基本生产——甲产品		28 000
基本生产车间	12 500	4 000
辅助生产车间（供电）	4 000	
辅助生产车间（供水）		10 000
行政管理部门	2 000	6 000
专设销售机构	1 500	2 000
合计	20 000	50000

表 5-4　辅助生产费用分配表（直接分配法）

2013 年 5 月　　　　　　　　　　　　　　　　单位：元

项目		供水车间/米³	供电车间/度	合计
待分配辅助生产费用		20 700	47 400	68 100
供应辅助生产以外的产品数量		16 000	40 000	—
单位成本（分配率）		1.29	1.19	—
基本生产 ——甲产品	耗用数量		28 000	—
	分配金额		33 320	33 320
基本生产车间	耗用数量	12 500	4 000	—
	分配金额	16 125	4 760	20 885
行政管理部门	耗用数量	2 000	6 000	—
	分配金额	2 580	7 140	9 720
专设销售机构	耗用数量	1 500	2 000	—
	分配金额	1 995	2 180	4 175
合计		20 700	47 400	68 100

根据表 5-4 "辅助生产费用分配表"应作如下账务处理：

借：生产成本——基本生产成本——甲产品　　　　　　　　　　33 320

　　　制造费用　　　　　　　　　　　　　　　　　　　　　　20 885

　　　管理费用　　　　　　　　　　　　　　　　　　　　　　9 720

　　　销售费用　　　　　　　　　　　　　　　　　　　　　　4 175

　　贷：生产成本——辅助生产成本——供水车间　　　　　　　20 700

　　　　　　　　　　　　　　　——供电车间　　　　　　　　47 400

采用直接分配法分配辅助生产成本，辅助生产车间发生的费用仅对外分配一次，计算手续较为简单，但它具有一定的假定性，即假定各辅助生产车间提供的产品或劳务都为辅助生产车间以外的受益单位所耗用。实际上，各辅助生产车间之间相互提供的产品或劳务不分配费用，计算出来的辅助生产成本就不完整。所以，在各辅助生产车间相互提供产品或劳务的数量较多时，采用直接分配法分配结果的准确性差一些。因此，这种方法一般只适用于辅助生产车间之间相互提供产品或劳务较少的情况。

（二）一次交互分配法

一次交互分配法是指辅助生产费用首先在各辅助生产车间之间相互分配后，再向辅助生产车间之外的受益单位按其受益数量比例进行分配的方法。

该分配方法的特点是辅助生产费用要进行两次分配，首先在各辅助生产车间之间交互分配，再向辅助生产车间之外的受益单位分配。其分配计算公式如下：

（1）各辅助生产车间之间交互分配。

$$分配率 = \frac{某辅助生产车间待分配费用总额}{该车间提供的产品或劳务总量}$$

某受益辅助车间应分配的辅助生产费用＝该受益辅助车间耗用产品或劳务数量×分配率

（2）向辅助生产车间之外的受益单位分配。

对外分配费用总额＝待分配费用＋分入费用－分出费用

$$分配率 = \frac{某辅助生产车间对外分配费用总额}{该车间对外提供的产品或劳务总量}$$

某受益单位应分配的辅助生产费用＝该受益单位耗用产品或劳务数量×分配率

采用一次交互分配法分配辅助生产费用，第一阶段的交互分配，所要分配的费用是该辅助生产车间直接发生的费用，不包括耗用其他辅助生产车间的费用。所要分配的产品或劳务数量，是该辅助生产车间提供的产品或劳务总量，包括其他辅助生产车间耗用的数量。第二阶段的对外分配，所要分配的费用是交互分配后的费用，所要分配的劳务数量，不包括各辅助生产车间相互耗用的数量。

采用一次交互分配法分配辅助生产费用，克服了直接分配法在辅助生产车间之间不分配费用的缺点，使辅助生产车间的成本计算更加准确；同时，也能促使各辅助生产车间降低相互之间的消耗，加强经济核算。但采用这种方法分配辅助生产费用，在实行厂部、车间两级成本核算的企业里，各辅助生产车间只能在接到财会部门转来其他辅助生产车间分入费用后，才能计算出实际费用，进而进行交互分配和对外分配。因此，往往影响了成本计算的及时性。同时，第一阶段的交互分配时所要分配的费用，由于不包括耗用其他辅助生产车间劳务的费用，所以，计算出来的费用分配率不是实际的分配率，准确性要差一些。为了弥补这一缺点，有些企业按辅助生产车间提供劳务的计划单位成本或上期实际单位成本进行交互分配。各辅助生产车间可根据消耗其他辅助生产车间的劳务数量和该项劳务的计划单位成本或上期实际单位成本，计算出分配转入的费用，以确定本辅助生产车间发生的实际费用额。这种方法一般只适用于辅助生产车间之间相互提供产品或劳务较多的情况。

[例 5-2]　见［例 5-1］。采用一次交互分配法分配辅助生产费用见表 5-5。

表 5-5　辅助生产费用分配表（一次交互分配法）

2013 年 5 月　　　　　　　　　　　　　　　单位：元

项目		交互分配			对外分配		
		供水车间/米³	供电车间/度	合计	供水车间/米³	供电车间/度	合计
待分配费用		207 00	47 400	68 100	26 040	42 060	68 100
供应产品数量		20 000	50 000	—	16 000	40 000	—
单位成本（分配率）		1.035	0.948	—	1.6275	1.0 515	—
供电车间	耗用数量	4 000					
	分配金额	4 140		4 140			
供水车间	耗用数量		10 000				
	分配金额		9 480	9 480			
基本生产——甲产品	耗用数量				28 000		—
	分配金额				29 442		29 442
基本生产车间	耗用数量				12 500	4 000	—
	分配金额				20 343.75	4 206	24 549.75
行政管理部门	耗用数量				2 000	6 000	—
	分配金额				3 255	6 309	9 564
专设销售机构	耗用数量				1 500	2 000	—
	分配金额				2 441.25	2 103	4 544.25
合计		4 140	9 480	13 620	26 040	42 060	68 100

根据表 5-5 辅助生产费用分配表，应作如下账务处理：

借：生产成本——辅助生产成本（供电车间）　　　　　　　　　　4 140
　　　　　　——辅助生产成本（供水车间）　　　　　　　　　　9 480
　　贷：生产成本——辅助生产成本（供水车间）　　　　　　　　　　4 140
　　　　　　　　——辅助生产成本（供电车间）　　　　　　　　　　9 480

对外分配的会计分录如下：

借：生产成本——基本生产成本——甲产品　　　　　　　　　　29 442
　　制造费用　　　　　　　　　　　　　　　　　　　　　　24 549.75
　　管理费用　　　　　　　　　　　　　　　　　　　　　　9 564
　　销售费用　　　　　　　　　　　　　　　　　　　　　　4 544.25
　　贷：生产成本——辅助生产成本（供水车间）　　　　　　　　　26 040
　　　　　　　　——辅助生产成本（供电车间）　　　　　　　　　42 060

(三) 计划成本分配法

计划成本分配法是指按事先确定的辅助生产车间提供产品或劳务的计划单位成本和各

受益单位耗用的产品或劳务数量，向各受益单位分配辅助生产费用的方法。

该分配方法的特点是按事先确定的各辅助生产车间提供产品或劳务的计划单位成本向各受益单位分配辅助生产费用；对于按计划成本计算的分配额和各辅助生产车间实际发生费用之间的差额，为了简化核算，可计入"管理费用"科目中。如果是超支差，应增加管理费用，如果是节约差，则应冲减管理费用。其分配计算公式如下：

某受益单位应分配的辅助生产费用

＝该受益单位实际耗用的产品或劳务数量×计划单位成本

某辅助生产车间计划成本

＝∑某受益单位应分配的辅助生产费用

＝该车间提供的产品或劳务数量×计划单位成本

某辅助生产车间实际成本＝该车间待分配费用＋分入费用

某辅助生产费用分配的差异额＝该辅助生产车间实际成本

－该辅助生产车间计划成本

在采用计划成本分配法分配辅助生产成本时，确定的各辅助生产车间劳务或产品的计划单位成本应比较准确。如果实际成本与计划分配额之间的差额过大，不利于企业内部的经济核算。因此，在制订计划成本时，应考虑该产品、劳务的历史成本资料，对今后产品或劳务成本的变动情况作出正确的预测，并考虑其他一些因素后，合理地加以确定。当按计划成本分配额与实际成本差异额较大时，可及时对计划成本进行修改，以便使其更加接近实际。

采用计划成本分配法分配辅助生产费用，各种辅助生产费用只计算分配一次，计算手续简单，而且不是在辅助生产车间实际费用计算后再分配，加快了会计核算的速度，并且能考核各辅助生产车间成本计划的执行情况，有利于厂内经济核算。但假若辅助生产车间生产的产品或劳务的计划单位成本制定得不准确，会影响辅助生产费用分配的准确性。将较大的差异额列入"管理费用"科目中，则对当期的损益有较大的影响。因此，按计划成本分配法一般适用于辅助生产计划单位成本制定得比较准确的情况。

[例 5-3]　见 [例 5-1]。计划单位成本：水，1.5 元/吨；电，1 元/度。采用计划成本分配法分配辅助生产费用见表 5-6。

表 5-6　辅助生产费用分配表（计划成本分配法）

2013 年 5 月　　　　　　　　　　　　　　　　　　　单位：元

项目		供水车间/米³	供电车间/度	合计
待分配费用		20 700	47 400	68 100
供应产品数量		20 000	50 000	—
计划单位成本		1.5	1	—
供电车间	耗用数量	4 000		—
	分配金额	6 000		6 000
供水车间	耗用数量		10 000	—
	分配金额		10 000	10 000

续表

项目		供水车间/米³	供电车间/度	合计
基本生产 ——甲产品	耗用数量		28 000	—
	分配金额		28 000	28 000
基本生车间	耗用数量	12 500	4 000	—
	分配金额	18 750	4 000	22 750
行政管理部门	耗用数量	2 000	6 000	—
	分配金额	3 000	6 000	9 000
专设销售机构	耗用数量	1 500	2 000	—
	分配金额	2 250	2 000	4 250
计划成本		30 000	50 000	80 000
实际成本		30 700	53 400	84 100
成本差异		700	3 400	4 100

根据表 5-6 "辅助生产费用分配表"，应作如下账务处理：

借：生产成本——辅助生产成本（供电车间）　　　　　　　　　　　　6 000
　　　　　　——辅助生产成本（供水车间）　　　　　　　　　　　10 000
　　生产成本——基本生产成本——甲产品　　　　　　　　　　　　28 000
　　制造费用　　　　　　　　　　　　　　　　　　　　　　　　　22 750
　　管理费用　　　　　　　　　　　　　　　　　　　　　　　　　　9 000
　　销售费用　　　　　　　　　　　　　　　　　　　　　　　　　　4 250
　　贷：生产成本——辅助生产成本（供水车间）　　　　　　　　　　　　30 000
　　　　　　　——辅助生产成本（供电车间）　　　　　　　　　　　　　50 000

调整差异时，节约用红字、超支用蓝字。其会计分录如下：

借：管理费用　　　　　　　　　　　　　　　　　　　　　　　　　4 100
　　贷：生产成本——辅助生产成本（供水车间）　　　　　　　　　　　　　700
　　　　　　　——辅助生产成本（供电车间）　　　　　　　　　　　　3 400

（四）代数分配法

代数分配法是指通过建立多元一次方程组，计算各辅助生产车间提供的产品或劳务的单位成本，再按各部门实际耗用辅助生产产品或劳务的数量进行分配辅助生产费用分配的方法。

代数分配法的特点是通过解方程的原理计算各辅助生产车间提供的产品或劳务的实际单位成本，向各受益单位分配辅助生产费用。其分配计算公式如下：

（1）建立多元一次方程组。

　　　某辅助车间提供产品或劳务数量×该车间产品或劳务单位成本（x）

　　＝该车间直接发生费用＋该车间耗用其他辅助产品或劳务数量

　　　×其他辅助生产车间产品或劳务单位成本（y）

解方程计算：x、y。

（2）向各受益单位分配辅助生产费用。

某受益单位应分配的辅助生产费用

＝该受益单位实际产品或劳务数量×耗用的产品或劳务单位成本

［例 5-4］　见［例 5-1］。采用代数分配法分配辅助生产费用过程如下，编制的"辅助生产费用分配表"见表 5-7。

设：辅助生产车间提供的产品或劳务的单位成本：水，x 元/吨；电，y 元/度。

$$20\,000x = 20\,700 + 10\,000y \qquad ①$$
$$50\,000y = 47\,400 + 4\,000x \qquad ②$$

根据方程①得

$$x = 1.035 + 0.5y \qquad ③$$

将方程③代入方程②得

$$50\,000y = 47\,400 + 4\,140 + 2\,000y$$
$$y = 1.073\,75$$

将 y 值代入方程③得

$$x = 1.571\,875$$

表 5-7　辅助生产费用分配表（代数分配法）

2013 年 5 月　　　　　　　　　　　　　　　　　　　　　　单位：元

项目		供水车间/米³	供电车间/度	合计
待分配费用		20 700	47 400	68 100
供应产品数量		20 000	50 000	—
实际单位成本		1.571 875	1.073 75	—
供电车间	耗用数量	4 000		—
	分配金额	6 287.5		6 287.5
供水车间	耗用数量		10 000	—
	分配金额		10 737.5	10 737.5
基本生产——甲产品	耗用数量		28 000	—
	分配金额		30 065	30 065
基本生车间	耗用数量	12 500	4 000	—
	分配金额	19 648.44	4 295	23 943.44
行政管理部门	耗用数量	2 000	6 000	—
	分配金额	3 143.75	6 442.5	9 586.25
专设销售机构	耗用数量	1 500	2 000	—
	分配金额	2 357.81	2 147.5	4 505.31
合计		31 437.5	53 687.5	85 125

根据表 5-7 辅助生产费用分配表，应作如下账务处理：

借：生产成本——辅助生产成本（供电车间） 6 287.5

　　　　　　——辅助生产成本（供水车间） 10 737.5

　生产成本——基本生产成本——甲产品 30 065

　制造费用 23 943.44

　管理费用 9 586.25

　销售费用 4 505.31

贷：生产成本——辅助生产成本（供水车间） 31 437.5

　　　　　　——辅助生产成本（供电车间） 53 687.5

采用代数分配法分配辅助生产费用，其最大的优点是分配结果最准确，这是其他分配方法所不能达到的。但是，当企业的辅助生产车间越多时，需要设的未知数就越多，建立的方程组中的方程就越多，计算起来是比较麻烦的。所以，代数分配法一般适用于辅助生产车间较少或会计工作实现了电算化的企业。

（五）顺序分配法

顺序分配法是指按照辅助生产车间之间受益的多少，进行顺序排列后，按顺序向排列在后的辅助生产车间和其他受益单位分配辅助生产费用的方法。

顺序分配法的特点是：①要根据辅助生产车间之间受益的多少进行顺序排列，受益少的排在前，受益多的排在后；②只向排列在后的辅助生产车间和其他受益单位分配辅助生产费用，不向排列在前的辅助生产车间分配辅助生产费用。其分配计算公式如下：

（1）对辅助生产车间进行顺序排列。①按一次交互分配法的交互分配原理，计算各辅助生产车间的受益费用。②对辅助生产车间进行顺序排列。受益少的排在前，受益多的排在后。

（2）按顺序进行辅助生产费用分配。

$$分配率 = \frac{某辅助生产车间待分配费用总额 + 分入费用}{该车间向排列在后的受益单位提供的产品或劳务总量}$$

某受益单位应分配的辅助生产费用

$$= 该受益单位耗用产品或劳务数量 \times 分配率$$

［例 5-5］ 见［例 5-1］。采用顺序分配法分配辅助生产费用过程如下。

第一步：对供电和供水辅助生产车间进行顺序排列。

供水辅助生产车间受益费用 $= 10\ 000 \times 47\ 400 \div 50\ 000 = 9\ 480$（元）

供电辅助生产车间受益费用 $= 4\ 000 \times 20\ 700 \div 20\ 000 = 4\ 140$（元）

供水辅助生产车间受益费用 9 480 元大于供电辅助生产车间受益费用 4 140 元，按照受益少的排在前，受益多的排在后的排列原则，供电辅助生产车间应排列在前，先分配费用；供水辅助生产车间应排列在后，后分配费用。

第二步：按照排列的顺序进行辅助生产费用费用分配。编制的"辅助生产费用分配表"见表 5-8。

表 5-8　辅助生产费用分配表（代数分配法）

2013 年 5 月

单位：元

项目	供电车间/度			供水车间/米³			基本生产——甲产品		制造费用		管理费用		销售费用		合计
	数量	分配率	待分配费	数量	分配率	待分配费	数量	金额	数量	金额	数量	金额	数量	金额	
待分配	50 000		47 400	20 000		20 700									68 100
供电分配	−50 000	0.948	−47 400	10 000		9 480	28 000	26 544	4 000	3 792	6 000	5 688	2 000	1 896	47 400
供水费用合计				16 000①	1.886 25	30 180②									
供水分配				−16 000		−30 180			12 500	23 578.13	2 000	3 772.5	1 500	2 829.38	30 180
合计							—	26 544	—	27 370.13	—	9 460.5	—	4 725.38	77 580

①16 000＝20 000−4 000；②30 180＝20 700＋9 480

根据表 5-8 辅助生产费用分配表，应作如下账务处理：

借：生产成本——辅助生产成本（供水车间）　　　　　9 480
　　生产成本——基本生产成本——甲产品　　　　　26 544
　　制造费用　　　　　　　　　　　　　　　　　27 370.13
　　管理费用　　　　　　　　　　　　　　　　　　9 460.5
　　销售费用　　　　　　　　　　　　　　　　　　4 725.38
　　贷：生产成本——辅助生产成本（供水车间）　　　　　　47 400
　　　　　　　　——辅助生产成本（供电车间）　　　　　　30 180

采用顺序分配法分配辅助生产费用的优点是计算方法简便，但是，由于排列在先的辅助生产车间不负担耗用排列在后辅助生产车间的费用，分配结果的准确性受到一定的影响。同时，也不便于调动排列在先辅助生产车间降低耗用排列在后辅助生产车间产品或劳务的积极性。因此，这种方法一般适用于辅助生产车间相互提供产品或劳务有着明细的顺序，并且排列在先的辅助生产车间耗用排列在后辅助生产车间的费用较少的情况。

▌第二节　制造费用分配结转核算

一、制造费用分配结转核算原理

（一）制造费用构成内容

制造费用是指企业生产单位为生产产品（或提供劳务）而发生的，应计入产品成本但没有专设成本项目的各项费用。制造费用主要包括："生产车间发生的机物料消耗、管理人员职工薪酬、折旧费、办公费、水电费、季节性的停工损失等。"[①] 这些费用可以归纳为三类。

第一类：车间间接用于产品生产的费用。例如，生产车间发生的机物料消耗，厂房折旧费，车间照明、取暖、运输、劳动保护等费用，以及季节性的停工损失等。此类费用是制造费用的主要内容。

第二类：车间直接用于产品生产，但没有专设成本项目的费用。例如，生产车间机器设备折旧费、设计制图费、生产工具摊销费、试验检验费等。

第三类：车间用于组织和管理生产的费用。例如，车间管理人员职工薪酬、管理用设备折旧费、办公费等。企业组织结构分为车间、分厂（分公司）和总厂（总公司）等层次的，则分厂（分公司）也是企业的生产单位，因而分厂（分公司）用于组织和管理生产的费用也应作为制造费用核算。

制造费用是产品成本的重要组成部分。所以，正确合理地组织制造费用的核算，对于正确计算产品成本，控制各车间、部门费用的开支，考核费用预算的执行情况，不断降低产品成本具有重要的作用。

---

① 《企业会计准则应用指南》附录-会计科目及主要账务处理，中华人民共和国财政部制定，经济科学出版社，2006.12

(二) 制造费用归集核算

为了核算与监督制造费用的发生并把它归集起来，应设置"制造费用"科目，该科目的借方登记发生的制造费用，贷方登记分配计入有关成本核算对象的制造费用。在一般情况下，"制造费用"科目不仅核算基本生产车间的制造费用，而且还核算辅助生产车间的制造费用。因此，该科目应按不同的车间、部门设置明细账，账页采用多栏式，在账内按费用内容设置专栏，分别反映各车间、部门各项制造费用的发生情况。其账页格式见表5-9。

表 5-9　制造费用明细账

车间：基本生产车间　　　　　　　　　　　　　　　　　　　　　　　　　单位：元

日期	凭证	摘要	工资费用	办公费	机物料	水电费	折旧费	修理费	运输费	低值易耗品摊销	劳动保护费	其他支出	小计
略	略	分配材料费用			4 200								4 200
		分配工资费用	12 300										12 300
		折旧及修理费					5 000	5 500					10 500
		分配其他费用		4 000		3 800			500		1 100	800	10 200
		分配待摊费用								880			880
		分配辅助生产费用				10 780							10 780
		月计	12 300	4 000	4 200	14 580	5 000	5 500	500	880	1 100	800	48 860
		本月转出*	12 300	4 000	4 200	14 580	5 000	5 500	500	880	1 100	800	48 860

* 此栏数据为红字

在发生制造费用时，应根据有关的凭证、费用分配表，借记"制造费用"科目，贷记有关科目。月末时将"制造费用"科目及其所属明细账中登记的费用汇总后，分别与预算数进行比较，可以查明制造费用预算的执行情况，对于产生的差异，应分析原因，对于不利的差异，应提出改进的措施，努力降低各项开支，不断提高成本管理水平。

(三) 制造费用分配结转核算原理

在辅助生产车间的制造费用也通过"制造费用"科目核算的企业；①首先应将辅助生产车间的制造费用分配结转计入辅助生产成本；②其次再分配辅助生产费用，将其中应由基本生产车间制造费用负担的费用计入基本生产车间制造费用；③最后将基本生产车间的制造费用分配结转计入基本生产成本。其分配流程见图5-3。

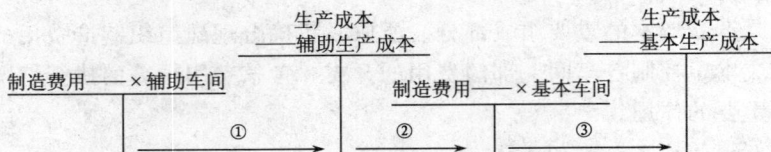

图 5-3　制造费用分配结转流程图

在辅助生产车间的制造费用不通过"制造费用"科目核算的企业，直接将基本生产车间的制造费用分配结转计入基本生产成本。其分配流程见图 5-4。

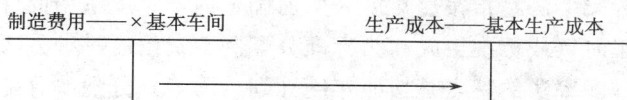

制造费用——×基本车间　　　　　生产成本——基本生产成本

图 5-4　制造费用分配结转流程图

二、制造费用分配结转方法

在只生产一种产品的车间，发生的制造费用可以直接计入该种产品的生产成本。在生产多种产品的车间里，发生的制造费用属于间接费用，应由本车间生产的各种产品负担，因此，应采用适当的方法在各种产品中进行分配。制造费用的分配方法主要有实际比例分配率法、计划（预算）分配率法和累计比例分配率法等三种。

（一）实际比例分配率法

实际比例分配率法是指根据当期实际制造费用及其分配标准，按照比例分配法原理来分配制造费用的方法。按照其分配标准不同常用以下方法：①产品实际（或定额）工时比例分配法；②产品机器工时比例分配法；③产品直接工资比例分配法；④产品直接成本比例分配法。

实际比列分配率法的特点是分配的是生产车间当期发生的实际制造费用；按照比例分配法原理来进行分配；分配结转后"制造费用"明细账期末无余额。

[例 5-6]　N 公司 2013 年 5 月基本生产车间发生的制造费用已归集在"制造费用"明细账中，见表 5-9。本月基本生产车间生产甲、乙产品产量分别为 500 件、400 件；单位定额工时分别为 6 工时/件、5 工时/件。采用产品定额工时比例分配法分配制造费用，编制"制造费用分配表"，见表 5-10。

表 5-10　制造费用分配表

车间：基本生产车间　　　　　　　2013 年 5 月　　　　　　　单位：元

产品品种	定额工时	分配率	制造费用分配额
甲产品	3 000		29 316
乙产品	2 000		19 544
合计	5 000	9.772	48 860

根据表 5-10"制造费用分配表"，应作如下账务处理：

借：生产成本——基本生产成本——甲产品　　　　　29 316

　　　　　　　　　　　　　　——乙产品　　　　　19 544

　　贷：制造费用　　　　　　　　　　　　　　　　48 860

（二）计划（预算）分配率法

计划（预算）分配率法是指按照年度开始前确定的全年度适用的计划（预算）分配率和各种产品的定额工时（或标准工时）为标准分配制造费用的一种方法。

计划（预算）分配率法的特点是按照年度计划（预算）分配率分配制造费用；制造费用实际发生额与计划（预算）分配额之间会产生差额，所以，分配结转后"制造费用"明细账期末有余额。"制造费用"明细账期末余额平时不处理，累积到年末调整计入12月份产品成本中。其分配计算公式如下：

（1）年初制订制造费用年度计划（预算）分配率。

$$制造费用年度计划（预算）分配率 = \frac{年度制造费用计划（预算）总额}{年度各种产品计划产量耗用的定额总工时}$$

（2）每月按年度计划（预算）分配率分配制造费用。

$$某产品定额工时 = 该产品当期实际产量 \times 该产品单位定额工时$$

$$某产品分配的制造费用 = 该产品定额工时 \times 计划（预算）分配率$$

（3）年末采用12月份产品定额工时比例法分配调整"制造费用"明细账余额。调整时超支用蓝字，节约用红字。

[例5-7]　　N公司2013年度基本生产车间制造费用预算总额1 600 000元，甲、乙产品产量分别为5 000件、4 000件；单位定额工时分别为6工时/件、5工时/件。"制造费用"明细账11月初借方余额2 500元，12月份发生制造费用152 000元，生产甲、乙产品产量分别为500件、400件。

（1）年初制订制造费用年度计划（预算）分配率。

年度计划（预算）分配率 = 1 600 000 ÷ (5 000 × 6 + 4 000 × 5) = 32(元/工时)

（2）12月份制造费用分配见表5-11。

表 5-11　制造费用分配表

车间：基本生产车间　　　　　　　　2013 年 12 月　　　　　　　　单位：元

产品品种	产量/件	单位定额工时/(工时/件)	定额工时/工时	计划（预算）分配率	制造费用分配额
甲产品	500	6	3 000		96 000
乙产品	400	5	2 000		64 000
合计	—	—	5 000	32	160 000

根据表5-11"制造费用分配表"，应作如下账务处理：

借：生产成本——基本生产成本——甲产品　　　　　　　　96 000

　　　　　　　　　　　　——乙产品　　　　　　　　64 000

　　贷：制造费用　　　　　　　　　　　　　　　　　　　　　160 000

"制造费用"明细账12月月末余额 = 2 500 + 152 000 - 160 000 = -5 500 （元）

年末采用12月份产品定额工时比例，分配调整"制造费用"明细账年末余额，计入12月份产品成本见表5-12。

表 5-12　制造费用年末余额调整分配表

车间：基本生产车间　　　　　　　　　　2013 年 12 月　　　　　　　　　　单位：元

产品品种	产量/件	单位定额工时/(工时/件)	定额工时/工时	差异分配率	制造费用余额分配额
甲产品	500	6	3 000		−3 300
乙产品	400	5	2 000		−2 200
合计	—	—	5 000	−1.1	−5 500

根据表 5-12"制造费用年末余额调整分配表"，应作如下账务处理：

借：生产成本——基本生产成本——甲产品　　　　　　　　 3 300

　　　　　　　　　　　　　　——乙产品　　　　　　　　 2 200

　　贷：制造费用　　　　　　　　　　　　　　　　　　　 5 500

采用预算分配率方式分配制造费用时，不必每月计算分配率，简化和加快了制造费用的分配工作，并能及时反映各月制造费用预算数与实际数的差异。特别是在季节性生产或季节性费用比重较大的企业或车间，利用预算分配率方式可以避免各月制造费用分配率相差悬殊的弊端。所以，预算分配率方式是比较理想的。但是，采用这种方法分配制造费用时，要求企业的计划、定额管理工作的水平较高，否则，会影响制造费用分配的准确性。

（三）累计比例分配率法

累计比例分配率法是指在产品完工时按照累计制造费用及其分配标准，按照比例分配法原理向完工产品分结转配制造费用的方法。

累计比例分配率法的特点是在产品完工时，只向完工产品分结转配制造费用，在产品应分配负担的制造费用不结转，仍然保留在"造费用"明细账中。所以分配结转后，如果有期末在产品，"制造费用"明细账期末有余额。其余额不处理，到产品完工时再分配转出。

[例 5-8]　新华公司 2013 年 5 月共生产甲、乙、丙、丁四批产品，甲产品上月投产，生产工时为 400 小时，本月发生工时 1 500 小时。另外三批产品均为本月投产，工时分别为 2 400 小时、1 800 小时和 3 250 小时。月初制造费用余额为 1 360 元，本月发生 5 652.50 元。甲、乙两批产品本月全部完工，丙、丁两批产品均未完工。采用累计分配率方式计算分配制造费用见表 5-13。

表 5-13　制造费用分配表

车间：基本生产车间　　　　　　　　　　2013 年 5 月　　　　　　　　　　单位：元

产品完工情况	产品批别	累计生产工时	分配率	制造费用分配额
完工产品	甲批产品	1 900		1 425
	乙批产品	2 400		1 800
	小计	4 300		3 225

续表

产品完工情况	产品批别	累计生产工时	分配率	制造费用分配额
月末在产品	丙批产品	1 800		
	丁批产品	3 250		
	小计	5 050		3 787.5
合计		9 350	0.75	7 012.5

根据表 5-13，只向完工产品甲、乙两批产品分配结转制造费用，应作如下账务处理：

借：生产成本——基本生产成本——甲产品　　　　　　　　　　1 425

　　　　　　　　　　　　　——乙产品　　　　　　　　　　1 800

　贷：制造费用　　　　　　　　　　　　　　　　　　　　　3 225

分配结转后，"制造费用"明细账期末有余额 3 787.5 元。

采用累计分配率法分配制造费用，其优点是在生产周期较长的企业，假若完工产品批次少，未完工产品批次多，则可简化会计核算的工作量。若完工的批次多，而未完工的批次少，由于简化的工作量较少，所以，可不采用这种方法进行分配。同时，采用这种方式分配制造费用时，各月份制造费用水平应相差不大，否则，会影响计算结果的准确性。因此，这种方法一般是在每月完工产品的批次少，未完工产品的批次多，各月费用水平相差不多的情况下采用。

■ 第三节　生产损失分配结转核算

一、生产损失概述

（一）生产损失的含义和种类

企业生产过程中发生的各种损失，称为生产损失。生产损失一般包括废品损失和停工损失两类。生产损失在不同的企业里，数额的大小是不一样的。产生生产损失的原因很多，如生产工艺水平、材质、工人的素质、企业管理水平等。因此，在企业的生产过程中，不可避免地会产生一些损失。如果生产损失的数额较小，为了简化成本核算的工作量，可不进行核算；但若生产损失的数额较大，为了控制生产损失发生的数额，使其不断降低，同时，也为了明确经济责任，提高企业的管理水平，保证企业生产的正常进行，就有必要进行生产损失的核算。

（二）生产损失核算的任务

生产过程中产生的损失，不仅会使企业的经济效益下降，同时，也是人力、物力、财力的极大浪费。如果生产损失的数额较大，则会使企业正常的生产经营活动受到影响。因此，加强生产损失的核算是十分重要的。生产损失核算的任务，归纳起来主要有：

（1）正确计算生产过程中的损失，明确经济责任，加强企业管理。企业应确定适合于本企业的生产损失的计算方法，并且应确定产生生产损失的责任单位、环节和责任人。这样，便于进行生产损失产生原因的分析，提出改进的措施，降低生产损失的数额。

（2）正确地分配结转生产损失。由于生产损失产生的原因不同，其账务处理方法也不一样。有的应计入产品成本，而有的应列入"营业外支出"等科目。这时，就应根据规定的要求，将生产损失列入不同的账户中。

（3）正确地考核生产损失计划的执行情况。考核生产损失计划、定额的执行情况，明确经济责任，并根据实际情况对生产损失计划、定额进行修改。

二、废品损失的核算

（一）废品与废品损失概念

废品是指经检验在质量上不符合规定的技术标准，不能按原定用途使用，或需在生产中经过重新加工修理后才能使用的产品。

企业在产品生产过程中，不可避免地会出现一些废品。为了正确计算产品成本，不断降低产品成本，以便于进行成本分析和成本考核，就应核算废品损失。废品的种类不同，废品损失的核算方法也不一样。因此，要准确地核算废品损失，有必要对废品进行分类。

废品按废损程度和在经济上是否具有修复价值将废品区分为可修复废品和不可修复废品两类。所谓可修复废品是指该废品在技术上是可以修复的，而且在重新修理加工过程中所支付的费用在经济上是合算的。所谓不可修复废品是指该废品在技术上是不可修复的或者虽能修复，但在经济上是不合算的。这里所说的经济上是否合算是指废品修复后能否比不修复减少损失。

废品按产生的原因不同可分为料废和工废两种。料废是指由于材料质量、规格、性能不符合要求而产生的废品；工废是指在生产过程中由于加工工艺技术、工人操作方法、技术水平等方面的缺陷所产生的废品。分清废品是由于料废还是工废造成的，有利于查明废品产生的责任，贯彻经济责任制的原则。

废品损失是指因产生废品而造成的损失。废品损失主要包括可修复废品的修复费用和不可修复废品的成本减去废品残值和责任赔偿后的报废损失。其计算公式如下：

废品损失＝可修复费品的修复费用＋不可修复废品的生产成本
－回收的废残料价值－应收各种赔款

这里所指的废品及废品损失，仅指在生产过程中产生的废品和废品损失。经过质量检验部门鉴定不需要返修，可以直接降价出售的不合格品的成本与合格品的成本相同，其降价损失应在计算销售损益时体现，不作为废品损失处理；产品入库后，由于管理不善等原因而损坏变质的损失，属于管理问题，应作为管理费用处理，也不作为废品损失处理；产品销售出去以后发现的废品，属于"三包"损失，也应计入管理费用，不作为废品损失处理。

（二）生产过程中的废品损失核算

1. 原始凭证收集

在生产过程中产生废品时，应填写"废品通知单"。"废品通知单"是进行废品损失核算的原始凭证，在单内要详细填列废品的名称、产生废品的原因、工序、责任人、处理意见等。其格式如表 5-14 所示。

表 5-14　废品通知单

车间名称：加工车间 　　　　　　　　　　　　　　　　　　　　　　　NO：3214

品名	编号	计量单位	废品数量		
			工废	料废	返修
甲产品	2013005	件	2	20	12
责任人姓名	刘明	处理意见	工废 2 件责任人按原料成本赔偿		

2. 科目设置

在单独核算废品损失的企业里，为了核算生产过程中的废品损失，应设置以下科目：

（1）"废品损失"科目。"废品损失"科目的借方登记发生的可修复废品的修复费用、不可修复废品的成本，贷方登记应由保险公司、责任人赔偿的损失和结转的废品净损失。废品的净损失，应转入当月生产的同种产品成本中，由合格品负担。经过上述结转后，"废品损失"科目应无余额。"废品损失"科目应按废品的品种或批别分别设置明细账，在账内按规定的成本项目设置专栏。"废品损失明细账"的格式见表 5-15。

（2）在"生产成本——基本生产成本"明细账中专设"废品损失"成本项目，以便归集计入产品成本的废品净损失。

表 5-15　废品损失明细账

车间名称：加工车间
产品名称：甲产品 　　　　　　　　　　　　　　　　　　　　　　　单位：元

日期	凭证	摘　要	直接材料	燃料及动力	直接工资	制造费用	合计
略	略	可修复废品修复费					
		分配材料费用	800				800
		分配工资费用			1 200		1 200
		分配辅助生产费用		600			600
		分配制造费用				900	900
		小计	800	600	1 200	900	3 500
		不可修复废品成本					
		不可修复废品损失计算单	500	3 450	4 500	57 00	14 150
		减：残料价值	−200				−200
		责任赔偿	−100				−100
		不可修复废品净损失	200	3 450	4 500	5 700	13 850
		废品净损失合计	1 000	4 050	5 700	6 600	17 350
		结转废品净损失*	1 000	4 050	5 700	6 600	17 350

* 此栏数据为红字

3. 废品损失核算

废品损失主要包括可修复废品的修复费用和不可修复废品的成本减去废品残值和责任赔偿后的报废损失。其核算过程如图 5-5 所示。

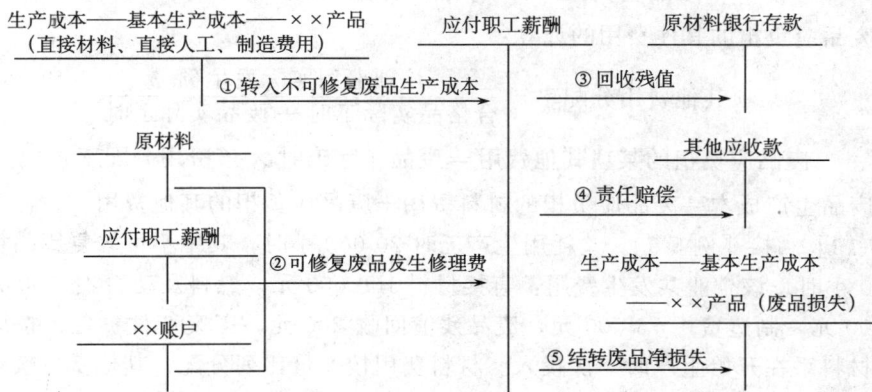

图 5-5　废品损失核算图

可修复废品的损失是修复费用。对于生产过程中发生的可修复废品的修复费用，应根据各有关费用分配表，分别计入所设置的"废品损失明细账"中。

[例 5-9]　振华公司 2013 年 5 月生产甲产品，某月生产产品 2 000 件，验收入库时，发现不可修复废品 10 件，可修复废品 12 件。为修复可修复废品共耗用材料 800 元，人工费 1 200 元，辅助车间分配的动力费 600 元，分配的制造费用 900 元。根据各项费用分配表，作如下会计处理：

借：废品损失——甲产品　　　　　　　　　　　　　　　　　　　　3 500
　　贷：原材料　　　　　　　　　　　　　　　　　　　　　　　　　800
　　　　应付职工薪酬　　　　　　　　　　　　　　　　　　　　　1 200
　　　　生产成本——辅助生产成本——供电厂家　　　　　　　　　　600
　　　　制造费用　　　　　　　　　　　　　　　　　　　　　　　　900

将可修复废品的修复费用登记"废品损失"明细账见表 5-15。

不可修复废品的损失主要是不可修复废品的成本。由于其成本在报废之前是与合格品的成本在一起的，因此，需采用一定的方法，将某种产品的成本，在合格品和废品之间进行分配，从而计算出不可修复废品的报废损失。不可修复废品成本的计算方法主要有以下几种。

第一种方法：按废品所耗实际费用计算。按废品所耗实际费用计算废品成本，是指按成本项目将实际发生的生产费用在合格品和废品之间进行分配。当原材料在开始生产就一次投入时，材料费用可按合格品与废品的数量比例分配；如果不是在开始生产时一次投入的，而是随着生产进度陆续投入的，则可采用适当的方法，将废品折合成合格品的数量进行分配。其余各成本项目，可按合格品和废品的工时比例进行分配。当原材料在开始生产时一次投入的情况下，不可修复废品成本的计算公式如下。

（1）废品应负担的材料费用的计算：

$$材料费用分配率 = \frac{材料费用实际发生额}{合格品数量 + 废品数量}$$

$$废品应负担的材料费用 = 废品数量 × 材料费用分配率$$

（2）废品应负担的其他费用的计算：

$$某项其他费用分配率 = \frac{该项费用实际发生额}{合格品实际工时 + 废品实际工时}$$

$$废品应负担的某项其他费用 = 废品实际工时 × 该费用分配率$$

（3）废品生产成本 = 废品应负担的材料费用 + 废品应负担的其他费用

[例 5-10]　接 [例 5-9]。共耗用生产工时 20 000 小时，其中不可修复废品耗用生产工时 1 500 小时。该企业共发生费用：直接材料 100 000 元，燃料及动力 46 000 元，直接工资 60 000 元，制造费用 76 000 元，废品残值回收 200 元，工废 2 件责任人按原料成本赔偿。原材料系在开始生产时一次投入。材料费用按产量比列分配，其他费用按生产工时比例分配。

根据上述资料，可编制"不可修复废品成本计算单"，见表 5-16。

表 5-16　不可修复废品成本计算单

产品名称：甲产品　　　　　　　　　2013 年 5 月　　　　　　　　　单位：元

项目	产量/件	直接材料	生产工时	燃料及动力	直接工资	制造费用	合计
费用总额	2 000	100 000	20 000	46 000	60 000	76 000	282 000
费用分配率		50		2.3	3	3.8	
废品成本	10	500	1 500	3 450	4 500	5 700	14 150
废品残值		−200					−200
责任赔偿	2	−100					−100
废品净损失		200	1 500	3 450	4 500	5 700	13 850

根据表 5-16 "不可修复废品成本计算单"和废品损失明细账，应作如下账务处理：

（1）结转不可修复废品的生产成本。

借：废品损失——甲产品　　　　　　　　　　　　　　　　　　14 150

　　贷：生产成本——基本生产成本——甲产品　　　　　　　　　　　　14 150

（2）废品残料入库。

借：原材料——废料　　　　　　　　　　　　　　　　　　　　200

　　贷：废品损失——甲产品　　　　　　　　　　　　　　　　　　　　200

（3）责任人赔偿。

借：其他应收款——刘明　　　　　　　　　　　　　　　　　　100

　　贷：废品损失——甲产品　　　　　　　　　　　　　　　　　　　　100

（4）结转可修复和不可修复废品净损失。

借：生产成本——基本生产成本——甲产品　　　　　　　　　　　　　17 350

　　贷：废品损失——甲产品　　　　　　　　　　　　　　　　　　　　17 350

第二种方法：按定额成本计算。按定额成本计算废品成本是指根据废品的数量、各项消耗定额及计划单价计算不可修复废品成本的方法。它一般适用于定额资料比较完整、准确的情况，现举例说明按定额成本计算不可修复废品成本的方法。

[例 5-11]　　某企业生产甲产品，有关定额及废品的资料如下。

（1）废品资料见表 5-17。

表 5-17　废品资料

2013 年 5 月

零件名称	计量单位	料废		工废		原因分析	致废工序
		数量	原因	数量	原因		
A	件	10		5		不可修复	车工
B	件	4				不可修复	钻工
C	件	8				不可修复	磨工

（2）部分零部件消耗定额资料见表 5-18。

表 5-18　零部件消耗定额资料

2013 年 5 月

零件名称	计量单位	原材料消耗定额		工时消耗定额/小时						
		材料名称	消耗量/千克	锻	车	铣	钻	磨	插	小计
A	件	乙材料	20	2	1				1	4
B	件	乙材料	10	1	2		2	1	1	7
C	件	丁材料	15	1	1	1		2	1	6

（3）根据上述资料编制"废品定额消耗量计算表"见表 5-19。

表 5-19　废品定额消耗量计算表

2013 年 5 月

零件名称	数量	原材料定额耗用量/千克		工时定额耗用量/小时
		乙材料	丁材料	
A	15	300		45
B	4	40		20
C	8		120	40

（4）根据上述资料编制的"不可修复废品成本计算单"见表 5-20。

表 5-20　不可修复废品成本计算单

2013 年 5 月　　　　　　　　　　　　　　　　单位：元

项目	直接材料		燃料及动力	直接工资	制造费用	合计
	乙材料	丁材料				
计划单价	0.90	2.50	0.12	0.25	1.55	
定额耗用量	340	120	105	105	105	
定额成本	606		12.60	26.25	162.75	807.60
残值	−9.2					−0.92
废品净损失	596.8		12.6	26.25	162.75	806.68

表 5-21　不可修复废品残值计算表　　　　　　　　单位：元

产品名称	零件名称	交库数量	计划单价	金额
甲产品	A	15	0.24	3.6
甲产品	B	4	0.24	0.96
甲产品	C	8	0.58	4.64
合计				9.2

根据表 5-20 "不可修复废品成本计算单"和表 5-21 "不可修复废品残值计算表"，应作如下账务处理：

（1）结转不可修复废品的生产成本。

借：废品损失——甲产品　　　　　　　　　　　　　　　　807.60

　　贷：生产成本——基本生产成本——甲产品　　　　　　　　　807.60

（2）废品残料入库。

借：原材料——废料　　　　　　　　　　　　　　　　　　9.2

　　贷：废品损失——甲产品　　　　　　　　　　　　　　　　9.2

（3）结转不可修复废品净损失。

借：生产成本——基本生产成本——甲产品　　　　　　　806.68

　　贷：废品损失——甲产品　　　　　　　　　　　　　　　806.68

三、停工损失的核算

（一）停工损失的概念及内容

停工损失是指企业的生产车间在停工期间所发生的各项费用。停工损失主要包括停工期间应支付给职工的工资、计提的应付福利费、应分配的制造费用等。

企业发生停工的原因很多，如产品滞销、计划减产、停电、材料供应不足、机器设备出现故障、对设备进行修理等。另外，有些企业的生产带有明显的季节性，这样，也会引起季节性停工。停工时间有长有短，范围有大有小。停工时间长的可能在一个月以上，短的可能有几天、几小时；停工范围可能仅有某台设备、某个班组、某条生产线，也可能是整个车间或全厂。企业不是所有的停工都要计算停工损失的，在一般情况下，为了简化会计核算手续，停工损失的计算范围和时间，可由企业或企业与其主管部门确定一个界限，超过某一界限，就要计算停工损失了。否则，就可以不计算停工损失。

（二）停工损失的核算

在发生停工损失时，应由停工的车间填制"停工单"，并在考勤记录中登记。在"停工单"内，应详细列明停工的车间、范围、原因、起止时间、过失人员、停工损失的金额等项内容。"停工单"在经有关部门审批后，作为账务处理的依据。

（1）不单独设账核算停工损失的企业中，停工期间发生的属于停工损失的费用，直接计入"其他应收款"、"制造费用"和"营业外支出"等科目，分散反映。这样核算简便，但对停工损失的分析和控制会产生一定不利影响。

（2）单独设账核算停工损失的企业中，应设置"停工损失"科目进行核算。该科目的借方登记发生的停工损失，贷方登记予以转销的停工损失。"停工损失"科目应按车间设置明细账进行明细核算。在"停工损失明细账"中，应按成本项目设置专栏，归集停工损失。

停工损失的原因不同，其转销的账务处理也不一样。可向责任人或保险公司取得赔偿的停工损失，应该索赔记入"其他应收款"科目，对于季节性、修理期间的停工损失，应计入产品成本，转入"制造费用"科目；非季节性和非修理期间的停工损失，应计入"营业外支出"科目。停工损失的核算过程如图 5-6 所示。

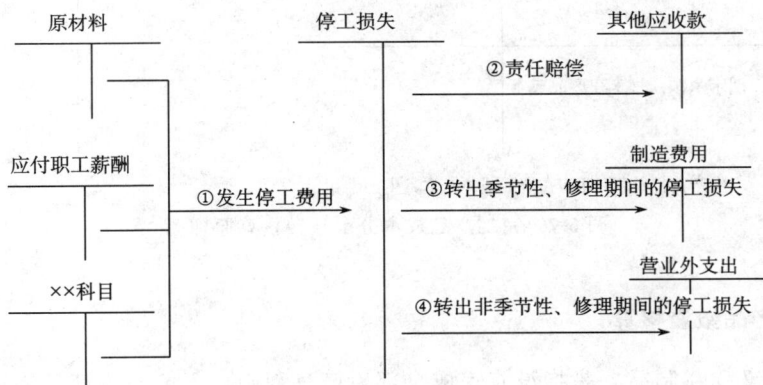

图 5-6　停工损失的核算过程图

第四节　费用在完工产品与在产品之间分配结转核算

一、费用在完工产品与在产品之间分配结转核算原理

成本核算的目的，就是为了按成本计算对象归集生产费用，最后计算出完工产品的总成本和单位成本。企业在生产过程中所发生的各项费用，经过日常费用的分配归集和各部

门月末费用的分配结转核算，对于应计入产品成本的各项费用，都已按成本计算对象直接或间接地归集到了"生产成本——基本生产成本"所属各个明细账中。这时，如果某种产品月末全部完工，则该种产品"生产成本——基本生产成本"明细账归集的生产费用总额即为完工产品总成本，除以产量就可以计算该产品单位成本；如果当月全部没有完工，则该种产品"生产成本——基本生产成本"明细账归集的生产费用总额即为月末在产品总成本；如果当月部分完工，部分没有完工，企业应将归集在该种产品"生产成本——基本生产成本"明细账中的生产费用总额，采用一定的方法，在完工产品和在产品之间进行分配。在计算出完工产品成本后，应将完工产品成本从"生产成本——基本生产成本"账户结转到"库存商品"账户。

归集在"生产成本——基本生产成本"明细账中的生产费用总额是由月初在产品成本和本月生产费用两部分组成，与本月完工产品成本和月末在产品成本之间的关系，可用下列公式表示：

月初在产品成本＋本月生产费用＝本月完工产品成本＋月末在产品成本

将由月初在产品成本和本月生产费用两部分组成的生产费用总额，在本月完工产品和月末在产品之间分配，必须取得本月完工产品和月末在产品数量的核算资料，才能采用适当的分配方法计算结转完工产品成本。其分配结转核算的原理见图 5-7。

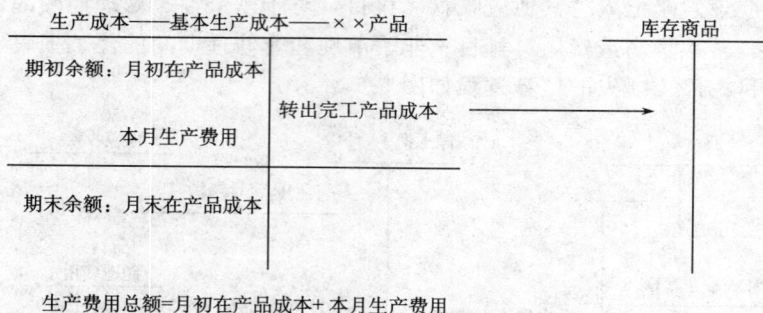

图 5-7　完工产品成本分配结转核算原理图

（一）在产品数量核算

在产品，又称在制品，是指没有完成全部生产过程中，不能作为商品销售的产品。从广义（即从整个企业）来讲，在产品包括正在加工中的产品和加工告一段落留存在半成品库和以后各步骤的半成品。从狭义（即从车间或工段）来讲，在产品是指正在加工中的产品。广义在产品和狭义在产品的关系见图 5-8。

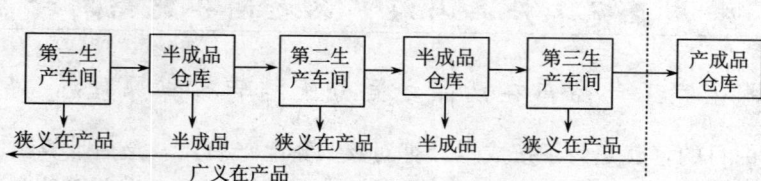

图 5-8　广义在产品和狭义在产品的关系图

在产品数量的核算是进行在产品成本计算的基础。企业计算在产品成本所依据的"期末在产品实际结存数量",原则上应以实地盘点确定其期末实存数。但有些企业,由于在产品品种较多,数量较大,而且每件在产品又要经过许多工序加工,每月末都要进行一次全面的实地盘点有一定的困难。在这样的企业,可以根据"在产品收发结成账(在产品统计台账)"(表 5-22)中月末结存在产品的数量计算在产品成本。

表 5-22　在产品收发结成账

(在产品统计台账)

车间名称:加工车间　　　　　　　　　　零部件名称:甲

2013 年		摘要	收入		发出			结存		备注
月	日		凭证号	数量	凭证号	合格品	废品	完工	未完工	
3	1		71101	100					100	
3	10		7102	90	7201	50		15	125	
3	20				7202	75	5	10	50	
		合计		600		539	9	20	32	

为了加强在产品的数量核算,保护在产品的安全完整,企业应定期对在产品进行清查,特别是在年度决算时,必须进行一次全面的清查。在产品的清查,应以不影响生产为前提,必须有生产工人和成本会计人员参加。为避免在产品重记或漏记,各有关车间或工序要同时盘点。在产品清查的结果,要编制"在产品盘存表",填明在产品的账面数、实存数、盘盈盘亏数以及盘盈盘亏的原因和处理意见等。财会部门应对盘盈盘亏在产品的数量、原因及处理意见进行审核,并按规定程序报经有关部门批准后进行相应的账务处理。其账务处理程序见图 5-9。

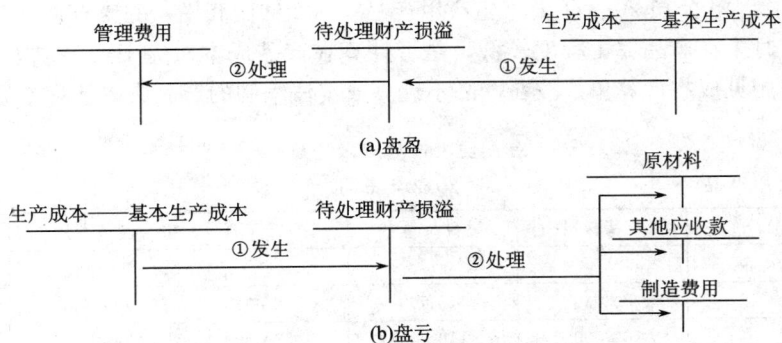

图 5-9　在产品盘盈盘亏账务处理程序图

（二）完工产品数量核算

完工产品（产成品/库存商品）：是指完成企业整个生产过程，并已验收入库，可以作为商品对外销售的产品。

完工产品数量的核算是进行完工产品成本计算的基础。企业计算完工产品成本所依据的"完工产品数量"，通常根据完工产品入库单确定。

二、费用在完工产品与在产品之间分配的方法

将生产费用总额在本月完工产品和月末在产品之间分配的方法通常有两种模式。

第一种模式：倒挤法。先计算月末在产品成本，再计算完工产品成本。这类方法主要有：①在产品不计算成本法；②在产品按固定成本计算法；③在产品按定额成本计算法；④在产品按所耗直接材料费用计算法。

第二种模式：比例法。采用适当的标准，同时计算完工产品和月末在产品成本。这类方法主要有：①约当产量法；②在产品按完工产品成本计算法；③定额比例法；④在产品按所耗直接材料费用计算法。

企业在确定完工产品和月末在产品成本计算模式和方法时，应考虑月末在产品数量的多少；各月末在产品数量变化的大小；各成本项目费用所占比重的大小和企业定额管理基础的好坏等因素。

（一）在产品不计算成本法

在产品不计算成本法是指不计算月末在产品成本，将发生的全部生产费用都计入完工产品成本的方法。这种方法主要适用于月末在产品数量很少，所占用的费用额不大，是否计算在产品成本对完工产品成本的影响很小的情况。为了简化成本核算工作，可以不计算在产品的成本，将发生的全部生产费用都由完工产品成本负担。这时，本月发生的生产费用，就是完工产品的总成本，用总成本除以产量，就是单位产品成本。其计算公式如下：

$$完工产品成本＝生产费用总额＝本月生产费用$$
$$单位成本＝完工产品成本÷完工产品数量$$

[**例 5-12**]   M 公司 2013 年 6 月生产甲产品 1 002 件。其中：完工产品 1 000 件，月末在产品 2 件。月末在产品完工程度较低，是否计算在产品成本对完工产品成本的影响很小。归集的生产费用见成本计算单。按在产品不计算成本法编制的产品成本计算单见表 5-23。

表 5-23   产品成本计算单

产品名称：甲产品　　　　　　　　　2013 年 6 月　　　　　　　　　单位：元

摘要	直接材料	燃料及动力	直接工资	制造费用	合计
月初在产品成本					
本月发生额	80 000	110 000	38 000	48 760	276 760
合计	80 000	110 000	38 000	48 760	276 760
完工产品成本	80 000	110 000	38 000	48 760	276 760
单位成本	80	110	38	48.76	276.76

根据表 5-23 "产品成本计算单" 编制结转完工产品成本的会计分录：

借：库存商品——甲产品 276 760

　贷：生产成本——基本生产成本——甲产品 276 760

（二）在产品按固定成本计算法

在产品按固定成本计算法是指月末在产品成本按照年初确定的固定数计算，本月发生的生产费用作为完工产品成本计算的方法。这种方法主要适用于月末在产品数量较多，所占用的费用额也较大，但各月之间变化不大的情况。其计算计算公式如下：

月末在产品成本＝月初在产品成本＝年初固定数

完工产品成本＝生产费用总额－月末在产品成本＝本月生产费用

单位成本＝完工产品成本÷完工数量

采用在产品按固定成本计算法，年终时，必须根据实际盘点的在产品的数量计算年末的在产品的成本，作为下一年度年初在产品的固定成本，以保证下一年度在产品成本的准确性。

[**例 5-13**] M 公司 2013 年 6 月生产乙产品 1 100 件，其中，完工产品 1 000 件，月末在产品 100 件，各月末在产品数量基本相近。归集的生产费用见成本计算单。按在产品按固定成本计算法编制的产品成本计算单见表 5-24。

表 5-24 产品成本计算单

产品名称：乙产品　　　　　　　　2013 年 6 月　　　　　　　　单位：元

摘要	直接材料	燃料及动力	直接工资	制造费用	合计
月初在产品成本	8 000	6 000	7 000	2 100	23 100
本月发生额	28 000	24 000	23 000	35 000	110 000
合计	36 000	30 000	30 000	37 100	133 100
完工产品成本	28 000	24 000	23 000	35 000	110 000
单位成本	28	24	23	35	110
月末在产品成本	8 000	6 000	7 000	2 100	23 100

根据表 5-24 "产品成本计算单" 编制结转完工产品成本的会计分录：

借：库存商品——乙产品 110 000

　贷：生产成本——基本生产成本——乙产品 110 000

（三）在产品按定额成本计算法

在产品按定额成本计算法是指以产品的各项消耗定额为标准先计算出月末在产品成本，再用倒挤法计算完工产品成本的方法。这种方法主要适用于定额管理基础较好，各项消耗定额和费用定额比较准确、稳定，而且各月末在产品数量变化不大的产品。其计算计算公式如下：

第一步：以产品的各项消耗定额为标准计算月末在产品成本。

$$在产品直接材料定额成本$$
$$=\sum 在产品数量 \times 单位产品材料消耗定额 \times 材料计划单价$$
$$在产品直接工资定额成本$$
$$=\sum 在产品数量 \times 单位产品工时定额 \times 完工程度 \times 计划小时工资率$$
$$在产品制造费用定额成本$$
$$=\sum 在产品数量 \times 单位产品工时定额 \times 完工程度 \times 计划小时制造费用率$$
$$月末在产品成本 = 月末在产品定额成本$$
$$= 在产品直接材料定额成本 + 在产品直接工资定额成本$$
$$+ 在产品制造费用定额成本$$

第二步：用倒挤法计算完工产品成本。

$$完工产品成本 = 生产费用总额 - 月末在产品成本$$
$$单位成本 = 完工产品成本 / 完工数量$$

采用在产品按定额成本计算法计算月末在产品成本，由于把实际费用脱离定额的差异全部计入完工产品成本，这样，在定额不是十分准确的情况下，就会影响成本计算的准确性。因此，这种方法一般只适用于定额制定得比较准确的企业。

[例 5-14]　M 公司生产丙产品的工艺过程如图 5-10 所示。丙产品各车间消耗定额、费用定额资料如表 5-25。2013 年 6 月生产丙产品产量统计表见表 5-26。材料在各工序一次投入，各车间在产品在本车间的完工程度为 50%。

```
第一车间 ──▶ 第二车间 ──▶ 第三车间 ──▶ 产成品仓库
```

图 5-10　丙产品生产工艺过程图

表 5-25　丙产品生产各车间消耗定额、费用定额资料表

车间	单位材料定额/(千克/件)	单位工时定额/(工时/件)
一	30	4
二	10	4
三	10	2
合计	50	10

项目	直接材料/(元/千克)	燃料及动力/(元/时)	直接人工/(元/工时)	制造费用/(元/工时)
费用定额	5	8	15	20

表 5-26　丙产品产量统计表

2013 年 6 月　　　　　　　　　　　　　　　　　　单位：件

车间	月末在产品数量	本月完工产品数量
一	200	
二	300	
三	100	
合计	600	800

生产丙产品发生的生产费用已归集成本计算单。按在产品按定额成本计算法计算成本过程如下：

第一步：按产品的各项消耗定额计算月末在产品成本见表5-27、表5-28。

表 5-27 月末在产品定额耗用量计算表

车间	月末在产品材料定额耗用量/千克	月末在产品工时定额耗用量/工时
一	$200 \times 30 = 600$	$200 \times 4 \times 50\% = 400$
二	$300 \times (30 + 10) = 1\ 200$	$300 \times (4 + 4 \times 50\%) = 1\ 800$
三	$100 \times (30 + 10 + 10) = 500$	$100 \times (8 + 2 \times 50\%) = 900$
合计	2 300	3 300

表 5-28 月末在产品成本（定额成本）计算表   单位：元

成本项目	月末在产品成本（定额成本）
直接材料	$2\ 300 \times 5 = 11\ 500$
燃料及动力	$3\ 300 \times 8 = 26\ 400$
直接人工	$3\ 300 \times 15 = 49\ 500$
制造费用	$3\ 300 \times 20 = 66\ 000$
合计	153 400

第二步：用倒挤法计算完工产品成本见表5-28。

表 5-29 产品成本计算单

产品名称：丙产品   2013 年 6 月   单位：元

摘要	直接材料	燃料及动力	直接工资	制造费用	合计
月初在产品成本	28 000	36 000	27 000	12 100	103 100
本月发生额	178 000	64 000	103 000	145 000	490 000
合计	206 000	100 000	130 000	157 100	593 100
月末在产品成本（定额成本）	11 500	26 400	49 500	66 000	153 400
完工产品成本	194 500	73 600	80 500	91 100	439 700
单位成本	243.13	92.00	100.63	113.88	549.63

根据表5-29"产品成本计算单"编制结转完工产品成本的会计分录：

借：库存商品——丙产品   439 700

　　贷：生产成本——基本生产成本——丙产品   439 700

（四）约当产量法

约当产量法又叫约当产量比例法，是指将期末实际结存的在产品数量，按其完工程度或投料程度折算为相当于完工产品的产量，然后将生产费用总额按照完工产品产量和在产品的约当产量的比例进行分配的方法。约当产量是指在产品按其完工程度或投料程度折算为相当于完工产品的产量。

$$月末在产品约当产量＝月末在产品数量×完工程度或投料程度$$

值得注意的是，在分配"直接材料"成本项目时，月末在产品约当产量按投料程度计算；分配其他成本项目时，月末在产品约当产量按完工程度计算。

这种方法一般适用于月末在产品数量较多、各月末在产品的数量变化较大、产品成本中直接材料和各项加工费用所占的比重相差不大的情况。

约当产量法是按照比例法的原理进行分配的，其计算公式如下：

第一步：确定分配标准。

$$完工产品＝完工产品数量$$
$$月末在产品＝月末在产品约当产量$$

第二步：计算费用分配率。

$$某项费用分配率＝\frac{该项费用合计}{完工产品数量＋月末在产品约当产量}$$

第三步：计算费用分配额。

$$完工产品分配的某项费用＝完工产品数量×该项费用分配率$$
$$月末在产品分配的某项费用＝月末在产品约当产量×该项费用分配率$$

[例 5-15]　N 公司 2013 年 4 月生产甲产品 1 200 件其中：完工产品 800 件，月末在产品 400 件，完工程度 50%，材料在生产开始时一次投入。归集的生产费用见成本计算单。按约当产量法计算成本见表 5-30。

表 5-30　产品成本计算单

产品名称：甲产品　　　　　　　　　　2013 年 4 月　　　　　　　　　　单位：元

摘要		直接材料	燃料及动力	直接工资	制造费用	合计
月初在产品成本		26 000	36 000	27 000	12 100	101 100
本月发生额		178 000	64 000	103 000	145 000	490 000
合计		204 000	100 000	130 000	157 100	591 100
分配标准	完工产品/件	800	800	800	800	—
	月末在产品/件	400	200	200	200	—
	合计	1 200	1 000	1 000	1 000	—
单位成本（分配率）		170	100	130	157.1	557.1
完工产品成本		136 000	80 000	104 000	125 680	445 680
月末在产品		68 000	20 000	26 000	31 420	145 420

根据表 5-30 "产品成本计算单"编制结转完工产品成本的会计分录：

借：库存商品——甲产品　　　　　　　　　　　　　　　　445 680
　　贷：生产成本——基本生产成本——甲产品　　　　　　　　　445 680

采用约当产量法分配费用时，在产品投料程度和完工程度估计的是否准确，对产品成本计算的正确性影响很大。因此，企业应当采用科学的方法正确计算在产品的投料程度和完工程度。

1. 在产品投料程度估算

在产品生产过程中，由于各种产品生产工艺的不同，其直接材料投入的方式不同，在产品投料程度估算也就不同。具体估算如下：

（1）直接材料在生产开始时一次投入，产品无论是否完工，其所需要的直接材料均已全部投入。则在产品投料程度估算如下：

$$在产品投料程度=100\%$$

（2）直接材料不是在生产开始时一次投入，而是分阶段在每道工序开始时一次投入，则在产品投料程度估算如下：

$$在产品投料程度=\frac{到该工序止单位产品直接材料累计定额消耗量}{单位完工产品直接材料定额消耗量}\times100\%$$

（3）直接材料不是在生产开始时一次投入，而是分阶段在每道工序逐渐投入，则在产品投料程度估算如下：

$$在产品投料程度=\frac{到上工序止材料累计定额消耗量+本工序定额消耗量\times50\%}{单位完工产品直接材料定额消耗量}\times100\%$$

2. 在产品完工程度估算

由于加工费用都是随着生产进度陆续投入的，因此，计算在产品加工费用的完工程度（简称"完工率"）一般按某道工序单位产品累计定额工时占单位产品的定额工时计算。则在产品完工程度估算如下：

$$在产品完工程度=\frac{到上工序止材料累计定额工时+本工序定额工时\times50\%}{单位完工产品定额工时消耗量}\times100\%$$

[例5-16] 资料见[例5-14]。采用约当产量法成本计算程序如下：

（1）计算各工序投料程度及约当产量见表5-31。

表5-31 月末在产品投料程度及约当产量计算表

车间	单位材料定额/(千克/件)	投料程度/%	月末在产品数量/件	约当产量/件
一	30	30/50×100%=60	200	200×60%=120
二	10	40/50×100%=80	300	300×80%=240
三	10	50/50×100%=100	100	100×100%=100
合计	50		600	460

（2）计算各工序完工程度及约当产量见表5-32。

表5-32 月末在产品完工程度及约当产量计算表

车间	单位工时定额工时/件	完工程度/%	月末在产品数量/件	约当产量/件
一	4	2/10×100%=20	200	200×20%=40
二	4	6/10×100%=60	300	300×60%=180
三	2	9/10×100%=90	100	100×90%=90
合计	10		600	310

（3）按约当产量法计算成本完工产品成本见表 5-33。

表 5-33   产品成本计算单

产品名称：丙产品　　　　　　　　　　2013 年 4 月　　　　　　　　　　单位：元

摘要		直接材料	燃料及动力	直接工资	制造费用	合计
月初在产品成本		28 000	36 000	27 000	12 100	103 100
本月发生额		178 000	64 000	103 000	145 000	490 000
合计		206 000	100 000	130 000	157 100	593 100
分配标准	完工产品/件	800	800	800	800	—
	月末在产品/件	460	310	310	310	—
	合计	1 260	1 110	1 110	1 110	—
单位成本（分配率）		163.49	90.09	117.12	141.53	512.23
完工产品成本		130 792	72 072	93 696	113 224	409 784
月末在产品		75 208	27 928	36 304	43 876	183 316

根据表 5-33 "产品成本计算单"编制结转完工产品成本的会计分录：

借：库存商品——丙产品　　　　　　　　　　　　　　　　　　　　409 784

　　贷：生产成本——基本生产成本——丙产品　　　　　　　　　　409 784

（五）在产品按完工产品成本计算法

在产品按完工产品成本计算法是指将月末在产品视作完工产品，按照完工产品与月末在产品的产量比例分配计算成本的方法。这种方法一般适用于月末在产品已接近完工或者已经完工，只是尚未包装或尚未验收入库的产品。

在产品按完工产品成本计算法是按照比例法的原理进行分配的，其计算公式如下：

第一步：确定分配标准。

$$完工产品 = 完工产品数量$$
$$月末在产品 = 月末在产品数量$$

第二步：计算费用分配率。

$$某项费用分配率 = \frac{该项费用合计}{完工产品数量 + 月末在产品数量}$$

第三步：计算费用分配额。

$$完工产品分配的某项费用 = 完工产品数量 \times 该项费用分配率$$
$$月末在产品分配的某项费用 = 月末在产品数量 \times 该项费用分配率$$

[**例 5-17**]　M 公司 2013 年 4 月生产甲产品 1 600 件，其中：完工产品 1 000 件，月末在产品 600 件，已完工但尚未包装入库。归集的生产费用见成本计算单。按在产品按完工产品成本计算法计算成本见表 5-34。

表 5-34 产品成本计算单

产品名称：甲产品　　　　　　　　　　2013 年 4 月　　　　　　　　　　单位：元

摘要		直接材料	燃料及动力	直接工资	制造费用	合计
月初在产品成本		28 000	8 000	6 000	7 000	49 000
本月发生额		58 000	28 000	24 000	23 000	133 000
合计		86 000	36 000	30 000	30 000	182 000
分配标准	完工产品/件	1 000	1 000	1 000	1 000	—
	月末在产品/件	600	600	600	600	—
	合计	1 600	1 600	1 600	1 600	—
单位成本（分配率）		53.75	22.5	18.75	18.75	113.75
完工产品成本		53 750	22 500	18 750	18 750	113 750
月末在产品		32 250	13 500	11 250	11 250	68 250

根据表 5-34 "产品成本计算单"编制结转完工产品成本的会计分录：
借：库存商品——甲产品　　　　　　　　　　　　　　　　113 750
　　贷：生产成本——基本生产成本——甲产品　　　　　　　　　113 750

（六）定额比例法

定额比例法是指按照完工产品和月末在产品的定额消耗量或定额费用的比例，分配完工产品和月末在产品成本的一种方法。这种方法一般适用于企业定额管理基础较好，各项消耗定额或费用定额比较准确、稳定，而且月末在产品数量变动较大的产品。

定额比例法是按照比例法的原理进行分配的，其计算公式如下：

第一步：确定分配标准。

完工产品＝完工产品定额消耗量或定额费用

月末在产品＝月末在产品定额消耗量或定额费用

值得注意的是，在分配"直接材料"成本项目时，要以完工产品和月末在产品的材料定额耗用量作为标准，如果耗用多种材料要以材料定额费用作为标准；分配其他成本项目时，要以完工产品和月末在产品的定额工时耗用量作为标准。

第二步：计算费用分配率。

$$某项费用分配率＝\frac{该项费用合计}{完工产品定额耗用量＋月末在产品定额耗用量（或定额费用）}$$

第三步：计算费用分配额。

完工产品分配的某项费用＝完工产品定额消耗量（定额费用）×该项费用分配率

月末在产品分配的某项费用＝月末在产品定额消耗量（定额费用）×该项费用分配率

采用定额比例法，便于考核和分析各项消耗定额的执行情况。但是核算工作量较大，特别是在所耗原材料品种较多的情况下更是如此。

[例 5-18] 资料见 [例 5-14]。采用定额比例法成本计算程序如下。

第一步：按产品的各项消耗定额计算完工产品和月末在产品的定额耗用量作为分配标

准。其计算过程见表 5-35。

表 5-35 完工产品和月末在产品定额耗用量计算表

项目	月末在产品材料定额耗用量/千克	月末在产品工时定额耗用量/工时
车间一	200×30＝600	200×4×50%＝400
车间二	300×(30+10)＝1 200	300×(4+4×50%)＝1 800
车间三	100×(30+10+10)＝500	100×(8+2×50%)＝900
合计	2 300	3 300
完工产品材料定额耗用量/千克	800×50＝40 000	
完工产品工时定额耗用量/工时	800×10＝8 000	

第二步：按定额比例法计算成本见表 5-36。

表 5-36 产品成本计算单

产品名称：丙产品　　　　　　　　　　2013 年 4 月　　　　　　　　　　单位：元

摘要		直接材料	燃料及动力	直接工资	制造费用	合计
月初在产品成本		28 000	36 000	27 000	12 100	103 100
本月发生额		178 000	64 000	103 000	145 000	490 000
合计		206 000	100 000	130 000	157 100	593 100
分配标准	完工产品	40 000	8 000	8 000	8 000	—
	月末在产品	2 300	3 300	3 300	3 300	—
	合计	42 300	11300	11 300	11 300	—
分配率		4.87	8.85	11.5	13.9	—
完工产品成本		194 800	70 800	92 000	111 200	468 800
单位成本		243.5	88.5	115	139	586
月末在产品		11 200	29 200	38 000	45 900	124 300

根据表 5-36 "产品成本计算单"编制结转完工产品成本的会计分录：

借：库存商品——丙产品　　　　　　　　　　　　　　　　　468 800

　　贷：生产成本——基本生产成本——丙产品　　　　　　　　　　　　468 800

（七）在产品按所耗直接材料费用计算法

在产品按所耗直接材料费用计算法是指在产品只负担材料费用，其他费用全部由完工产品负担的计算方法。这种方法一般适用于产品成本中材料费用占的比重较大，而其他加工费用（如直接工资、制造费用等）比较少的情况。其计算公式如下：

第一步：将"直接材料"成本项目归集的费用在完工产品与月末在产品之间分配。其分配的方法可以采用倒挤法，先计算出月末在产品成本（负担材料费用）再倒挤完工产品负担材料费用；也可以采用约当产量或产量比例法同时计算出月末在产品成本（负担材料费用）和完工产品负担材料费用。

第二步：计算完工产品成本和单位成本。①完工产品成本＝完工产品负担材料费用＋全部其他费用；②单位成本＝完工产品成本÷完工产品数量。

[例 5-19]　N 公司 2013 年 4 月生产甲产品 2 000 件。其中：完工产品 1 600 件，月末在产品 400 件，材料在生产开始时一次投入，材料费用所占比例较大，在产品按所耗直接材料费用计算法，"直接材料"按产量比例分配。归集的生产费用见成本计算单。在产品按所耗直接材料费用计算法计算成本见表 5-37。

表 5-37　产品成本计算单

产品名称：甲产品　　　　　　　　　　2013 年 4 月　　　　　　　　　　单位：元

摘要		直接材料	燃料及动力	直接工资	制造费用	合计
月初在产品成本		22 000				22 000
本月发生额		178 000	6 400	13 000	8 000	205 400
合计		200 000	6 400	13 000	8 000	227 400
分配标准	完工产品	1 600	—	—	—	—
	月末在产品	400	—	—	—	—
	合计	2 000	—	—	—	—
分配率		100	—	—	—	—
完工产品成本		160 000	6 400	13 000	8 000	187 400
单位成本		100	4	8.125	5	117.125
月末在产品		40 000				40 000

根据表 5-37 "产品成本计算单"编制结转完工产品成本的会计分录：

借：库存商品——甲产品　　　　　　　　　　　　　　　　　　187 400

　　贷：生产成本——基本生产成本——甲产品　　　　　　　　　　187 400

第五节　期间费用结转核算

一、期间费用概述

期间费用也称为期间成本，是指在发生时直接计入当期损益的费用。这些费用包括：①与制造产品无关的资本化成本的期间耗费，如企业行政管理部门和专设销售机构的固定资产的折旧费等；②一发生即记为费用的项目，如管理部门发生的办公费、工资及福利费等。

与计入产品成本的费用相比，期间费用通常具有下列特点：

第一，期间费用与产品生产活动没有直接联系，可以确定其发生的期间，而难以确定其应归属的成本计算对象，因此不计入产品成本。

第二，期间费用在发生时即确认为当期费用，与当期的营业收入相配比，全额列入利润表。而计入产品成本的费用，如耗用的直接材料、发生的直接工资和制造费用等，最终要由完工的产成品负担，只有在产品销售出去后，其实现销售的成本，才能以"销售成本"的形式转为费用从当期销售收入中抵减。如果本期没有销售产品，则计入产品成本的费用就会递延到下期。

第三，期间费用在一定范围内与产品产量的增减无关，而与期间长短有关。

企业的期间费用一般包括销售费用、管理费用和财务费用三个项目。

（1）销售费用，是指企业在销售商品、自制半成品、材料和提供劳务等过程中发生的各种费用，以及为销售本企业商品而专设销售机构的经营费用。销售费用是发生在流通领域为实现产品价值而发生的各项费用。销售费用包括的内容较多，具体包括保险费、包装费、展览费和广告费、商品维修费、预计产品质量保证损失、运输费、装卸费等；为销售本企业商品而专设的销售机构（含销售网点、售后服务网点等）的职工薪酬、业务费、折旧费等经营费用以及企业发生的与专设销售机构相关的固定资产修理费用等后续支出。

（2）管理费用，是指企业行政管理部门为组织和管理企业生产经营活动而发生的各项费用。包括企业在筹建期间内发生的开办费、董事会和行政管理部门在企业的经营管理中发生的或者应由企业统一负担的公司经费（包括行政管理部门职工工资及福利费、物料消耗、低值易耗品摊销、办公费和差旅费等）、工会经费、董事会费（包括董事会成员津贴、会议费和差旅费等）、聘请中介机构费、咨询费（含顾问费）、诉讼费、业务招待费、房产税、车船使用税、土地使用税、印花税、技术转让费、矿产资源补偿费、研究费用、排污费等。

（3）财务费用，是指企业在筹集生产经营资金等财务活动中发生的各项费用，它包括企业在经营期间发生的利息支出（减利息收入）、汇兑损失（减汇兑收益）、银行及其他金融机构手续费，以及因筹集资金而发生的其他财务费用。

二、期间费用核算

（一）期间费用核算会计科目设置

"销售费用"（损益类）科目，用来核算销售费用并考核其预算执行情况。该科目借方登记发生的销售费用，贷方登记期末余额转入"本年利润"科目数额，本科目期末结转后无余额。

企业发生的销售费用，还应按照费用内容设置明细账进行明细核算。这样才能有效地控制各项费用支出，以及费用预算的执行情况。销售费用明细账格式采用借方多栏式见表5-38。

表 5-38   销售费用明细账   单位：元

日期	凭证	摘 要	工资费用	业务费	广告费	质保费	折旧费	修理费	运输费	保险费	展览费	其他支出	小计
略	略	支付广告费用			4 200								4 200
		分配工资费用	12 300										12 300
		折旧及修理费					5 000	5 500					10 500
		分配其他费用		4 000		3 800			500		1 100	800	10 200
		支付保险费用								880			880
		月计	12 300	4 000	4 200	3 800	5 000	5 500	500	880	1 100	800	38 080
		本月转出*	12 300	4 000	4 200	3 800	5 000	5 500	500	880	1 100	800	38 080

* 此栏数据为红字

"管理费用"（损益类）科目。用于核算行政管理部门为组织和管理生产经营活动而发生的上述各项费用。其借方登记企业发生的各项管理费用，贷方登记期末将其余额转入"本年利润"科目的数额，本科目期末结转后无余额。

企业发生的管理费用应按照费用内容设置明细账进行明细分类核，以便控制监督管理费用支出情况，分析其脱离费用预算的原因。管理费用明细账格式采用借方多栏式见表5-39。

表 5-39 管理费用明细账　　　单位：元

日期	凭证	摘要	公司经费	咨询费	中介费	工会费	折旧费	修理费	招待费	保险费	税费	其他支出	小计
略	略	支付审计费用			4 200								4 200
		分配工资费用	12 300			3 800							16 100
		折旧及修理费					5 000	5 500					10 500
		分配其他费用		4 000					2 500		1 100	800	8 400
		支付保险费用								1 880			1880
		月计	12 300	4 000	4 200	3 800	5 000	5 500	2 500	1 880	1 100	800	41 080
		本月转出*	12 300	4 000	4 200	3 800	5 000	5 500	2 500	1 880	1 100	800	41 080

* 此栏数据为红字

"财务费用"（损益类）科目，用来核算财务费用并考核财务费用预算的执行情况。该科目借方登记发生的各项财务费用，贷方登记发生的应冲减财务费用的利息收入、汇兑收益，以及期末余额转入"本年利润"科目的数额，本科目期末结转后无余额。

企业发生的财务费用应按费用内容设置明细账进行明细分类核算，以加强对财务费用的控制，揭示财务费用增减的原因。财务费用明细账格式采用借方多栏式见表5-40。

表 5-40 财务费用明细账　　　单位：元

日期	凭证	摘要	利息支出	汇兑损失	手续费	其他支出	小计
略	略	支付利息费用	12 300				12 300
		分配汇兑损失		4 000			4 000
		支付结算手续费			4 200		4 200
		分配其他费用				800	800
		月计	12 300	4 000	4 200	800	21 300
		本月转出*	12 300	4 000	4 200	800	21 300

* 此栏数据为红字

（二）期间费用结转核算

期间费用在发生当期末要全额转入当期损益。其账务处理见图5-11。

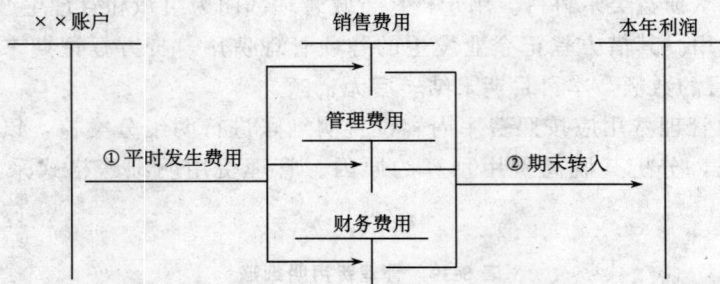

图 5-11　期间费用的核算过程

[例 5-20]　　N 公司 2013 年 4 月发生的各项期间费用，已归集在"销售费用"、"管理费用"和"财务费用"三大明细账，见表 5-38、表 5-39 和表 5-40。期末转入当期损益的账务处理如下：

借：本年利润　　　　　　　　　　　　　　　　　　　　　　　　　100 460
　　贷：销售费用　　　　　　　　　　　　　　　　　　　　　　　　　38 080
　　　　管理费用　　　　　　　　　　　　　　　　　　　　　　　　　41 080
　　　　财务费用　　　　　　　　　　　　　　　　　　　　　　　　　21 300

第六章

企业生产特点与管理要求对产品成本计算方法的影响

第一节　企业生产特点概述

企业的生产特点是指企业产品生产在生产工艺流程和生产组织上的特点。

一、生产工艺特点

生产工艺特点是指企业产品生产在工艺流程上的特点。可划分为简单生产和复杂生产两种类型。

1. 简单生产

简单生产是指生产工艺流程不能间断，不能分散在不同工作地点进行的生产。属于简单生产的企业，其产品的生产周期一般比较短，通常没有自制半成品或其他中间产品，而且产品由于工艺流程的特点决定了只能由一个企业独立完成，而不能由几个企业协作进行生产。因此，这种类型的生产，一般也称为单步骤生产。例如，发电、采掘等企业，就是简单生产的典型企业，如图 6-1。

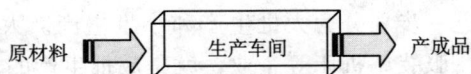

原材料　➡　生产车间　➡　产成品

图 6-1　简单生产

2. 复杂生产

复杂生产是指生产工艺流程中间是由可以间断的若干生产步骤所组成的生产，它既可以在一个企业或车间内独立进行，也可以由几个企业或车间在不同的工作地点协作进行生产。属于复杂生产的企业，其产品的生产周期一般较长，产品品种不是单一的，有半成品或中间产品，而且可以由几个企业或车间协作进行生产，因此，也称为多步骤生产。

复杂生产按其产品生产过程的加工方式的不同，又可分为连续式复杂生产和装配式复杂生产两类。

（1）连续式复杂生产是指从原材料投入生产以后，需经过许多相互联系的加工步骤才能最后生产出产成品，前一个加工步骤生产出来的半成品，是后一个加工步骤的加工对象，直到最后加工步骤才能生产出产成品。属于这种连续式复杂生产的典型企业如钢铁、纺织企业等，如图 6-2 所示。

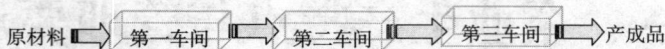

原材料 ⟹ 第一车间 ⟹ 第二车间 ⟹ 第三车间 ⟹ 产成品

图 6-2   连续式复杂生产

（2）装配式复杂生产是指将原材料投入生产后，在各个步骤进行平行加工，制造成产成品所需的各种零件和部件，最后，再将各生产步骤的零部件组装成为产成品。属于这种装配式复杂生产的典型企业，如机床、汽车企业等，如图 6-3 所示。

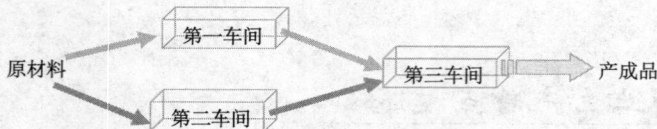

图 6-3   装配式复杂生产

二、生产组织特点

生产组织特点是指企业在组织生产产品的品种、产量等上的特点。可划分可分为大量生产、成批生产和单件生产等类型。

1. 大量生产

大量生产是指不断地重复生产一种或几种产品的生产。这种类型生产的主要特点是企业生产的产品品种较少，各种产品的产量较大，一般是采用专业设备重复进行生产，专业化水平较高。例如，纺织、采掘、冶金等企业，就是大量生产的典型企业。

2. 成批生产

成批生产是指按照预先确定的产品批别和数量，轮番进行若干种产品的生产。成批生产按照批量的大小，又可进一步划分为大批生产和小批生产。大批生产类似于大量生产，小批生产类似于单件生产。服装、机床等企业，就是成批生产的典型企业。

3. 单件生产

单件生产是根据各订货单位的要求，生产某种规格、型号、性能的特定产品。这种类型生产的主要特点是品种多，每一订单产品数量少，一般不重复或不定期重复生产，专业化程度不高，通常采用通用设备进行加工。例如，造船、重型机械等企业，就是单件生产的典型企业。

企业生产工艺特点与组织特点之间有着密切的联系。在一般情况下，简单生产大多都是大量生产；连续式复杂生产一般属于大量大批生产，装配式复杂生产可以是大量生产、成批生产或是单件生产。

第二节　企业生产特点和管理要求对成本计算方法的影响

一、企业生产特点对成本计算方法的影响

企业生产特点对产品成本计算方法的影响，主要表现在三个方面，即成本计算对象、成本计算期、生产费用在完工产品和在产品之间的分配问题。这三个方面的有机结合，决定了特定成本计算方法的主要特点。

1. 成本计算对象

成本计算对象是指企业为了计算产品成本而确定的分配和归集生产费用的各个对象，即成本费用的承担者。企业在进行成本计算时，首先应确定成本计算对象，按照确定的成本计算对象设置本生产成本明细账，据以分配和归集每一成本计算对象所发生的费用。

成本计算对象应根据生产的特点来确定，如在大量大批简单生产的企业里，一般产量较大，生产过程不能间断。所以，它是以产品品种作为成本计算对象的；在大量大批复杂生产的企业里，由于其生产过程是可以间断的，因而，不仅可以计算出每种产品的成本，而且还可以计算出各个步骤半成品的成本。所以，它的成本计算对象就是每种产品和它所经过的生产步骤的成本；在单件小批生产的企业里，它一般是按客户的订单或批别来组织生产的，在进行成本计算时，要求计算每一订单产品或每批产品的成本。上面我们所说的按每种产品、产品生产经过的生产步骤、每一订单或每批产品，就是归集生产费用计算产品成本的承担者，也就是成本计算对象。

当然，成本计算对象的确定，除了要考虑企业的生产特点外，还应考虑成本管理的要求。

2. 成本计算期

成本计算期是指每次计算产品成本的期间。计算产品成本的期间并不完全与产品的生产周期或会计结算期一致。有时，产品成本计算期与会计结算期相一致，有时并不一致，而与产品的生产周期一致。影响成本计算期的主要因素是企业的生产特点。在大量大批生产的企业里，在月内一般都有大量的完工产品，产品的生产周期较短，由于随时有完工产品，因此不能在产品完工的同时，就计算它的成本，而是定期地在月末进行计算。这时，产品的成本计算期与会计结算期一致，而与产品的生产周期不一致；在单件小批生产的企业里，当每一订单产品或每批产品未完工时，全部是在产品的成本，只有产品全部完工时，才能计算完工产品的成本，故其成本计算期是不固定的，与产品的生产周期一致，但与会计结算期不一致。需要指出的是成本计算期与会计结算期并不能相提并论，尽管在单件小批生产的企业里要在产品完工时才计算完工产品的成本，但企业与成本计算有关的经济业务，如费用的分配与归集都应按月进行，并按月结账，据以考核企业内部各单位产品成本的发生情况。同时，也可积累资料，待产品完工时，便于及时进行成本计算。

3. 生产费用在完工产品和在产品之间的分配

企业在生产过程中所发生的各项费用，经过日常费用的分配归集和各部门月末费用的分配结转核算，对于应计入产品成本的各项费用，都已按成本计算对象直接或间接地归集

到了"生产成本——基本生产成本"所属各个明细账中。若该种产品期末在产品数量很少或没有在产品，则归集在"生产成本——基本生产成本"明细账中的所有的生产费用，就是完工产品的总成本。用总成本除以产量，就是单位产品成本。若该种单位产品期末在产品数量很多，费用额也较大，这时，就应将归集在"生产成本——基本生产成本"明细账中的费用采用一定的方法在完工产品和在产品之间进行分配。在进行分配时，所要分的费用，是月初在产品成本加上本月发生的费用之和，在完工产品和在产品之间进行分配。其计算公式如下：

月初在产品成本＋本月发生的费用＝完工产品成本＋月末在产品成本

下面就不同生产特点的企业里成本计算对象、成本计算期以及是否需要计算在产品成本等方面的特点，分别分析企业应采用的成本计算方法进行成本计算。

第一，大量大批简单生产的企业。在简单生产的企业里，由于其生产工艺流程的不可间断，没有必要或不可能分生产步骤来计算产品成本，只能按每种产品的品种作为成本计算对象，计算每种产品的成本。简单生产的企业，从其生产组织的特点来看，一般大多属于大量生产，分不出批别来，经常有许多完工产品，因而，不能在产品完工时就计算它的成本只能以会计报告期作为成本计算期，定期在月末进行计算。这样，其产品的生产周期与成本计算期就不一致。简单生产的企业月末一般没有在产品或在产品数量很少，占用的在产品成本一般也较小或相对稳定，因而一般不需要将生产费用在完工产品和在产品之间进行分配，本月发生的生产费用就是完工产品成本。

第二，大量大批复杂生产的企业。在大量大批复杂生产的企业，由于其生产工艺流程是由若干可以间断的、分散在不同地点进行的生产步骤所组成，因此，它不仅要计算出最终产品的成本，而且还要计算产品所经过的各加工步骤的成本。在大量大批多步骤生产的企业里，经常有大量的完工产品，不能于产品完工时就计算其成本，只能定期在月末计算。成本计算期与会计结算期相一致，而与产品的生产周期不一致。在这种类型生产的企业里，月末在产品数量很多，占用的成本额也很大。因此，应采用适当的成本计算方法，将生产费用在完工产品和期末在产品之间进行分配。

第三，单件小批复杂生产的企业。在单件小批复杂生产的企业里，产品生产是按订单或批别组织，这一特点就要求计算每一订单或每批产品的成本。因此，它的成本计算对象就是每批一品（或每一订单），在单件小批复杂生产的企业里，一批（或一件）产品往往同时投产又同时完工，在该批产品完工时，就应计算它的完工产品成本。未完工时，全部都是在产品。它的成本计算期是不定期的，与产品的生产周期相一致。所以一般不需要将生产费用在完工产品和月末在产品之间进行分配。

二、成本管理要求对成本计算方法的影响

成本管理要求主要是对大量大批复杂生产企业的成本计算方法有影响。在大量大批复杂生产的企业里，一般以每种产品及其所经过的加工步骤作为成本计算对象，采用分步法来计算产品成本。但是，如果企业规模较小，成本管理上不要求计算产品所经过加工步骤的成本，只要求计算出每种产品的成本，这时，可采用品种法计算产品成本。因此，企业选择什么成本计算方法，除了要考虑生产特点外，还要考虑成本管理的要求。

第三节　成本计算方法

一、成本计算基本方法

为了适应各种类型生产的特点和管理要求，在产品成本计算工作中有着三种不同的产品成本计算对象，由此形成三种成本计算基本方法。

（1）以产品的品种作为成本计算对象的成本计算方法，称为品种法。品种法应用于一些简单生产企业时，由于不需计算在产品成本，从而成本计算方法比较简单，所以又称简单法。但是，这并不意味着采用品种法的企业一律不计算在产品成本。当这些企业生产的产品，在产品数量较多而且变化较大时，就需要将生产费用在完工产品和在产品之间进行分配。在这种类型企业采用的品种法又称为典型品种法。

（2）以产品和其所经过的生产步骤作为成本计算对象的成本计算方法，称为分步法。

（3）以产品的批别作为成本计算对象的成本计算方法，称为分批法。

三种基本成本计算方法的特点见表 6-1。

表 6-1　基本成本计算方法的特点

成本计算方法	成本计算对象	成本计算期	生产费用在完工产品和在产品之间的分配问题
品种法	每种产品	定期于月末计算	一般不需要分配，大量大批复杂生产企业采用该法时需要进行分配
分步法	每种产品及所经过加工步骤成本	定期于月末计算	需要进行分配
分批法	每批产品	不定期计算	一般不需要分配

二、成本计算辅助方法

在实际工作中，有一些企业生产的产品品种、规格繁多，如果按照上述三种基本成本计算方法确定的成本计算对象来归集生产费用，计算产品成本，则成本计算工作量过大，如电子元件厂、针织厂、制鞋厂、食品厂等。为简化成本计算工作，实际工作中还采用分类法进行成本计算。分类法不是一种独立的成本计算方法，在进行成本计算时，必须结合使用三种基本成本计算方法当中的一种进行。因此，分类法是一种辅助成本计算方法，必须与成本计算的各种基本方法结合使用。

三、各种产品成本计算方法的实际运用

在实际工作中，在同一个企业里或同一个车间里，由于其生产的特点和管理的要求并不完全相同，这样，就有可能在同一个企业或同一个车间里同时采用几种成本计算方法进行成本计算；有时在生产一种产品时，在该产品的各个生产步骤以及各种半成品、各成本项目之间的结转，其生产的特点和管理的要求也不一样，这样，在生产同一种产品时，就

有可能同时采用几种成本计算方法来计算产品的成本。

1. 同时使用几种成本计算方法计算成本

由于企业内生产的产品种类很多，生产车间也很多，这样，就有可能产生几种成本计算方法同时使用的情况。

有的企业不只生产一种产品，这些产品的特点不同，其生产类型也可能不一样，应采用不同的成本计算方法计算产品成本。例如，在重型机械厂，一般采用分批法计算产品成本。但如果其有传统产品，产品已经定型，属于大量生产，也可采用品种法或分步法计算产品成本。

在企业里，一般都设有基本生产车间和辅助生产车间，基本生产车间和辅助生产车间生产的特点和管理的要求是不一样的，应采用不同的成本计算方法进行计算。例如，在钢铁企业里，其基本生产车间是炼铁、炼钢车间和轧钢车间，属于大量大批复杂生产，根据其生产的特点和管理的要求，可采用分步法计算产品成本。但企业内部的供电、修理、供汽等辅助生产车间，则属于大量大批简单生产类型的生产，根据其特点，应采用品种法计算成本。

一个企业可采用不同的成本计算方法计算成本，我们所说某类型的企业采用什么成本计算方法，主要是就其基本生产车间而言的，并不是表明该企业就采用一种方法计算成本，而可以是多种成本计算方法同时使用。

2. 结合使用几种成本计算方法计算成本

由于企业生产产品的特点不同，所经过生产步骤的管理要求不同，所采用的成本计算方法也不一样，可同时结合使用几种成本计算方法。例如，在小型机械厂，一般应采用分批法计算产品成本，但由于企业设置有不同的生产车间，如铸造、加工、装配等，因而应采用不同的成本计算方法。铸造车间应采用品种法计算铸铁件的成本，加工车间、装配车间应采用分批法计算成本，而铸造车间将其铸铁件转入加工和装配车间时，则应采用分步法进行结转。这样，在一个企业里，就结合使用了品种法、分步法和分批法等成本计算方法。

在一个企业里，所采用的成本计算方法并不是一成不变的，随着生产的发展和企业管理水平的提高，企业生产类型可能变动，由过去的单件生产转化为大量大批生产或由过去的简单生产变为复杂生产，以及成本管理要求提供更多的成本资料，这就要求对原有的成本计算方法进行调整，以适应新形势的要求。

第七章

产品成本计算方法

■ 第一节 产品成本计算品种法

一、品种法的概念

品种法是以产品品种作为成本计算对象来归集费用，计算产品成本的一种方法。品种法一般适用于大量大批单步骤生产类型的企业，如发电、采掘等企业。在这种类型的企业中，由于产品生产的工艺过程不能间断，没有必要，也不可能划分生产步骤计算产品成本，只能以产品品种作为成本计算对象。对于大量大批多步骤生产类型的企业或车间，如果生产规模较小，或者按流水线组织生产，或者从原材料投入产品产出的全过程是集中封闭式生产，管理上不要求按照生产步骤计算产品成本，也可以采用品种法计算成本，如砖瓦厂、造纸厂和小型水泥厂等。

品种法因其应用在不同企业，可以分为简单品种法和典型品种法。应用于大量大批单步骤生产类型企业的品种法，由于产品品种单一，通常没有或极少有在产品存在，成本计算程序相对来说比较简单，故此类企业采用的品种法可称为简单品种法。对于一些企业内部辅助生产车间的成本计算，如供水、供电、供气等单步骤大量生产的劳务成本的计算通常也可以采用简单品种法。用于不要求按照生产步骤计算成本的某些小型多步骤生产企业的品种法，其成本计算要复杂一些，要按不同产品品种设置产品成本计算单，还需计算每种产品的完工产品成本和月末在产品成本，它有别于简单品种法的成本计算程序，但又是多数企业普遍采用的成本计算方法，因而，可称其为典型品种法。

按照产品品种计算成本，是产品成本计算最一般、最起码的要求，不论什么组织方式的制造企业，不论什么生产类型的产品，也不论成本管理要求如何，最终都必须按照产品品种计算出产品成本。因此，品种法是最基本的成本计算方法。

二、品种法的特点

1. 以产品品种作为成本计算对象

品种法的成本计算对象是每种产品，因此，在进行成本计算时，需要为每一品种产品设置成本明细账。如果企业只生产一种产品，成本计算对象就是该种产品，只需为该种产品设置一张成本明细账，成本明细账中按费用内容设置专栏，生产中所发生的生产费用都是直接费用，可以直接根据有关凭证和费用分配表，按费用内容全部计入该种产品的成本明细账中。如果企业生产多种产品，成本计算对象则是每种产品，需要按每种产品分别设置成本明细账，成本明细账中按成本项目设置专栏。生产中发生的生产费用，要区分为直接费用和间接费用。凡能分清应由某种产品负担的专设成本项目的直接费用，应直接计入该种产品的成本明细账中。对于几种产品共同耗用而又分不清应由哪种产品负担多少数额的间接费用，应归集汇总为制造费用后，再经过分配计入各种产品成本明细账中的制造费用成本项目中。

2. 按月定期计算产品成本

采用品种法计算产品成本的生产企业，从其生产过程看，有的是单步骤生产，有的是多步骤生产，但从生产组织方式上看，大多是大量大批生产，是连续不断地重复着某种或几种产品的生产，经常有很多完工产品，不能等到产品全部制造完工时再计算成本，而只能定期在月末计算成本。

3. 月末在产品成本的计算

月末计算在产品成本时，如果没有在产品，或者在产品数量很少，占有生产费用数额不大，按照重要性原则，就不需要计算在产品成本，该种产品成本明细账中所归集的全部生产费用，就是该产品的完工产品总成本，除以该产品的产量，即可求得该产成品的单位成本；如果月末有在产品，而且数量较多，占用的费用也较大，就需要将成本明细账上所归集的生产费用（包括月初在产品成本和本月发生的费用），采用适当的分配方法，在完工产品和月末在产品之间进行分配，以便计算出完工产品成本和月末在产品成本。

三、品种法的成本计算程序

成本计算程序是指对产品生产过程中所发生的各项费用，按照财务会计制度的规定，进行审核、分配和归集，计算完工产品成本和月末在产品成本的过程。

（一）简单品种法的成本计算程序

（1）只设置"生产成本"账户。在设置"生产成本"总账科目的同时设置"生产成本"明细账，明细账中按费用内容（或性质）设置专栏。对生产过程中发生的各项费用进行审核归集编制各种要素费用分配表，进行账务处理，据以登记"生产成本"明细账。

借：生产成本——××费用
　　贷：原材料/燃料/应付职工薪酬等

（2）月末一般不存在在产品，所以，归集在"生产成本"明细账中的费用全部为完工产品的成本，直接结转完工成本。如果产品已直接对外销售，则其成本直接转入"主营业务成本"账户；如果已入库，则其成本直接转入"库存商品"账户。

借：主营业务成本
　　库存商品
　　贷：生产成本

[例 7-1]　贵州鸭溪发电厂设有燃料、锅炉、汽机和电机四个基本生产车间，另外还设有一个修理辅助生产车间和若干个管理科室。

该电厂以煤为燃料进行火力发电，其工艺特点主要表现为：通过燃料煤燃烧对锅炉中的水进行加热，形成高温高压的蒸汽，推动汽轮机快速旋转，借以带动发电机转动，从而产生电力。由于整个工艺流程不能间断，又只生产电力一种产品，所以只能选择简单品法进行成本核算。

该厂为进行成本核算，设置了"生产成本"总账科目，并以费用内容为专栏设置了"生产成本"明细账。具体费用内容包括"燃料费"、"生产用水费"、"材料费"、"工资费用"、"折旧费"、"修理费"、"其他费用"等。2013 年 5 月成本核算过程如下。

（1）5 月 15 日用存款支付修理辅助生产车间为各车间设备进行修理耗用外购原料费40 000 元，增值税 6 800 元。编制分录如下：

银付字 1 号：借：生产成本——修理费用　　　　　　　　　　　40 000
　　　　　　　　　应交税费用——增值税（进项税）　　　　　　6 800
　　　　　　　　　　贷：银行存款　　　　　　　　　　　　　　　　　　46 800

（2）5 月 28 日用存款支付本月应付水费 28 600 元，其中生产用水费 27 000 元，各车间公共用水费 1 600 元；增值税 4 862 元。编制分录如下：

银付字 2 号：借：生产成本——生产用水费　　　　　　　　　　27 000
　　　　　　　　　　　　　　——其他费用　　　　　　　　　　　1 600
　　　　　　　　　应交税费用——增值税（进项税）　　　　　　4 862
　　　　　　　　　　贷：银行存款　　　　　　　　　　　　　　　　　　33 462

（3）5 月 30 日根据燃料车间提供的燃料耗用统计表，编制"燃料费用分配表"见表7-1。

表 7-1　燃料费用分配表
2013 年 5 月

燃料名称	数量/吨	单价/(元/吨)	金额/元
织金原煤	1 200	300	360 000
水矿原煤	1 000	280	280 000
合计	1 400	—	640 000

根据表 7-1"燃料费用分配表"编制分录如下：

转字 1 号：借：生产成本——燃料费　　　　　　　　　　　　　640 000
　　　　　　　　　贷：燃料——织金原煤　　　　　　　　　　　　　　　360 000
　　　　　　　　　　　　——水矿原煤　　　　　　　　　　　　　　　280 000

（4）5 月 30 日根据不同生产车间各种用途的领料凭证（或领料凭证汇总表），编制"材料费用分配表"见表 7-2。

表 7-2 材料费用分配表

2013 年 5 月

车间	材料名称	数量/千克	单价/(元/千克)	金额/元
燃料车间	A 材料	300	60	18 000
锅炉车间	B 材料	100	30	3 000
汽机车间	C 材料	220	50	11 000
电机车间	D 材料	80	35	2 800
修理车间	E 材料	270	20	5 400
合计	—	—	—	40 200

根据表 7-2 "材料费用分配表" 编制分录如下：

转字 2 号：借：生产成本——材料费　　　　　　　　　　　　　　　40 200

　　　　　　　贷：原材料——A 材料　　　　　　　　　　　　　　　　18 000

　　　　　　　　　　——B 材料　　　　　　　　　　　　　　　　3 000

　　　　　　　　　　——C 材料　　　　　　　　　　　　　　　　11 000

　　　　　　　　　　——D 材料　　　　　　　　　　　　　　　　2 800

　　　　　　　　　　——E 材料　　　　　　　　　　　　　　　　5 400

（5）5 月 30 日根据各生产车间工资结算凭证汇总表，编制 "职工薪酬费用分配表" 见表 7-3。

表 7-3 职工薪酬费用分配表

2013 年 5 月　　　　　　　　　　　　　　　　单位：元

车间	工资	职工福利	合计
燃料车间	20 000	2 800	22 800
锅炉车间	15 000	2 100	17 100
汽机车间	18 000	2 520	20 520
电机车间	10 000	1 400	11 400
修理车间	8 000	1 120	9 120
合计	71 000	9 940	80 940

根据表 7-3 "职工薪酬费用分配表" 编制分录如下：

转字 3 号：借：生产成本——工资费用　　　　　　　　　　　　　　80 940

　　　　　　　贷：应付职工薪酬——工资　　　　　　　　　　　　　71 000

　　　　　　　　　　　　——职工福利　　　　　　　　　　　　9 940

（6）5 月 30 日根据各生产车间固定资产编制 "固定资产折旧费用表" 见表 7-4。

表 7-4 固定资产折旧费用表

2013 年 5 月 单位：元

车间	上月折旧额	上月增加折旧额	上月减少折旧额	合计
燃料车间	20 000	2 520	2 800	19 720
锅炉车间	15 000	2 100		17 100
汽机车间	18 000			18 000
电机车间	10 000	1 400		11 400
修理车间	8 000		1 120	6 880
合计	71 000	6 020	3 920	73 100

根据表 7-4"固定资产折旧费用表"编制分录如下：

转字 4 号：借：生产成本——折旧费 73 100

贷：累计折旧 73 100

（7）5 月 31 日根据日常费用分配归集，登记"生产成本"明细账见表 7-6，并根据电机车间产量统计表见表 7-5，编制成本计算单见表 7-7。

表 7-5 产量统计表

2013 年 5 月 单位：千度

项目	自用量（管理用）	外销量	发电总量
数量	300	4 700	5 000

表 7-6 生产成本明细账

单位：贵州鸭溪发电厂 单位：元

2013 年 月	日	凭证 字	号	摘要	工资费用	燃料费	材料费	生产用水费	折旧费	修理费	其他支出	小计
5	15	银付	1	支付修理费用						40 000		40 000
5	28	银付	2	支付水费				27 000			1 600	28 600
5	30	转	1	分配燃料费用		640 000						640 000
5	30	转	2	分配材料费用			40 200					40 200
5	30	转	3	分配工资费用	80 940							80 940
5	30	转	4	计提折旧费用					73 100			73 100
				月计	80 940	640 000	40 200	27 000	73 100	40 000	1 600	902 840
5	30	转	5	本月转出*	80 940	640 000	40 200	27 000	73 100	40 000	1 600	902 840

* 此栏数据为红字

表 7-7　成本计算单

单位：贵州鸭溪发电厂　　　　　　　　　　　　　　　　　　　　　　　　单位：元

摘　要	工资费用	燃料费	材料费	生产用水费	折旧费	修理费	其他支出	小计
总成本	80 940	640 000	40 200	27 000	73 100	40 000	1 600	902 840
产量/千度								5 000
其中：自用								300
外销								4 700
单位成本	16.19	128	8.04	5.4	14.62	8	0.32	180.57
管理费用								54 171
销售成本								848 669

根据表 7-7 "成本计算单"编制分录如下：

转字 5 号：借：管理费用　　　　　　　　　　　　　　　　54 171

　　　　　　　主营业务成本　　　　　　　　　　　　　848 669

　　　　　贷：生产成本　　　　　　　　　　　　　　　　　　　　902 840

（二）典型品种法的成本计算程序

（1）根据产品的品种设置"生产成本——基本生产成本"明细账。按产品品种设置的成本明细账是归集生产产品所发生的生产费用，计算其产品成本的最基础的明细账。在成本明细账中应按成本项目设置专栏，通常包括："直接材料"、"直接工资"、"燃料及动力"和"制造费用"等成本项目。上月末没有制造完成的在产品成本，即为本月成本明细账中的月初在产品成本。

对生产过程中发生的各项费用进行审核、分配和归集，编制各种要素费用分配表，据以登记"基本生产成本"明细账、"辅助生产成本"明细账、"制造费用"明细账等。对于生产中发生的为某种产品生产直接耗用的并专设了成本项目的费用，可以根据原始凭证和各项费用分配表等有关资料直接计入该产品"基本生产成本"明细账中的相关成本项目；对于为几种产品共同耗用的并专设了成本项目的费用，应按一定标准在各种产品间分配后，分别计入各产品"基本生产成本"明细账中的相关成本项目；发生的其他间接费用，应先按其发生地点进行归集在该车间的"制造费用"明细账中。其账务处理如下：

借：生产成本——基本生产成本——×种产品（基本生产车间生产产品耗用并专设成
　　本项目的费用）

　　生产成本——辅助生产成本——×车间（辅助生产车间耗用的费用）

　　制造费用（生产产品所耗用，但没有专设成本项目的费用和生产车间一般耗用的
　　间接费用）

　　管理费用（企业行政管理部门耗用的费用）

　　销售费用（企业销售部门耗用的费用）

　　财务费用（利息、结算手续等费用）

贷：原材料/应付职工薪酬等资产或负债账户

（2）月末将归集在"生产成本——辅助生产成本"明细账的全部费用，按照各种产品和各单位受益的辅助生产产品或劳务的数量，选择适当的方法，编制"辅助生产费用分配表"，分配结转辅助生产费用，并登记到受益产品的"基本生产成本"明细账和受益单位的费用明细账中。其账务处理如下：

借：生产成本——基本生产成本——×种产品

　　××账户　　（其他受益单位）

　贷：生产成本——辅助生产成本——×车间

（3）月末将归集在基本生产车间"制造费用"明细账的费用，采用一定的方法，在本车间生产的各种产品之间进行分配，编制"制造费用分配表"，分配结转制造费用，并据以登记"基本生产成本"明细账。其账务处理如下：

借：生产成本——基本生产成本——×种产品

　贷：制造费用

（4）经过上述程序，对于应计入产品成本的各项费用，都已按产品品种直接或间接地归集到了"生产成本——基本生产成本"明细账中。编制成本计算单计算结转完工产品成本。如果月初、月末均没有在产品，则本月发生的全部生产费用即为本月完工产品的总成本；如果月末有在产品，而且数量较大，则应将"生产成本——基本生产成本"明细账中归集的生产费用，按照一定的方法在完工产品和月末在产品之间进行分配，计算出完工产品成本和月末在产品成本。结转完工产品成本账务处理如下：

借：库存商品——×种产品

　贷：生产成本——基本生产成本——×种产品

[例7-2]　黔元有限责任公司于2013年1月建成正式投产。该公司建有一个基本生产车间和供电、机修两个辅助生产车间，基本生产车间生产甲、乙两种产品，供电辅助生产车间向公司供电、机修辅助生产车间提供一种修理劳务。2013年1月份投产：甲产品600件，月末全部完工；乙产品800件，完工产品200件，月末在产品600件，完工程度50%。甲、乙两种产品材料均在生产开始时一次投入。甲、乙两种产品单位定额工时分别为6工时/件、5工时/件。供电辅助生产车间向公司供电50 000度，其中，机修辅助生产车间耗用10 000度、基本生产车间生产产品耗用30 000度、基本生产车间照明用3 000度、行政管理部门耗用7 000度。机修辅助生产车间提供劳务500工时，其中，生产车间：300工时、行政部门200工时。辅助生产的制造费用不通过"制造费用"科目核算。

黔元有限责任公司按典型品种法计算成本。直接材料费采用投产量比例分配，其他费用采用定额工时比例分配，辅助生产费用采用顺序分配法分配，费用在完工产品与月末在产品之间采用约当产量法分配。

2013年1月份发生有关经济业务如下：

（1）1月30日汇总本月耗用A材料17 090元，其中直接用于甲、乙产品生产共用11 200元，用作基本生产车间机物料1 210元；机修辅助生产车间用2 700元，供电辅助生产车间耗用930元；用于企业行政管理部门1 050元。按投产量比例分配材料费用编制"材料费用分配表"见表7-8。

以表7-8"材料费用分配表"为依据作如下会计分录：

转字第1号：

借：生产成本——基本生产成本——甲产品　　　　　　　　　　4 800

　　　　　　　　　　　　　　——乙产品　　　　　　　　　　6 400

　　　　——辅助生产成本——机修车间　　　　　　　　　　2 700

　　　　　　　　　　　　　——供电车间　　　　　　　　　　930

　　制造费用——生产车间　　　　　　　　　　　　　　　　1 210

　　管理费用　　　　　　　　　　　　　　　　　　　　　　1 050

贷：原材料——A 材料　　　　　　　　　　　　　　　　　　　　17 090

表 7-8　材料费用分配表

2013 年 1 月　　　　　　　　　　　　　　　　　　单位：元

分配归集对象	直接计入	分配计入			材料实际成本合计
		产量/件	分配率	分配金额	
甲产品		600		4 800	4 800
乙产品		800		6 400	6 400
小计		1 400	8	11 200	11 200
供电车间	930				930
机修车间	2 700				2 700
基本生产车间一般用	1 210				1 210
行政管理用	1 050				1 050
合计	5 890			11 200	17 090

（2）1 月 30 日发生工资费用 78 000 元。其中基本生产车间生产工人工资 34 000 元，基本生产车间管理人员工资 13 000 元；机修辅助生产车间人员工资 11 000 元，供电辅助生产车间人员工资 5 000 元，企业行政管理人员工资 15 000 元。按定额工时比例分配工资费用，编制"职工薪酬费用分配表"见表 7-9。

表 7-9　职工薪酬费用分配表

2013 年 1 月　　　　　　　　　　　　　　　　　　单位：元

分配归集对象	直接计入	分配计入			工资费用合计
		定额工时	分配率	分配金额	
甲产品		3 600		20 052	20 052
乙产品		2 500		13 948	13 948
小计		6 100	5.57	34 000	34 000
机修车间	11 000				11 000
供电车间	5 000				5 000
基本生产车间一般用	13 000				13 000
行政管理用	15 000				15 000
合计	44 000			34 000	78 000

以表 7-9 "职工薪酬费用分配表" 为依据作如下会计分录：

转字第 2 号：

借：生产成本——基本生产成本——甲产品	20 052
——乙产品	13 948
——辅助生产成本——机修车间	11 000
——供电车间	5 000
制造费用——生产车间	13 000
管理费用	15 000
贷：应付职工薪酬	78 000

（3）1 月 30 日计提固定资产折旧费 6 430 元。其中基本生产车间 2 740 元。机修辅助生产车间 930 元，供电辅助生产车间 600 元，行政管理部门 2 160 元。作如下会计分录：

转字第 3 号：

借：生产成本——辅助生产成本——机修车间	930
——供电车间	600
制造费用——生产车间	2 740
管理费用	2 160
贷：累计折旧	6 430

（4）1 月 30 日用银行存款支付其他费用 5 900 元。其中基本生产车间 2 600 元，机修辅助生产车间 1 000 元，供电辅助生产车间 400 元，行政管理部门 1 900 元。作如下会计分录：

银付字第 1 号：

借：生产成本——辅助生产成本——机修车间	1000
——供电车间	400
制造费用——生产车间	2 600
管理费用	1 900
贷：银行存款	5 900

（5）供电辅助生产车间统一支付全公司电费 20 000 元，增值税 3 400 元。作如下会计分录：

银付字第 2 号：

借：生产成本——辅助生产成本——供电车间	20 000
应交税费用——增值税（进项税）	3 400
贷：银行存款	23 400

（6）1 月 31 日，登记 "辅助生产成本" 明细账见表 7-10、表 7-11。按顺序法分配辅助生产费用，编制 "辅助生产费用分配表" 见表 7-12。

由于供电辅助生产车间没有耗用机修辅助生产车间的劳务，受益较少；而机修辅助生产车间耗用了供电辅助生产车间的电，受益较多。按照受益较少的排列在前，受益较多的排列在后的排列原则，供电辅助生产车间排列在前，机修辅助生产车间排列在后。

表 7-10　辅助生产成本明细账

车间：机修车间　　　　　　　　　　　　　　　　　　　　　　　　单位：元

2013 年		凭证		摘要	（借）方				
月	日	字	号		材料费	人工费	折旧费	其他费用	合计
1	30	转	1	分配材料费	2 700				2 700
1	30	转	2	分配工资费用		11 000			11 000
1	30	转	3	计提折旧费			930		930
1	30	银付	1	支付其他费用				1 000	1 000
				费用合计	2 700	11 000	930	1 000	15 630
1	31	转	4	结转辅助费用*	2 700	11 000	930	1 000	15 630

* 此栏数据为红字

表 7-11　辅助生产成本明细账

车间：供电车间　　　　　　　　　　　　　　　　　　　　　　　　单位：元

2013 年		凭证		摘要	（借）方				
月	日	字	号		材料费	人工费	折旧费	其他费用	合计
1	30	转	1	分配材料费	930				930
1	30	转	2	分配工资费用		5 000			5 000
1	30	转	3	计提折旧费			600		600
1	30	银付	1	支付其他费用				400	400
1	30	银付	2	支付全公司电费				20 000	20 000
				费用合计	930	5 000	600	20 400	26 930
1	31	转	4	结转辅助费用*	930	5 000	600	20 400	26 930

* 此栏数据为红字

表 7-12　辅助生产费用分配表（顺序分配法）

2013 年 1 月　　　　　　　　　　　　　　　　　　　　　　　　单位：元

项目		待分配	供电分配	机修费用合计	机修分配	合计
供电车间	数量	50 000	−50 000			
	待分配费用	26 930	−26 930			
	分配率		0.538 6			
机修车间	数量	500	10 000	500	−500	
	待分配费用	15 630	5 386	21 016	−21 016	
	分配率				42.032	
产品生产	数量	30 000				—
	金额	16 158				16 158
基本生产车间一般耗用	数量	3 000			300	—
	金额	1 615.8			12 609.6	14 225.4
行政耗用	数量	7 000			200	—
	金额	3 770.2			8 406.4	12 176.6
合计		42 560	0		0	42 560

基本生产车间生产产品共同耗用的电费,采用定额工时比例分配编制"电费分配表"见表 7-13。

表 7-13 电费分配表

车间:基本生产车间　　　　　　　　2013 年 1 月　　　　　　　　单位:元

产品品种	定额工时	分配率	电费分配额
甲产品	3 600		9 536.04
乙产品	2 500		6 621.96
合计	6 100	2.648 9	16 158

根据表 7-12 辅助生产费用分配表和表 7-13 电费分配表,应作如下账务处理:

转字第 4 号:

借:生产成本——基本生产成本——甲产品　　　　　　　　9 536.04
　　　　　　　　　　　　　——乙产品　　　　　　　　6 621.96
　　　　——辅助生产成本——机修车间　　　　　　　　5 386
　　制造费用——生产车间　　　　　　　　14 225.4
　　管理费用　　　　　　　　12 176.6
　　贷:生产成本——辅助生产成本——机修车间　　　　　　　　21 016
　　　　　　　　　　　　——供电车间　　　　　　　　26 930

(7)1 月 31 日,登记"制造费用"明细账见表 7-14。采用定额工时比例分配编制"制造费用分配表"见表 7-15。

表 7-14 制造费用明细账

车间:基本生产车间　　　　　　　　　　　　　　　　单位:元

2013 年 月	日	凭证 字	号	摘要	(借)方 材料费	人工费	折旧费	其他费用	合计
1	30	转	1	分配材料费	1 210				1 210
1	30	转	2	分配工资费用		13 000			13 000
1	30	转	3	计提折旧费			2 740		2 740
1	30	银付	1	支付其他费用				2 600	2 600
1	31	转	4	分配辅助费用				14 225.4	14 225.4
				费用合计	1 210	13 000	2 740	16 825.4	33 775.4
1	31	转	5	结转制造费用*	1 210	13 000	2 740	16 825.4	33 775.4

* 此栏数据为红字

表 7-15　制造费用分配表

车间：基本生产车间　　　　　　　　　　2013 年 1 月　　　　　　　　　　单位：元

产品品种	定额工时	分配率	制造费用分配额
甲产品	3 600		19 933.2
乙产品	2 500		13 842.2
合计	6 100	5.537	33 775.4

根据表 7-15 "制造费用分配表"，应作如下账务处理：

转字第 5 号：

借：生产成本——基本生产成本——甲产品　　　　　　　　　　19 933.2

　　　　　　　　　　　　　　——乙产品　　　　　　　　　　13 842.2

　　贷：制造费用　　　　　　　　　　　　　　　　　　　　　33 775.4

（8）1 月 31 日，登记"基本生产成本"明细账见表 7-16、表 7-17。按约当产量比例法计算结转完工产品成本，编制产品成本计算单见表 7-18、表 7-19。

表 7-16　基本生产成本明细账

品种：甲产品　　　　　　　　　　　　　　　　　　　　　　单位：元

2013 年		凭证		摘要	（借）方				
月	日	字	号		直接材料	直接人工	燃料及动力	制造费用	合计
1	30	转	1	分配材料费	4 800				4 800
1	30	转	2	分配工资费用		20 052			20 052
1	31	转	4	分配辅助费用			9 536.04		9 536.04
1	31	转	5	分配制造费用				19 933.2	19 933.2
				费用合计	4 800	20 052	9 536.04	19 933.2	54 321.24
1	31	转	6	结转完工成本*	4 800	20 052	9 536.04	19 933.2	54 321.24

*此栏数据为红字

表 7-17　基本生产成本明细账

品种：乙产品　　　　　　　　　　　　　　　　　　　　　　单位：元

2013 年		凭证		摘要	（借）方				
月	日	字	号		直接材料	直接人工	燃料及动力	制造费用	合计
1	30	转	1	分配材料费	6 400				6 400
1	30	转	2	分配工资费用		13 948			13 948
1	31	转	4	分配辅助费用			6 621.96		6 621.96
1	31	转	5	分配制造费用				13 842.2	13 842.2
				费用合计	6 400	13 948	6 621.96	13 842.2	40 812.16
1	31	转	6	结转完工成本*	1 600	5 580	2 648	5 536	15 364
				月末在产品成本	4 800	8 368	3 973.96	8 306.2	25 448.16

*此栏数据为红字

表 7-18 产品成本计算单

产品名称：甲产品　　　　　2013 年 1 月　　　　　完工数量：600 件　单位：元

摘 要	直接材料	燃料及动力	直接工资	制造费用	合 计
月初在产品成本					
本月发生额	4 800	20 052	9 536.04	19 933.2	54 321.24
合 计	4 800	20 052	9 536.04	19 933.2	54 321.24
完工产品成本	4 800	20 052	9 536.04	19 933.2	54 321.24
单位产品成本	8.00	33.42	15.88	33.22	90.54

表 7-19 产品成本计算单

产品名称：乙产品　　　　　2013 年 1 月　　　　　完工数量：200 件　单位：元

	摘 要	直接材料	燃料及动力	直接工资	制造费用	合 计
	月初在产品成本					
	本月发生额	6 400	13 948	6 621.96	13 842.2	40 812.16
	合 计	6 400	13 948	6 621.96	13 842.2	40 812.16
分配标准	完工产品数量	200	200	200	200	—
	在产品约当量	600	300	300	300	
	合 计	800	500	500	500	
	分配率	8	27.9	13.24	27.68	76.82
	完工产品成本	1 600	5 580	2 648	5 536	15 364
	月末在产品成本	4 800	8 368	3 973.96	8 306.2	25 448.16

根据表 7-18、表 7-19"产品成本计算单"，结转完工产品成本，应作如下账务处理：

转字第 6 号：

借：库存商品——甲产品　　　　　　　　　　　　　　　54 321.24

　　　　　　——乙产品　　　　　　　　　　　　　　　15 364

　　贷：生产成本——基本生产成本——甲产品　　　　　　54 321.24

　　　　　　　　　　　　　　　　——乙产品　　　　　　15 364

第二节　产品成本计算分批法

一、分批法的概念

分批法亦称订单法，它是以产品的批别（或订单）为成本计算对象，来归集费用计算产品成本的一种方法。分批法一般适用于单件小批生产类型的企业，如船舶制造、重型机械制造，以及精密仪器、专用设备生产企业，对于新产品的试制、工业性修理作业和辅助生产的工具模具制造等也可以采用分批法计算成本。

在单件小批生产类型企业中，产品的生产一般是根据用户的订单组织的，生产何种产品、每批产品的批量大小以及完工时间，通常要根据需用单位的订单加以确定，但同时也要考虑订单的具体情况，并结合企业的生产负荷程度合理组织产品生产的批次及批量。如果一张订单中要求生产多种产品，为了考核和分析各种产品成本计划的执行情况，便于加强生产管理，企业应将这一订单按产品品种加以划分，设置多个批别的成本计算对象。如果一张订单上只要求生产一种产品，但数量较多，超过企业生产负荷能力，不便于集中一次投料，或企业难以满足用户分批交货的要求，就可以划分多个批别，分别组织生产；如果在同一时期内，接到的几张订单要求生产同一种产品，为了经济合理地组织生产，也可以将几张订单合为一批进行生产；对于大型复杂产品的生产，如万吨巨轮的制造，由于其价值大，生产周期长，也可以按其零、部件构成分批组织生产，计算成本。由此可见，分批法是依据内部订单（即"生产任务通知单"）来组织生产的，由于在不同批别之间可能存在着生产同一种产品的情况，其领用的材料和加工的工艺相同，因此在领料、产品结转、工时登记过程中，尤其应防止"串批"现象，以确保各批产品成本计算的准确性。

二、分批法的特点

1. 以产品的批别（或订单）作为成本计算对象

企业产品批别的组织是由生产计划部门负责，生产计划部门依据用户订单签发一式多份的"生产任务通知单"，供应部门据以备料，生产部门据以安排生产，财会部门据以设置成本明细账。对于某批产品直接发生的、专设成本项目的费用，应根据原始凭证或费用分配表，直接计入该批产品成本计算单的有关项目中；对于不能按批别划分的间接费用，则应按费用发生的地点先加以归集，期末再在各受益对象之间进行分配。

2. 成本计算期与产品生产周期一致，而与会计报告期不一致

采用分批法计算产品成本的企业，各批产品成本计算单虽然仍按月归集费用，但只有在该批次或订单产品全部完工时，才能计算其实际成本。当某一批次产品完工后，各基本生产车间应及时进行清理盘点，盘点出来的该批次的在产品及剩余材料应办理退库手续并相应冲减该批次产品成本。如果某批次产品尚未完工，则不计算其成本。因此，分批法的产品成本计算是不定期的，成本计算期与某批次或订单产品的生产周期一致。

3. 除特殊情况外，通常不存在完工产品与月末在产品之间分配生产费用问题

由于分批法是按批别或订单归集产品费用，所以生产周期结束，某批完工产品成本明细账上归集的费用，即为完工产品的成本，应全部转出。而在未完工批次产品成本明细账中归集的费用，全部为在产品成本，仍留在该批产品成本明细账中。因此，在通常情况下，生产费用不需在完工产品与在产品之间进行分配。但是，如果产品批量较大，出现产品跨月陆续完工和分次交货的情况时，就应该采取适当的方法计算完工产品成本和月末在产品成本。如果是大批量投产，批内陆续完工数量不多，可以采用按计划成本、定额成本或近期同种产品实际成本计算完工产品成本的方法，从成本计算单中转出批内完工产品的成本，剩余生产费用即为在产品成本，待该批产品全部完工时，再合并计算其实际总成本和单位成本，对前期陆续完工并已转账的完工产品成本，不需再作账面调整；如果是大批投产，批内跨月完工数量较多，则应采用适当的方法，如约当产量法等，在完工产品和在产品之间分配费用。

4. 间接费用在不同批次之间的分配可选择采用"当月分配法"或"累计分配法"

"当月分配法"的特点是在分配间接费用（主要为制造费用）时，不论各批次或各订单产品是否完工，都要按当月分配率分配其应负担的间接费用。采用"当月分配法"，各月份月末间接费用明细账没有余额，未完工批次或订单也要按月结转间接费用，如果企业在投产批次比较多且多数为未完工批次或订单，按月结转未完工批次产品的间接费用意义不大，而且手续烦琐，在这种情况下，就应考虑采用"累计分配法"分配间接费用。

"累计分配法"的特点是分配间接费用时，只对当月完工的批次或订单按累计分配率进行分配，将未完工批次或订单的间接费用总额保留在间接费用明细账中不进行分配，但在各批产品成本计算单中要按月登记发生的工时，以便计算各月的累计分配率并在某批次产品完工时，按其累计工时汇总结转应负担的间接费用总额。采用"累计分配法"，间接费用明细账月末留有余额，完工批次或订单一次负担其间接费用，因此可以简化成本核算工作。但是，如果各月份的间接费用水平相差悬殊，采用这种方法会影响到各月成本计算的准确性。

三、分批法的成本计算程序

在采用分批法计算批别或订单的产品成本时，其成本计算的一般程序如下。

（1）财会部门根据生产计划部门下达的"生产任务通知单"中注明的工作令号，开设各批别或订单的"生产成本——基本生产成本"明细账，明细账中按成本项目设置专栏同时增加"生产工时"专栏。对生产过程中发生的各项费用进行审核、分配和归集，编制各种要素费用分配表，据以登记"生产成本——基本生产成本"明细账、"生产成本——辅助生产成本"明细账、"制造费用"明细账等。对于生产中发生的为某批产品生产直接耗用的、并专设了成本项目的费用，可以根据原始凭证和各项费用分配表等有关资料直接计入该批产品"基本生产成本"明细账中的相关成本项目；发生的其他间接费用，应先按其发生地点进行归集在该车间的"制造费用"明细账中。其账务处理如下：

借：生产成本——基本生产成本——×批产品（基本生产车间生产产品耗用并专设成
　　　　　　　　　　　　　　　　本项目的费用）
　　生产成本——辅助生产成本——×车间（辅助生产车间耗用的费用）
　　制造费用（生产产品所耗用，但没有专设成本项目的费用和生产车间一般耗用的
　　　　　　间接费用）
　　管理费用（企业行政管理部门耗用的费用）
　　销售费用（企业销售部门耗用的费用）
　　财务费用（利息、结算手续等费用）
　　贷：原材料/应付职工薪酬等资产或负债账户

（2）月末将归集在"生产成本——辅助生产成本"明细账的全部费用，按照各批产品和各单位受益的辅助生产产品或劳务的数量，选择适当的方法，编制"辅助生产费用分配表"，分配结转辅助生产费用，并登记到受益批次产品的"基本生产成本"明细账和受益单位的费用明细账中。其账务处理如下：

借：生产成本——基本生产成本——×批产品
　　××账户　　　（其他受益单位）

贷：生产成本——辅助生产成本——×车间

（3）月末将归集在基本生产车间"制造费用"明细账的费用，根据投产的批别或订单的完成情况，选择采用"当月分配法"或"累计分配法"分配制造费用。对于投产批别多数完工的情况，或各月费用发生不均衡的情况，应采用"当月分配法"。反之，则应选择"累计分配法"。编制"制造费用分配表"，分配结转制造费用，并据以登记"基本生产成本"明细账。其账务处理如下：

借：生产成本——基本生产成本——×批产品

贷：制造费用

（4）经过上述程序，对于应计入产品成本的各项费用，都已按产品批别或订单归集到了"生产成本——基本生产成本"明细账中。编制成本计算单计算结转完工产品成本。如果某批产品全部完工，则累计的生产费用即为完工产品的总成本；如果某批产品全部未完工，则累计的生产费用即为月末在产品成本；当某批产品批量较大，又存在跨月陆续完工或分次交货情况时，应在批内计算完工产品成本和月末在产品成本。计算方法一般有两类。①先计算出完工产品成本，然后将生产费用减去完工产品成本，挤出月末在产品成本。在计划成本或定额成本制定比较准确的企业里，可根据计划成本或定额成本计算完工产品成本。如果没有准确的计划或定额资料，可根据近期同种产品的实际成本，在综合分析各项影响成本的因素后，确定完工产品成本。②采用适当的方法，分别计算出批内完工产品成本和月末在产品成本。一般可选择采用约当产量法和定额比例法等具体方法。

当批内完工数量不多时，可选择前一类方法，反之，则考虑用后一类方法。由于这两类计算方法都带有一定的假定性，所以还需在整批产品全部完工时，重新计算该批产品的总成本和单位成本。

月末将各批完工产品成本以及批内陆续完工产品的成本加以汇总，编制"完工产品成本汇总表"，结转完工入库产品的成本。结转完工产品成本账务处理如下：

借：库存商品——×种产品

贷：生产成本——基本生产成本——×批产品

［例7-3］　贵阳白云机械厂生产组织属小批生产，由于产品生产是按"生产任务通知单"分批投产的，而且投产批次不是很多，因此成本计算采用分批法。2013年2月有关资料如下。

（1）2月各批产品生产情况如下：

2120号：甲产品6件，1月投产，2月22日全部完工。

2121号：乙产品12件，1月投产，2月末完工8件。

2122号：丙产品6件，1月末投产，尚未完工。

2123号：丁产品8件，2月投产，尚未完工。

（2）各批号2月末累计直接材料（原材料在生产开始时一次投入）、工时、直接工资、燃料及动力分别如下：

2120号，1月：20 000，700，3 400，700。

2120号，2月：0，300，2 010，350。

2121号，1月：28 600，1 650，12 500，3 600。

2121 号，2 月：0，1 000，6 700，2 400。

2122 号，1 月：16 800，250，1 250，850。

2122 号，2 月：0，710，3 450，1 350。

2123 号，2 月：12 000，390，2 500，750。

（3）2 月末，该厂全部产品累计制造费用 8 480 元，其中，上月 3 280 元。

（4）2 月末在产品完工程度为 50%。完工产品和在产品之间的费用分配采用约当产量法。

第一，制造费用分配采用"当月分配法"进行核算。

（1）上月制造费用 3 280 元已在上月分配计入各批产品成本明细账中。本月制造费用 5 200 元采用生产工时比例法分配编制"制造费用分配表"见表 7-20。

表 7-20　制造费用分配表

车间：基本生产车间　　　　　　　　　　2013 年 2 月　　　　　　　　　　单位：元

产品品种	定额工时	分配率	制造费用分配额
2120 号	300		410.01
2121 号	1 000		1 366.7
2122 号	710		970.36
2123 号	390		532.93
合计	2 400	1.366 7	3 280

根据表 7-20"制造费用分配表"，应作如下账务处理：

借：生产成本——基本生产成本——2120 号　　　　　　　　410.01

　　　　　　　　　　　　　——2121 号　　　　　　　　1 366.7

　　　　　　　　　　　　　——2122 号　　　　　　　　970.36

　　　　　　　　　　　　　——2123 号　　　　　　　　532.93

　　贷：制造费用　　　　　　　　　　　　　　　　　　　　3 280

（2）按批别登记"基本生产成本"明细账见表 7-21～表 7-24，有完工产品的编制成本计算单结转完工产品成本见表 7-25、表 7-26。

表 7-21　基本生产成本明细账

批别：2120 号　　　　投产量：6 件　完工数量：6 件　　　　　　　单位：元

日期	凭证	摘要	直接材料	工时	燃料及动力	直接工资	制造费用	合计
略	略	月初在产品成本	20 000	700	3 400	700	1 400	25 500
		分配工资费用		300		2 010		2 010
		分配辅助生产费用			350			350
		分配制造费用					410.01	410.01
		本月发生额		300	350	2 010	410.01	2 770.01
		合计	20 000	1 000	3 750	2 710	1 810.01	28 270.01
		结转完工产品成本*	20 000	1 000	3 750	2 710	1 810.01	28 270.01

* 此栏数据为红字

表 7-22　基本生产成本明细账

批别：2121 号　　　　　投产量：12 件　完工数量：8 件　　　　　　单位：元

日期	凭证	摘　要	直接材料	工时	燃料及动力	直接工资	制造费用	合计
略	略	月初在产品成本	28 600	1 650	12 500	3 600	3 300	48 000
		分配工资费用		1 000		6 700		6 700
		分配辅助生产费用			2 400			2 400
		分配制造费用					1 366.7	1 366.7
		本月发生额		1 000	2 400	6 700	1 366.7	10 466.7
		合计	28 600	2 650	14 900	10 300	4 666.7	58 466.7
		结转完工产品成本*	19 066.64	2 120	11 920	8 240	3 733.36	45 080
		月末在产品成本	9 533.36	530	2 980	2 060	933.34	13 386.7

* 此栏数据为红字

表 7-23　基本生产成本明细账

批别：2122 号　　　　　投产量：6 件　完工数量：0 件　　　　　　单位：元

日期	凭证	摘　要	直接材料	工时	燃料及动力	直接工资	制造费用	合计
略	略	月初在产品成本	16 800	250	1 250	850	500	19 400
		分配工资费用		710		3 450		3 450
		分配辅助生产费用			1 350			1 350
		分配制造费用					970.36	970.36
		本月发生额		710	1 350	3 450	970.36	5 770.36
		合计	16 800	960	2 600	4 300	1 470.36	25 170.36

表 7-24　基本生产成本明细账

批别：2123 号　　　　　投产量：8 件　完工数量：0 件　　　　　　单位：元

日期	凭证	摘　要	直接材料	工时	燃料及动力	直接工资	制造费用	合计
略	略	分配材料费用	12 000					12 000
		分配工资费用		390		2 500		2 500
		分配辅助生产费用			750			750
		分配制造费用					532.93	532.93
		本月发生额	12 000	390	750	2 500	532.93	15 782.93
		合计	12 000	390	750	2 500	532.93	15 782.93

表 7-25 产品成本计算单

批别：2120 号 　　　　2013 年 2 月 　　投产量：6 件　完工数量：6 件　单位：元

摘 要	直接材料	工时	燃料及动力	直接工资	制造费用	合 计
月初在产品成本	20 000	700	3 400	700	1 400	25 500
本月发生额		300	350	2 010	410.01	2 770.01
合 计	20 000	1 000	3 750	2 710	1 810.01	28 270.01
完工产品成本	20 000	1 000	3 750	2 710	1 810.01	28 270.01
单位产品成本	3 333.33	166.67	625.00	451.67	301.67	4 711.67

表 7-26 产品成本计算单

批别：2121 号 　　　　2013 年 2 月 　　投产量：12 件　完工数量：8 件　单位：元

摘 要		直接材料	工时	燃料及动力	直接工资	制造费用	合 计
月初在产品成本		28 600	1 650	12 500	3 600	3 300	48 000
本月发生额			1 000	2 400	6 700	13 66.7	10 466.7
合 计		28 600	2 650	14 900	10 300	4 666.7	58 466.7
标准	完工产量	8	8	8	8	8	—
	约当产量	4	2	2	2	2	—
	合 计	12	10	10	10	10	—
单位产品成本		2 383.33	265	1 490	1 030	466.67	5 635
完工产品成本		19 066.64	2 120	11 920	8 240	3 733.36	45 080
月末在产品成本		9 533.36	530	2 980	2 060	933.34	13 386.7

根据表 7-25、表 7-26 "成本计算单" 结转完工产品成本，应作如下账务处理：

借：库存商品——甲产品　　　　　　　　　　　　　　28 270.01

　　　　　　——乙产品　　　　　　　　　　　　　　45 080

　贷：生产成本——基本生产成本——2120 号　　　　28 270.01

　　　　　　　　　　　　——2121 号　　　　　　　45 080

第二，制造费用分配采用 "累计分配法" 进行核算。

（1）累计制造费用 8 480 元采用累计分配率法分配编制 "制造费用分配表" 见表 7-27。

表 7-27 制造费用分配表

车间：基本生产车间 　　　　2013 年 2 月 　　　　　　　　单位：元

产品完工情况	产品批别	定额工时	分配率	制造费用分配额
完工产品	2120 号	1 000		1 696
	2121 号	2 120		3 595.52
	合 计	3 120		5 291.52
月末在产品		1 880		3 188.48
合 计		5 000	1.696	8 480

根据表 7-20"制造费用分配表",应作如下账务处理:

借:生产成本——基本生产成本——2120 号　　　　　　　　　　　　　1 696

　　　　　　　　　　　　——2121 号　　　　　　　　　　　　3 595.52

贷:制造费用　　　　　　　　　　　　　　　　　　　　　　　　　5 291.52

(2) 按批别登记"基本生产成本"明细账见表 7-28～表 7-31,有完工产品的编制成本
计算单结转完工产品成本见表 7-32、表 7-33。

表 7-28　基本生产成本明细账

批别:2120 号　　　　　　　投产量:6 件　完工数量:6 件　　　　　　　　单位:元

日期	凭证	摘　要	直接材料	工时	燃料及动力	直接工资	制造费用	合计
略	略	月初在产品成本	20 000	700	3 400	700		24 100
		分配工资费用		300		2 010		2 010
		分配辅助生产费用			350			350
		分配制造费用					1 696	1 696
		本月发生额		300	350	2 010	1 696	4 056
		合　计	20 000	1 000	3 750	2 710	1 696	28 156
		结转完工产品成本*	20 000	1 000	3 750	2 710	1 696	28 156

* 此栏数据为红字

表 7-29　基本生产成本明细账

批别:2121 号　　　　　　　投产量:12 件　完工数量:8 件　　　　　　　单位:元

日期	凭证	摘　要	直接材料	工时	燃料及动力	直接工资	制造费用	合计
略	略	月初在产品成本	28 600	1 650	12 500	3 600		44 700
		分配工资费用		1 000		6 700		6 700
		分配辅助生产费用			2 400			2 400
		分配制造费用					3 595.52	3 595.52
		本月发生额		1 000	2 400	6 700	3 595.52	12 695.52
		合　计	28 600	2 650	14 900	10 300	3 595.52	57 395.52
		结转完工产品成本*	19 066.64	2 120	11 920	8 240	3 595.52	42 822.16
		月末在产品成本	9 533.36	530	2 980	2 060		14 573.36

* 此栏数据为红字

表 7-30　基本生产成本明细账

批别：2122 号　　　　　　投产量：6 件　完工数量：0 件　　　　　　单位：元

日期	凭证	摘要	直接材料	工时	燃料及动力	直接工资	制造费用	合计
略	略	月初在产品成本	16 800	250	1 250	850		18 900
		分配工资费用		710		3 450		3 450
		分配辅助生产费用			1 350			1 350
		本月发生额		710	1 350	3 450		4 800
		合计	16 800	960	2 600	4 300		43 700

表 7-31　基本生产成本明细账

批别：2123 号　　　　　　投产量：8 件　完工数量：0 件　　　　　　单位：元

日期	凭证	摘要	直接材料	工时	燃料及动力	直接工资	制造费用	合计
略	略	分配材料费用	12 000					12 000
		分配工资费用		390		2 500		2 500
		分配辅助生产费用			750			750
		本月发生额	12 000	390	750	2 500		15 250
		合计	12 000	390	750	2 500		15 250

表 7-32　产品成本计算单

批别：2120 号　　　　　　投产量：6 件　完工数量：6 件　　　　　　单位：元单位：元

摘要	直接材料		燃料及动力	直接工资	制造费用	合计
月初在产品成本	20 000	700	3 400	700		24 100
本月发生额		300	350	2 010	1 696	4 056
合计	20 000	1 000	37 50	2 710	1 696	28 156
完工产品成本	20 000	1 000	3 750	2 710	1 696	28 156
单位产品成本	3 333.33	166.67	625.00	451.67	282.67	4 692.67

表 7-33　产品成本计算单

批别：2121 号　　　　　　投产量：12 件　完工数量：8 件　　　　　　单位：元

摘要	直接材料	工时	燃料及动力	直接工资	制造费用	合计
月初在产品成本	28 600	1 650	12 500	3 600		44 700
本月发生额		1 000	2 400	6 700	3 595.52	12 695.52
合计	28 600	2 650	14 900	10 300	3 595.52	57 395.52

续表

摘　要		直接材料	工时	燃料及动力	直接工资	制造费用	合计
标准	完工产量	8	8	8	8		—
	约当产量	4	2	2	2		—
	合计	12	10	10	10		—
分配率		2 383.33	265	1 490	1 030		—
完工产品成本		19 066.64	2 120	11 920	8 240	3 595.52	42 822.16
单位产品成本		2 383.33	265	1 490	1 030	449.44	5 352.77
月末在产品成本		9 533.36	530	2 980	2 060		14 573.36

根据表 7-25、表 7-26 "成本计算单"结转完工产品成本，应作如下账务处理：

借：库存商品——甲产品　　　　　　　　　　　　　　　　28 156
　　　　　　——乙产品　　　　　　　　　　　　　　　　42 822.16
　　贷：生产成本——基本生产成本——2120 号　　　　　　28 156
　　　　　　　　　　　　　　　　——2121 号　　　　　　42 822.16

四、简化分批法

简化分批法是指在单件小批量生产的企业或车间，当各月投产的产品批数较多且生产周期较长，月末未完工产品的批别也较多，把各项间接费用分配于若干个批产品时，其成本核算工作量很大，为了减少成本会计的工作量，可以采用不分批次计算在产品成本的简化分批法。简化分批法是将各批产品的间接费用计入基本生产成本二级账中先累积起来，等待产品完工时再根据累积工时分配各项间接费用，计算各批完工产品成本的方法。

简化分批法成本计算的一般程序如下。

（1）财会部门设置"生产成本——基本生产成本"二级账，二级账中按成本项目设置专栏同时增设"生产工时"专栏。平时用来累计登记生产各批产品（不分批别）发生的各项费用和生产工时。同时，根据生产计划部门下达的"生产任务通知单"中注明的工作令号，开设各批别或订单的"生产成本——基本生产成本"明细账，明细账中按成本项目设置专栏同时增设"生产工时"专栏。平时只用来登记各批次产品耗用的直接材料和生产工时。对生产过程中发生的各项费用除直接材料费需要按批别归集外，其他费用都不需要按批别归集，全部归集在"生产成本——基本生产成本"二级账中。

（2）月末在"生产成本——基本生产成本"二级账中，计算除直接材料以外的其他各项间接费用分配率。

$$某项费用分配表 = \frac{该项费用累计}{各批产品累计生产工时}$$

（3）在有完工产品批次的"生产成本——基本生产成本"明细账中计算该批完工产品成本。直接材料按投料程度计算的约当产量，按约当产量比例法计算。

$$其他成本项目 = 完工产品工时 \times 二级账中该项费用分配率$$

（4）将各批完工产品成本之和从"生产成本——基本生产成本"二级账中转出。结转完工产品成本账务处理如下：

借：库存商品——×种产品

　贷：生产成本——基本生产成本

[例 7-4]　资料见 [例 7-3]。采用简化分批法进行成本计算过程如下：

（1）平时发生的各项费用已归集在"生产成本——基本生产成本"二级账中，见表7-34。

表 7-34　生产成本——基本生产成本二级账　　　　　单位：元

日期	凭证	摘要	直接材料	工时	燃料及动力	直接工资	制造费用	合计
1	31	月初在产品成本	65 400	2 600	17 150	5 150	3 280	90 980
		分配材料费用	12 000					12 000
		分配工资费用		2 400		14 660		14 660
		分配辅助生产费用			4 850			4 850
		分配制造费用					5 200	5 200
		本月发生额	12 000	2 400	4 850	14 660	5 200	36 710
		费用累计	77 400	5 000	22 000	19 810	8 480	127 690
		间接费用分配率			4.4	3.962	1.696	—
		结转完工产品成本*	39 066.67	3 120	13 728	12 361.44	5 291.52	70 447.63
		月末在产品成本	38 333.33	1 880	8 272	7 448.56	3188.48	57 242.37

* 此栏数据为红字

（2）月末在在"生产成本——基本生产成本"二级账中，计算除直接材料以外的其他各项间接费用分配率，如表7-34所示。

（3）在有完工产品批次的"生产成本——基本生产成本"明细账中计算该批完工产品成本，如表7-35、表7-36所示。

表 7-35　基本生产成本明细账

批别：2120 号　　　投产量：6件　完工数量：6件　　　　　单位：元

日期	凭证	摘要	直接材料	工时	燃料及动力	直接工资	制造费用	合计
略	略	上月末累计	20 000	700				
		本月发生		300				
		本月累计及分配率	20 000	1 000	4.4	3.962	1.696	—
		完工产品成本	20 000	1 000	4 400	3 962	1 696	30 058
		单位成本	3 333.34		733.33	660.33	282.67	5 009.67

表 7-36　基本生产成本明细账

批别：2121 号　　投产量：12 件　完工数量：8 件　　单位：元

日期	凭证	摘要	直接材料	工时	燃料及动力	直接工资	制造费用	合计
略	略	上月末累计	28 600	1 650				
		本月发生		1 000				
		本月累计及分配率	28 600	2 650	4.4	3.962	1.696	—
		完工产品成本	19 066.67	2 120	9 328	8 399.44	3 595.52	40 389.63
		单位成本	2 383.33		1 166	1 049.93	449.44	5 048.70
		月末累计	9 533.33	530				

表 7-37　基本生产成本明细账

批别：2122 号　　投产量：6 件　完工数量：0 件　　单位：元

日期	凭证	摘要	直接材料	工时	燃料及动力	直接工资	制造费用	合计
略	略	上月末累计	16 800	250				
		本月发生		710				
		本月累计	16 800	960				

表 7-38　基本生产成本明细账

批别：2123 号　　投产量：8 件　完工数量：0 件　　单位：元

日期	凭证	摘要	直接材料	工时	燃料及动力	直接工资	制造费用	合计
略	略	本月发生	12 000	390				
		本月累计	12 000	390				

（4）将各批完工产品成本之和从"生产成本——基本生产成本"二级账中转出（表 7-37、表 7-38）。结转完工产品成本账务处理如下：

借：库存商品——甲产品　　　　　　　　　　　　　　　30 058
　　　　　　——乙产品　　　　　　　　　　　　　　　40 389.63
　贷：生产成本——基本生产成本　　　　　　　　　　　70 447.63

简化化分批法的主要特点有以下三点：

（1）设置基本生产成本二级账。基本生产成本二级账除按规定的成本项目设专栏外，还需要增设生产工时专栏，其二级账的作用在于：按月登记所有批别产品的累计生产费用（包括直接费用和间接费用）和累计生产工时。二级账中不仅要按成本项目登记所有批别产品的月初在产品费用、本月生产费用和累计生产费用，而且还要登记所有批别产品的月初在产品生产工时、本月生产工时和累计生产工时。

（2）简化了间接费用的分配。每月发生的间接费用先在基本生产成本二级账中累计起来，在有完工产品的月份，月末才按各该批完工产品的累计生产工时和累计间接费用分配率计算完工产品应分摊的间接费用，从而计算出完工产品成本和应该保留在二级账中的月末在产品成本。没有完工产品的月份，则不需要分配间接费用。

（3）各批次产品基本生产成本明细账中除了完工产品成本外，均不反映间接费用的项目成本，月末在产品只反映直接材料费用和生产工时数量。

第三节 产品成本计算分步法

一、分步法概述

（一）分步法的概念和适用范围

分步法是指以产品的品种及所经过的生产步骤作为成本计算对象来归集生产费用，计算各种产品成本及各步骤成本的一种方法。分步法主要适用于大量大批的、管理上要求按步骤计算成本的复杂生产的企业，如纺织、冶金、造纸等大量大批多步骤生产类型的企业。例如，钢铁企业可分为炼铁、炼钢、轧钢等生产步骤，纺织厂可分为纺纱、织布等生产步骤。在这些企业里，生产过程是由若干个在技术上可以间断的生产步骤所组成的，每个生产步骤除了生产出半成品（最后步骤为产成品）外，还有一些加工中的在产品。已经生产出来的半成品既可以用于下一生产步骤，进行进一步的加工，也可以对外销售。为了适应生产的这一特点，这类企业不仅要计算每一种产品的成本，还要按产品经过的生产步骤计算各步骤的成本。

（二）分步法的特点

1. 以产品的品种及所经过的生产步骤作为成本计算对象

采用分步法计算产品成本时，既要计算出最终产品的成本，同时，又要计算每一生产步骤的成本。因此，分步法的成本计算对象是每种产品以及每种产品所经过的生产步骤。在进行成本计算时，需为每种产品及其所经过的生产步骤设置"生产成本——基本生产成本"明细账和"产品成本计算单"来归集生产费用，计算产品成本。分步法下生产步骤，有时与生产车间相同，有时并不完全一致。为了成本计算的方便，有时一个车间就是一个生产步骤，有时将几个车间合并为一个生产步骤，有时一个车间又分为几个生产步骤。对于生产过程中发生的费用，凡是专设成本项目的直接费用，应直接记入各步骤成本明细账中，间接费用则应先行归集，然后，再采用适当的方法，分配记入各步骤成本明细账中。为了适应这一特点，生产车间发生各种费用的原始凭证上，应注明费用发生的具体生产步骤，对于直接费用的原始凭证，还应注明其成本计算对象，以便于编制各种费用分配表，登记各种产品成本明细账。

2. 按月定期计算产品成本

由于分步法适用于大量大批生产的企业，经常有完工产品产出，不能于产品完工时就计算其成本，因而，其成本计算一般是定期于月末进行，其产品成本计算期与产品生产周期不一致，而与会计结算期相同。

3. 需要计算分配月末在产品和完工产品的成本

在大量大批复杂生产的企业里，月末经常存在一定数量的在产品，这时，应采用适当的方法，将各步骤成本明细账中所归集的生产费用，在完工产品和期末在产品之间进行分配，从而计算出完工产品的成本和期末在产品的成本。

在实际工作中，由于成本管理的要求不同，分步法按半成品成本是否随着实物的转移而转移可分为逐步结转分步法和平行结转分步法两种方法。

二、逐步结转分步法

（一）逐步结转分步法成本计算原理

逐步结转分步法也称计算半成品成本法，它是按照产品加工步骤的顺序，逐步计算并结转半成品成本，直至最后步骤计算出产成品成本的一种方法。逐步结转分步法主要适用于成本管理中需要提供各个生产步骤半成品成本资料的企业。例如，有的企业各生产步骤所生产的半成品，不仅为本企业所使用，还需要对外销售，为了计算销售半成品的成本，则需计算各生产步骤半成品的成本；有些企业的半成品虽不对外销售，但要进行同行业的评比，同时，为了实行厂内经济核算，也需要计算半成品成本；有些半成品为企业内几种产品所耗用，只有计算出每种半成品的成本，才能计算出每种产成品的成本。

逐步结转分步法的成本计算对象是各种产品成本及各生产步骤半成品的成本。其成本计算原理是，首先计算出第一步骤的半成品成本，如果半成品不经过半成品库收发而直接转入下一个生产车间，则第二生产步骤将转入的半成品成本再加上本步骤发生的生产费用，计算出第二生产步骤的半成品成本，再结转给下一个生产步骤，依此类推，直到最后步骤计算出产成品成本。

逐步结转分步法成本计算的程序如下：

（1）按每种产品及其所经过的生产步骤设置"生产成本——基本生产成本"明细账和"产品成本计算单"来归集生产费用，计算产品成本。对生产过程中发生的各项费用进行审核、分配和归集，编制各种要素费用分配表，据以登记各步骤"基本生产成本"明细账、"辅助生产成本"明细账、"制造费用"明细账等。其账务处理如下：

借：生产成本——基本生产成本——×种产品×生产步骤
　　生产成本——辅助生产成本——×车间
　　制造费用
　　贷：原材料/应付职工薪酬等资产或负债账户

（2）月末将归集在"生产成本——辅助生产成本"明细账的全部费用，按照各种产品和各单位受益的辅助生产产品或劳务的数量，选择适当的方法，编制"辅助生产费用分配表"，分配结转辅助生产费用，并登记到受益产品各生产步骤的"基本生产成本"明细账和受益单位的费用明细账中。其账务处理如下：

借：生产成本——基本生产成本——×种产品×生产步骤
　　××账户　　　（其他受益单位）
　　贷：生产成本——辅助生产成本——×车间

（3）月末将归集在各个基本生产车间"制造费用"明细账的费用，采用一定的方法，在本车间生产的各种产品之间进行分配，编制"制造费用分配表"，分配结转制造费用，并据以登记"基本生产成本"明细账。其账务处理如下：

借：生产成本——基本生产成本——×种产品×生产步骤

贷：制造费用

（4）月末将各步骤（最后一步骤除外）归集的费用，采用适当的方法，在本步骤完工半成品与狭义在产品之间分配，计算结转半成品成本。如果各步骤之间未设置半成品仓库，则半成品成本直接转入下一步骤：

借：生产成本——基本生产成本——××产品下步骤

贷：生产成本——基本生产成本——××产品上步骤

如果各步骤之间设置有半成品仓库，则需要设置"自制半成品"科目反映半成品收、发、结存的成本。

上步骤完工入库时：

借：自制半成品——××产品

贷：生产成本——基本生产成本——××产品上步骤

下步骤领用时：

借：生产成本——基本生产成本——××产品下步骤

贷：自制半成品——××产品

（5）月末将最后一个步骤归集的费用，采用适当的方法，在本步骤完工产品与狭义在产品之间分配，计算结转完工产品成本。

借：库存商品——××产品

贷：生产成本——基本生产成本——××产品最后步骤

逐步结转分步法具有以下特点：除第一步骤外，其他各步骤不仅要归集本步骤发生的费用，而且还要反映耗用的半成品成本；各步骤半成品成本随半成品实物转移而结转；月末各步骤归集的费用，前面各步骤要在本步骤的完工半成品与狭义在产品之间分配，最后一步骤要在本步骤的完工产品和狭义在产品之间分配；产成品成本从最后一步骤转出。

逐步结转分步法按半成品成本在各步骤成本明细账中的反映方式的不同又分为综合逐步结转分步法和分项逐步结转分步法两种。按半成品成本计价模式不同分为按实际成本计价和按计划成本计价逐步结转分步法。

（二）综合逐步结转分步法

1．综合逐步结转分步法成本计算流程

综合逐步结转分步法是指上一生产步骤的半成品成本转入下一生产步骤时，是以"半成品"或"直接材料"综合项目记入下一生产步骤成本明细账和成本计算单的方法。其成本计算流程见图 7-1。

半成品成本转入下一生产步骤时，既可按实际成本计价结转，也可按计划成本计价结转。

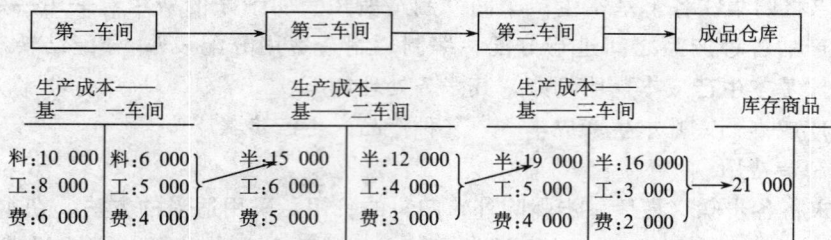

图 7-1　综合逐步结转分步法成本计算流程图

2. 综合逐步结转分步法成本计算特点

综合逐步结转分步法成本计算具有以下特点：

（1）将各步骤所耗用的半成品成本，按照上一步骤的综合成本，以"直接材料"或"半成品"项目结转到下一步骤成本计算单中。

（2）最后一步以前各步骤发生的费用都是以"半成品"综合反映的，既包括直接材料费用，也包括其他费用。

（3）转账时处理比较简单，但是不能提供按原始成本项目反映的核算资料，不能了解产品成本的结构，管理上如果要求提供按原始成本项目反映的产成品成本资料时，需要逐步进行成本还原。

3. 半成品成本按实际成本综合结转

半成品成本按实际成本结转是指各步骤耗用的半成品成本，必须按照半成品在前面各步骤耗用的实际成本计价结转。所以，后面各步骤的成本计算，必须等到前面步骤的成本计算出来后才能计算。这对于实行多步骤生产的企业来说，势必影响成本计算的及时性。

[**例 7-5**]　M 企业 2013 年 1 月生产甲产品，经过三个生产步骤加工，其生产工艺流程如图 7-2 所示。

图 7-2　甲产品生产工艺流程图

原材料在生产开始时一次投入，月末在产品按约当产量法计算。其他有关资料见表 7-39 和表 7-40。

表 7-39　产量统计表　　　　　　　　　　　　单位：件

项　目	一车间	二车间	三车间
月初在产品数量	40	60	80
本月投产数量	80	100	130
本月完工产品数量	100	130	160
月末在产品数量	20	30	50
在产品完工程度/%	50	50	60

表 7-40 生产费用资料 单位：元

成本项目	月初在产品			本月发生费用		
	一车间	二车间	三车间	一车间	二车间	三车间
直接材料（半成品）	1 800	2 500	5 291	24 000	—	—
燃料及动力	600	915	1 250	9 300	3 000	5 400
直接工资	1 000	1 125	1 360	7 910	2 500	3 200
制造费用	700	875	1 130	4 250	1 300	2 100
合计	4 100	5 415	9 031	45 460	6 800	10 700

采用综合逐步结转分步法计算产品成本如下。

根据一车间生产甲产品日常分配归集的费用，编制的"产品成本计算单"见表 7-41。

表 7-41 产品成本计算单

生产步骤：甲产品第一车间 2013 年 1 月 完工数量：100 件 在产品数量：20 件 单位：元

	摘 要	直接材料	燃料及动力	直接工资	制造费用	合计
	月初在产品成本	1 800	600	1 000	700	4 100
	本月发生额	24 000	9 300	7 910	4 250	45 460
	合 计	25 800	9 900	8 910	4 950	49 560
分配标准	完工品数量	100	100	100	100	—
	在产品约当量	20	10	10	10	
	合 计	120	110	110	110	—
	分配率	215	90	81	45	431
	完工半成品成本	21 500	9 000	8 100	4 500	43 100
	月末在产品成本	4 300	900	810	450	6460

根据表 7-41"产品成本计算单"，结转完工半成品成本到下一步骤，应作如下账务处理：

借：生产成本——基本生产成本——甲产品第二车间 43 100

贷：生产成本——基本生产成本——甲产品第一车间 43 100

根据二车间生产甲产品日常分配归集的费用和上车间转入的半成品成本，编制的"产品成本计算单"见表 7-42。

表 7-42 产品成本计算单

生产步骤：甲产品第二车间 2013 年 1 月 完工数量：130 件 在产品数量：30 件 单位：元

摘 要	半成品	燃料及动力	直接工资	制造费用	合计
月初在产品成本	2 500	915	1 125	875	5 415
本月发生额	43 100	3 000	2 500	1 300	49 900
合 计	45 600	3 915	3 625	2 175	55 315

续表

	摘　要	半成品	燃料及动力	直接工资	制造费用	合计
分配标准	完工品数量	130	130	130	130	—
	在产品约当量	30	15	15	15	—
	合计	160	145	145	145	—
	分配率	285	27	25	15	352
	完工半成品成本	37 050	3 510	3 250	1 950	45 760
	月末在产品成本	8 550	405	375	225	9 555

根据表 7-42 "产品成本计算单"，结转完工半成品成本到下一步骤，应作如下账务处理：

借：生产成本——基本生产成本——甲产品第三车间　　　　　45 760
　　贷：生产成本——基本生产成本——甲产品第二车间　　　　　　45 760

根据三车间生产甲产品日常分配归集的费用和上车间转入的半成品成本，编制的"产品成本计算单"见表 7-43。

表 7-43　产品成本计算单

生产步骤：甲产品第三车间　　2013 年 1 月　完工数量：160 件　在产品数量：50 件　单位：元

	摘　要	半成品	燃料及动力	直接工资	制造费用	合计
	月初在产品成本	5 291	1 250	1 360	1 130	9 031
	本月发生额	45 760	5 400	3 200	2 100	56 460
	合计	51 051	6 650	4 560	3 230	65 491
分配标准	完工品数量	160	160	160	160	—
	在产品约当量	50	30	30	30	—
	合计	210	190	190	190	—
	分配率	243.10	35	24	17	319.10
	完工产品成本	38 896	5 600	3 840	2 720	51 056
	月末在产品成本	12 155	1 050	720	510	14 435

根据表 7-43 "产品成本计算单"，结转完工产品成本，应作如下账务处理：

借：库存商品——甲产品　　　　　　　　　　　　　　　　51 056
　　贷：生产成本——基本生产成本——甲产品第二车间　　　　　　51 056

4. 半成品成本按计划成本综合结转

半成品成本按计划成本综合结转是指下步骤耗用上步骤自制半成品时，先按计划成本计价，其他各成本项目的计算方法与按实际成本综合结转法相同，这样计算出来的各步骤的半成品成本称为计划价格实际成本。各步骤完工半成品（或产成品）的计划价格实际成本与按该步骤半成品（或产成品）的计划价格计算的计划成本的差额，即为各步骤完工半成品（或产成品）的成本差异，分配给消耗这些半成品的步骤完工入库的半成品（或产成品）负担，将各步骤完工入库的半成品（或产成品）的计划价格实际成本调整为实际成本。

[例7-6]　N企业2013年2月生产乙产品，经过三个生产步骤加工，其生产工艺流程如图7-3所示。

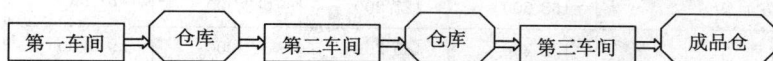

图7-3　N企业乙产品生产工艺流程图

采用计划成本综合逐步结转分步法进行成本计算，原材料在开始生产时一次投入，在产品成本按约当产量法计算，各步骤在产品完工程度按50%计算。有关产量及计划单位成本资料见表7-44，半成品期初资料见表7-45，费用资料见表7-46。

表7-44　产量及计划单位成本资料

产品名称：乙产品　　　　　　　　　　2013年2月　　　　　　　　　　单位：件

项　目	一车间	二车间	三车间
月初在产品数量	30	90	160
本月投产数量	510	550	620
本月完工产品数量	500	600	700
月末在产品数量	40	40	80
半成品计划单位成本/(元/件)	986	1 800	

表7-45　半成品期初资料　　　　　　　　　　　　　　　　单位：元

车间	数量/件	计划价格实际成本	差异
一车间	60	59 160	−360
二车间	100	180 000	−868

表7-46　生产费用资料　　　　　　　　　　　　　　　　单位：元

成本项目	月初在产品			本月发生费用		
	一车间	二车间	三车间	一车间	二车间	三车间
直接材料（半成品）	10 000	88 740	288 000	168 200	—	
燃料及动力	8 000	14 000	17 180	127 200	110 000	130 820
直接工资	4 000	13 000	21 900	112 000	173 000	170 500
制造费用	5 000	15 000	20 120	92 200	192 080	157 480
合计	27 000	130 740	347 200	499 600	475 080	458 800

采用计划成本综合逐步结转分步法进行成本计算如下：

根据一车间生产乙产品日常分配归集的费用，编制的"产品成本计算单"见表7-47。

表 7-47　产品成本计算单

生产步骤：乙产品第一车间　　2013 年 2 月　　完工数量：500 件　　在产品数量：40 件　　单位：元

<table>
<tr><th colspan="2">摘　要</th><th>直接材料</th><th>燃料及动力</th><th>直接工资</th><th>制造费用</th><th>合　计</th></tr>
<tr><td colspan="2">月初在产品成本</td><td>10 000</td><td>8 000</td><td>5 000</td><td>4 000</td><td>27 000</td></tr>
<tr><td colspan="2">本月发生额</td><td>168 200</td><td>127 200</td><td>112 000</td><td>92 200</td><td>499 600</td></tr>
<tr><td colspan="2">合　计</td><td>178 200</td><td>135 200</td><td>117 000</td><td>96 200</td><td>526 600</td></tr>
<tr><td rowspan="3">分配标准</td><td>完工品数量</td><td>500</td><td>500</td><td>500</td><td>500</td><td>—</td></tr>
<tr><td>在产品约当量</td><td>40</td><td>20</td><td>20</td><td>20</td><td>—</td></tr>
<tr><td>合　计</td><td>540</td><td>520</td><td>520</td><td>520</td><td>—</td></tr>
<tr><td colspan="2">分配率</td><td>330</td><td>260</td><td>225</td><td>185</td><td>1 000</td></tr>
<tr><td colspan="2">完工半成品成本</td><td>165 000</td><td>130 000</td><td>112 500</td><td>92 500</td><td>500 000</td></tr>
<tr><td colspan="2">月末在产品成本</td><td>13 200</td><td>5 200</td><td>4 500</td><td>3 700</td><td>26 600</td></tr>
</table>

根据表 7-47 "产品成本计算单" 计算的本月一车间完工入库的 500 件半成品成本资料：

实际成本＝500 000（元）

计划成本＝500×986＝493 000（元）

成本差异＝500 000－493 000＝7 000（元）

结转完工入库半成品成本应作如下账务处理：

借：自制半成品——第一车间（计划成本）　　　　　　　　　　　　　493 000

　　　　　　　——第一车间（成本差异）　　　　　　　　　　　　　　7 000

　　贷：生产成本——基本生产成本——乙产品第一车间　　　　　　　　500 000

根据本月一车间完工入库的 500 件半成品凭证，登记 "自制半成品" 明细账见表 7-48。

表 7-48　自制半成品明细账

仓库名称：一车间仓库　　　　　　　　　　　　　　　　　　　　　　单位：元

<table>
<tr><th rowspan="2">摘要</th><th colspan="3">收入</th><th colspan="3">发出</th><th colspan="4">结存</th></tr>
<tr><th>数量</th><th>计划成本</th><th>差异</th><th>数量</th><th>计划成本</th><th>差异</th><th>数量</th><th>计划成本</th><th>差异</th><th>差异率/%</th></tr>
<tr><td>期初</td><td></td><td></td><td></td><td></td><td></td><td></td><td>60</td><td>59 160</td><td>−360</td><td></td></tr>
<tr><td>入库</td><td>500</td><td>493 000</td><td>7 000</td><td></td><td></td><td></td><td>560</td><td>552 160</td><td>6 640</td><td>1.2</td></tr>
<tr><td>发出</td><td></td><td></td><td></td><td>550</td><td>54 2300</td><td>6 508</td><td>10</td><td>9 860</td><td>132</td><td></td></tr>
<tr><td>合计</td><td>500</td><td>493 000</td><td>7 000</td><td>550</td><td>542 300</td><td>6 508</td><td>10</td><td>9 860</td><td>132</td><td></td></tr>
</table>

本月二车间从仓库领用半成品 550 件，其计划成本和差异计算如下：

计划成本＝550×986＝542 300（元）

成本差异＝542 300×1.2％＝6 508（元）

其中：成本差异率＝（－360＋7 000）÷（59 160＋493 000）×100％＝1.2％

本月二车间从仓库领用的半成品550件，按计划成本转入二车间成本计算单中，成本差异转入二车间本月完工入库的半成品成本中，应作如下账务处理：

借：生产成本——基本生产成本——乙产品第二车间　　　　　　542 300

　　自制半成品——第二车间（成本差异）　　　　　　　　　　6 508

　　贷：自制半成品——第一车间（计划成本）　　　　　　　　542 300

　　　　　　　　——第一车间（成本差异）　　　　　　　　　6 508

根据二车间生产乙产品日常分配归集的费用和按计划单位成本计算领取的半成品计划成本，编制的"产品成本计算单"见表7-49。

表7-49　产品成本计算单

生产步骤：乙产品第二车间　　　2013年2月　　完工数量：600件　　在产品数量：40件　　单位：元

摘　要		半成品	燃料及动力	直接工资	制造费用	合　计
月初在产品成本		88 740	14 000	13 000	15 000	130 740
本月发生额		542 300	110 000	173 000	192 080	1 017 380
合　计		631 040	124 000	186 000	207 080	1 148 120
分配标准	完工品数量	600	600	600	600	—
	在产品约当量	40	20	20	20	—
	合　计	640	620	620	620	—
分配率		986	200	300	334	1 820
完工半成品成本		591 600	120 000	180 000	200 400	1 092 000
月末在产品成本		39 440	4 000	6 000	6 680	56 120

根据表7-49"产品成本计算单"计算的本月二车间完工入库的600件半成品成本资料：

计划价格实际成本＝1 092 000（元）

计划成本＝600×1 800＝1 080 000（元）

成本差异＝1 092 000－1 080 000＝12 000（元）

结转完工入库半成品成本应作如下账务处理：

借：自制半成品——第二车间（计划成本）　　　　　　　　　1 080 000

　　　　　　　　——第二车间（成本差异）　　　　　　　　　12 000

　　贷：生产成本——基本生产成本——乙产品第二车间　　　　1 092 000

根据本月二车间完工入库的600件半成品凭证，登记"自制半成品"明细账，如表7-50所示。

表 7-50　自制半成品明细账

仓库名称：二车间仓库　　　　　　　　　　　　　　　　　　　　　　　　单位：元

摘要	收入			发出			结存			
	数量	计划成本	差异	数量	计划成本	差异	数量	计划成本	差异	差异率/%
期初							100	180 000	−868	
转入			6 508				100	180 000	5 640	
入库	600	1 080 000	12 000				700	1 260 000	17 640	1.4
发出				620	1 116 000	15 624	80	144 000	2 016	
合计	600	1 080 000	18 508	620	1 116 000	15 624	80	144 000	2 016	

本月三车间从仓库领用半成品 620 件，其计划成本和差异计算如下：

计划成本＝620×1 800＝1 116 000（元）

成本差异＝1 116 000×1.4%＝15 624（元）

其中：成本差异率＝17 640/1 260 000×100%＝1.4%

本月二车间从仓库领用的半成品 620 件，按计划成本转入三车间成本计算单中，成本差异转入三车间本月完工入库的产成品成本中，应作如下账务处理：

借：生产成本——基本生产成本——乙产品第三车间　　　　　　　　1 116 000

　　库存商品——乙产品（成本差异）　　　　　　　　　　　　　　15 624

　贷：自制半成品——第二车间（计划成本）　　　　　　　　　　　　　1 116 000

　　　　　　　　——第二车间（成本差异）　　　　　　　　　　　　　　15 624

根据三车间生产乙产品日常分配归集的费用和按计划单位成本计算领取的半成品计划成本，编制的"产品成本计算单"见表 7-51。

表 7-51　产品成本计算单

生产步骤：乙产品第三车间　　2013 年 2 月　　完工数量：700 件　　在产品数量：80 件　　单位：元

摘　要		半成品	燃料及动力	直接工资	制造费用	合计
月初在产品成本		288 000	17 180	21 900	20 120	347 200
本月发生额		1 116 000	130 820	170 500	157 480	1 574 800
合计		1 404 000	148 000	192 400	177 600	1 922 000
分配标准	完工品数量	700	700	700	700	一
	在产品约当量	80	40	40	40	一
	合计	780	740	740	740	一
分配率		1 800	200	260	240	2 500
完工产品成本		1 260 000	140 000	182 000	168 000	1 750 000
月末在产品成本		144 000	8 000	10 400	9 600	172 000

根据表 7-51 "产品成本计算单"，结转完工入库产品成本应作如下账务处理：

借：库存商品——甲产品（计划价格实际成本）　　　　　　　　　　1 750 000

　　贷：生产成本——基本生产成本——乙产品第二车间　　　　　　　　1 750 000

　　根据表 7-50 "自制半成品"明细账转入的，由最终完工产品负担的成本差异 15 624元和表 7-51 "产品成本计算单"，结转完工入库产品计划价格实际成本，编制的"商品产品成本计算表"见表 7-52。

表 7-52　商品产品成本计算表
2013 年 2 月　　　　　　　　　　　　　　　　　单位：元

产品名称	产量/件	计划价格 实际成本	半成品成 本差异	实际总成本	实际单 位成本
甲产品	700	1 750 000	15 624	1 765 624	2 522. 32

　　采用半成品成本按计划成本综合结转的方法，各步骤耗用上一步骤半成品的成本按计划成本计算，实际成本与计划成本的差异可列入最后产成品成本中。这种方法的优点表现在如下几个方面：

　　（1）可以简化和加速成本计算工作。由于各步骤耗用的半成品均按事先所确定的计划单位成本结转，各步骤的成本计算工作可同时进行，不必等待前一步骤的成本结束后再进行，加快了成本计算的速度。若月初库存半成品结存量超过本月耗用量，本月耗用半成品成本差异可以根据月初库存半成品的成本差异率进行计算调整。这时，更有利于提高成本计算工作的速度。另外，按计划成本结转半成品时，在半成品种类繁多、半成品成本差异计算及分配按类别进行时，还可省去按品种计算半成品实际成本的计算工作，简化了成本计算的手续。

　　（2）可以考核和分析各步骤完工产品成本的水平。由于各步骤耗用半成品均按计划单位成本结转，可以避免上一步骤半成品成本的节约或超支的影响，有利于考核和分析各步骤半成品成本及产成品成本升降的原因，有利于开展企业内部的经济核算。

　　5. 成本还原

　　采用综合逐步结转分步法在最后步骤计算出来的完工产品成本中，燃料及动力、直接工资和制造费用等费用只是最后步骤发生的数额。最后步骤以前各步骤发生的这些费用都是以"半成品"综合项目反映的，半成品项目既包括直接材料费用，也包括其他费用。这样，就不能按原始成本项目反映产品成本的构成。成本计算的步骤越多，最后一个步骤成本计算单上"半成品"成本项目的成本在产品成本中的比重越大，提供的完工产品各成本项目的资料就越不真实，不利于产品成本分析。如果在企业管理工作中需要按原始成本项目考核产品成本的构成，则需进行成本还原。所谓成本还原，就是将产成品耗用各步骤半成品的综合成本，逐步分解还原为按直接材料、直接工资、制造费用等原始项目表现的产成品成本资料。

　　成本还原的方法是从最后步骤开始，将其耗用上步骤半成品的综合成本逐步分解，还原为原来的成本项目。其具体方法有：项目结构百分比法和还原分配率法两种方法。

　　第一种方法：项目结构百分比法。按各步骤本月完工半成品各成本项目占本月完工半成品总成本的百分比，对完工产品成本中的"半成品"综合项目进行还原的方法。其还原步骤如下：

（1）从倒数第二步骤开始，计算各步骤本月完工半成品中各成本项目占本月完工半成品总成本的百分比。

$$某项目百分比 = \frac{该项目费用总额}{该步骤完工半成品总成本} \times 100\%$$

（2）将完工产品成本中的"半成品"综合成本按照成本项目结构率进行分解。

"半成品"综合成本还原为某成本项目费用 = "半成品"综合成本×该项目百分比

（3）重复以上步骤，直至还原至第一步骤为止。

（4）计算还原后成本。

还原后成本 = 还原前成本 + "半成品"综合成本还原为各步骤成本

[例7-7]　根据［例7-5］M企业2013年1月生产甲产品计算的完工产品成本，采用项目结构百分比法进行成本还原，编制"产品成本还原计算表"见表7-53。

表7-53　产品成本还原计算表
（项目结构百分比法）

品种：甲产品　　　　　　　　2013年1月　　　　　　完工数量：160件　单位：元

项目	半成品	直接材料	燃料及动力	直接工资	制造费用	合计
①还原前完工产品总成本	38 896		5 600	3 840	2 720	51 056
②第二步骤本月完工半成品成本及结构百分比/%	37 050		3 510	3 250	1 950	45 760
	80.97		7.67	7.10	4.26	100
③完工产品成本中半成品成本还原为第二步骤费用	-7 401.91		2 983.32	2 761.62	1 656.97	0
④第一步骤本月完工半成品成本及结构百分比/%		21 500	9 000	8 100	4 500	43 100
		49.88	20.88	18.79	10.45	100
⑤完工产品成本中半成品成本还原为第一步骤费用	-31 494.09	15 709.25	6 575.97	5 917.74	3 291.13	0
⑥还原后完工产品总成本		15 709.25	15 159.29	12 519.36	7 668.10	51 056
⑦还原后单位成本		98.18	94.75	78.25	47.92	319.1

注：③栏＝①栏中的"半成品"金额×②栏中除"半成品"以外其他项目结构百分比

③栏中的"半成品"金额为③栏中其他项目金额之和加负号，表示还原前完工产品总成本中的"半成品"综合成本中有7 401.91还原为第二步骤各项目费用

⑤栏＝①栏中的"半成品"金额与③栏中的"半成品"金额抵减后的差额×④栏中各项目结构百分比

⑥栏＝①栏＋③栏＋⑤栏

第二种方法：还原分配率法。还原分配率法是指按完工产品成本中的半成品综合成本占上一步骤本月完工半成品总成本的比重对完工产品成本中的"半成品"综合项目进行还原的方法。其还原步骤如下：

（1）从倒数第二步骤开始，计算各步骤成本还原率。

$$成本还原率 = \frac{完工产品成本中的半品综合成本}{该步骤完工半成品总成本} \times 100\%$$

（2）将完工产品成本中的"半成品"综合成本按照成本还原率进行分解。

"半成品"综合成本还原为某成本项目费用＝"半成品"综合成本×成本还原率

（3）重复以上步骤，直至还原至第一步骤为止。

（4）计算还原后成本。

还原后成本＝还原前成本＋"半成品"综合成本还原为各步骤成本

［例7-8］　根据［例7-5］M企业2013年1月生产甲产品计算的完工产品成本，采用还原分配率法进行成本还原，编制"产品成本还原计算表"见表7-54。

表 7-54　产品成本还原计算表

（还原分配率法）

品种：甲产品　　　　　　　　2013年1月　　　　　完工数量：160件　单位：元

项目	还原率	半成品	直接材料	燃料及动力	直接工资	制造费用	合计
①还原前完工产品总成本		38 896		5 600	3 840	2 720	51 056
②第二步骤本月完工半成品成本		37 050		3 510	3 250	1 950	45 760
③完工产品成本中半成品成本还原为第二步骤费用	0.85	−7 403.5		2 983.5	2 762.5	1 657.5	0
④第一步骤本月完工半成品成本			21 500	9 000	8 100	4 500	43 100
⑤完工产品成本中半成品成本还原为第一步骤费用	0.730 7	−31 492.5	15 710.05	6 576.3	5 918.67	3 287.48	0
⑥还原后完工产品总成本			15 710.05	15 159.8	12 521.17	7 664.98	51 056
⑦还原后单位成本			98.19	94.75	78.25	47.91	319.1

注：③栏中的还原率＝38 896/45 760＝0.85

③栏中除半成品项目外的其他项目金额＝②栏中对应项目金额×③栏中的还原率

③栏中的"半成品"金额为③栏中其他项目金额之和加负号，表示还原前完工产品总成本中的"半成品"综合成本中有7 403.5还原为第二步骤各项目费用

⑤栏中的还原率＝（38 896−7 403.5）/43 100＝0.730 7

⑤栏中除半成品项目外的其他项目金额＝④栏中对应项目金额×⑤栏中的还原率

⑥栏＝①栏＋③栏＋⑤栏

（三）分项逐步结转分步法

分项逐步结转分步法是指上一步骤转入下一步骤的半成品成本，不是以"半成品"或"直接材料"成本项目进行反映的，而是分别成本项目记入下一步骤成本明细账或成本计算单中的相同成本项目的逐步结转分步法。

采用分项逐步结转分步法计算出来的产品成本，能提供按原始成本项目反映的产品成本结构，不需要进行成本还原。其成本计算流程见图7-4。

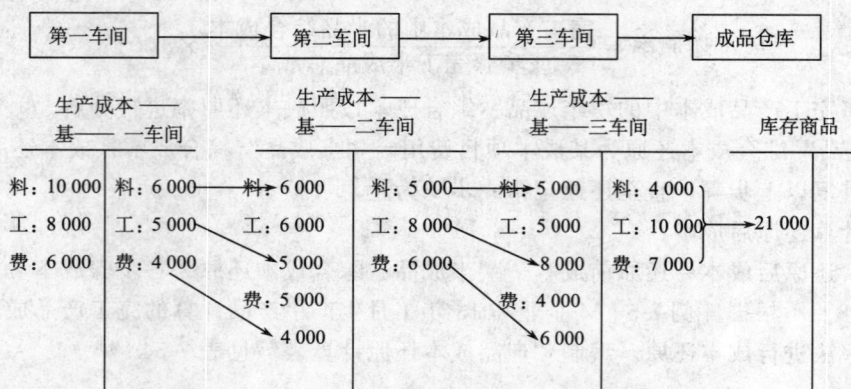

图 7-4   分项逐步结转分步法成本计算流程图

[例 7-9]   甲公司 2013 年 5 月生产甲产品，经过两个生产步骤加工，其生产工艺流程如图 7-5。

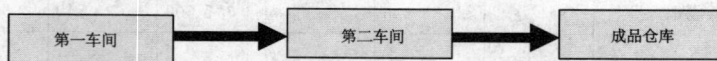

图 7-5   甲产品生产工艺流程图

原材料在生产开始时一次投入，月末在产品按约当产量法计算。其他有关资料见表 7-55 和表 7-56。

表 7-55   产量统计表

产品名称：甲产品 　　　　　　　　　　　2013 年 5 月 　　　　　　　　　　　单位：件

项目	一车间	二车间
月初在产品数量	20	140
本月投产数量	80	60
本月完工产品数量	60	120
月末在产品数量	40	80
在产品完工程度/%	50	50

表 7-56   生产费用资料

产品名称：甲产品 　　　　　　　　　　　2013 年 5 月 　　　　　　　　　　　单位：元

成本项目	月初在产品			本月发生费用	
	一车间	二车间		一车间	二车间
		一车间	二车间		
直接材料	1 800	12 600	—	7 200	—
燃料及动力	600	8 400	1 250	5 400	1 607
直接工资	1 000	14 000	1 360	9 000	1 749
制造费用	700	9 800	1 130	6 300	1 453
合计	4 100	44 800	9 031	27 900	6 800

采用分项逐步结转分步法计算产品成本如下：

根据一车间生产甲产品日常分配归集的费用，编制的"产品成本计算单"见表 7-57。

表 7-57　产品成本计算单

生产步骤：甲产品第一车间　　　2013 年 5 月　　完工数量：60 件　　在产品数量：40 件　　单位：元

摘　要		直接材料	燃料及动力	直接工资	制造费用	合　计
月初在产品成本		1 800	600	1 000	700	4 100
本月发生额		12 600	8 400	14 000	9 800	44 800
合　计		14 400	9 000	15 000	10 500	48 900
分配标准	完工品数量	60	60	60	60	—
	在产品约当量	40	20	20	20	—
	合　计	100	80	80	80	—
分配率		144	112.5	187.5	131.25	575.25
完工半成品成本		8 640	6 750	11 250	7 875	34 515
月末在产品成本		5 760	2 250	3 750	2 625	14 385

根据表 7-57 "产品成本计算单"，结转完工半成品成本到下一步骤，应作如下账务处理：

借：生产成本——基本生产成本——甲产品第二车间　　　　　43 100

　　贷：生产成本——基本生产成本——甲产品第一车间　　　　　　43 100

根据二车间生产甲产品日常分配归集的费用和一车间转入的半成品成本，编制的"产品成本计算单"见表 7-58。

表 7-58　产品成本计算单

生产步骤：甲产品第二车间　　　2013 年 5 月　　完工数量：120 件　　在产品数量：80 件　　单位：元

摘　要		直接材料	燃料及动力	直接工资	制造费用	合　计
月初在产品成本	上车间转入	12 600	8 400	14 000	9 800	44 800
	本车间发生		1 250	1 360	1 130	9 031
本月发生额	上车间转入	8 640	6 750	11 250	7 875	34 515
	本车间发生		1 607	1 749	1 453	6 800
合　计	上车间转入	21 240	15 150	25 250	17 675	79 315
	本车间发生		2 857	3 109	2 583	15 831
	合　计	21 240	18 007	28 359	20 258	95 146
分配标准	完工品数量	120	120	120	120	—
	在产品约当量　上车间转入	80	80	80	80	—
	本车间发生		40	40	40	—
分配率	上车间转入	106.20	75.75	126.25	88.38	—
	本车间发生		17.86	19.43	16.14	—
完工产品成本		12 744	11 233.2	17 481.6	12 542.4	54 001.2
单位成本		106.2	93.61	145.68	104.52	450.01
月末在产品成本		8 496	6 773.8	10 877.4	7 715.6	41 144.8

根据表 7-58 "产品成本计算单"，结转完工产品成本，应作如下账务处理：

借：库存商品——甲产品　　　　　　　　　　　　　　　　　54 001.2
　　贷：生产成本——基本生产成本——甲产品第二车间　　　　　54 001.2

采用分项结转分步法时，各生产步骤之间的成本结转比较复杂，特别是半成品经过半成品库收发的情况下，更是如此。同时，在各步骤完工产品成本中看不出所耗上步骤半成品成本的数额，不便于进行成本分析和成本考核。

（四）逐步结转分步法的优缺点

采用逐步结转分步法计算产品成本，由于其实物结转与半成品的成本结转相一致，因而各成本计算单上月末在产品成本，就是各步骤该产品实际占用的生产资金，将各步骤占用的生产资金进行汇总，就可以计算出企业实际占用的生产资金数额，便于考核生产资金的占用情况，有利于加强对生产资金的管理；同时，采用逐步结转分步法，还可以为各步骤消耗半成品、同行业进行半成品成本的对比、企业内部成本分析和考核等提供了半成品成本资料。但采用综合结转法时，若需提供按原始成本项目反映的各产品成本项目的金额，还需进行成本还原，计算工作较为复杂。虽为避免进行成本还原可采用分项结转法，但转账手续比较麻烦。按实际成本计价结转虽比较准确，但影响了成本计算的及时性，不利于考核和分析各步骤成本的升降原因。按计划成本计价结转，虽能克服按实际成本计价的缺点，但要进行半成品成本差异的计算和调整。因此，采用逐步结转分步法时，企业应根据本单位的特点，选择采用具体的成本计算模式。

三、平行结转分步法

（一）平行结转分步法的概念和特点

平行结转分步法也称不计算半成品成本法，它是各步骤不计算半成品成本，而只归集各步骤本身所发生的费用及各步骤应计入最终完工产品成本的份额，将各步骤应计入最终完工产品成本的份额平行加以汇总，计算结转完工产品成本的一种方法。平行结转分步法主要适用于半成品种类较多，又很少对外销售的企业。在这样的企业里，半成品种类较多，而且很少对外销售，一般不需计算各步骤半成品成本，而只需计算最终产品的成本，就可以满足成本管理的要求，这时，为了简化分步成本的计算，则可采用平行结转分步法计算成本。其成本计算流程见图 7-6。

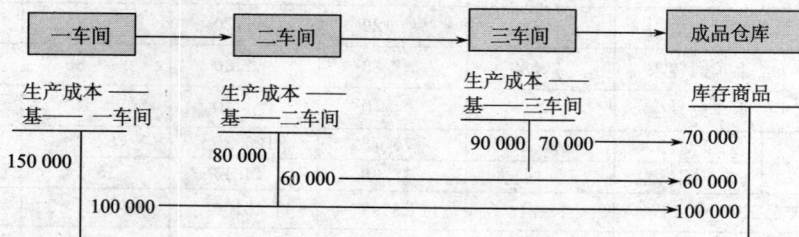

图 7-6　平行结转分步法成本计算流程图

平行结转分步法具有以下特点：各步骤只归集本步骤发生的费用，不反映耗用的半成品成本；上一步骤的半成品转入下一步骤继续加工时，虽实物转入，但半成品成本不随实物转移而结转；月末各步骤归集的费用是在最终完工产品与本步骤的广义在产品之间分配，计算步骤应计入最终完工产品成本的份额；完工产品成本从各个步骤成本明细账中转出。

（二）平行结转分步法的成本计算程序

（1）按每种产品及其所经过的生产步骤设置"生产成本——基本生产成本"明细账和"产品成本计算单"来归集生产费用，计算产品成本。对生产过程中发生的各项费用进行审核、分配和归集，编制各种要素费用分配表，据以登记各步骤"基本生产成本"明细账、"辅助生产成本"明细账、"制造费用"明细账等。其账务处理如下：

借：生产成本——基本生产成本——×种产品×生产步骤

生产成本——辅助生产成本——×车间

制造费用

贷：原材料/应付职工薪酬等资产或负债账户

（2）月末将归集在"生产成本——辅助生产成本"明细账的全部费用，按照各种产品和各单位受益的辅助生产产品或劳务的数量，选择适当的方法，编制"辅助生产费用分配表"，分配结转辅助生产费用，并登记到受益产品各生产步骤的"基本生产成本"明细账和受益单位的费用明细账中。其账务处理如下：

借：生产成本——基本生产成本——×种产品×生产步骤

××账户　　　（其他受益单位）

贷：生产成本——辅助生产成本——×车间

（3）月末将归集在各个基本生产车间"制造费用"明细账的费用，采用一定的方法，在本车间生产的各种产品之间进行分配，编制"制造费用分配表"，分配结转制造费用，并据以登记"基本生产成本"明细账。其账务处理如下：

借：生产成本——基本生产成本——×种产品×生产步骤

贷：制造费用

（4）月末选择适当的方法（通常采用约当产量法、在产品按定额成本计算法），将各步骤归集的生产费用在最终完工产品与本步骤的广义在产品之间分配，从而计算各步骤生产费用中应计入最终完工产品成本的份额。

（5）将各步骤生产费用中应由最终完工产品成本负担的份额平行结转汇总，计算结转完工产品成本。其账务处理如下：

借：库存商品——××产品

贷：生产成本——基本生产成本——×种产品各个生产步骤

（三）广义在产品与广义约当产量计算

采用平行结转分步法计算成本，月末各步骤归集的生产费用是在最终完工产品与本步骤的广义在产品之间分配。所以，广义在产品与广义约当产量计算是否准确，直接影响成本计算的准确性。

（1）各步骤的完工数量计算。由于各步骤归集的生产费用是在最终完工产品与本步骤的广义在产品之间分配，所以，各步骤的完工数量应该是最终完工产品耗用本步骤的完工半成品数量，计算公式如下：

某步骤的完工数量＝最终完工产品数量×单位完工产品耗用本步骤的半成品数量

（2）各步骤的广义在产品数量和广义约当产量计算。广义在产品是指没有完成全部生产过程中，不能作为商品销售的产品，包括正在加工中的产品和加工告一段落留存在半成品库和以后各步骤的半成品。计算公式如下：

某步骤的广义在产品数量＝本步骤的在产品数量＋半成品仓库留成的本步骤半成品数量＋Σ半成品仓库留成的以后各步骤半成品数量×单位该步骤半成品耗用本步骤的半成品数量

＋Σ以后各步骤在产品数量×单位该步骤在产品耗用本步骤的半成品数量

某步骤的广义约当产量＝本步骤的在产品数量×本步骤完工程度＋半成品仓库留成的本步骤半成品数量＋Σ半成品仓库留成的以后各步骤半成品数量×单位该步骤半成品耗用本步骤的半成品数量＋Σ以后各步骤在产品数量×单位该步骤在产品耗用本步骤的半成品数量

[例 7-10]   M 企业 2013 年 1 月生产甲产品，经过三个生产步骤加工，其生产工艺流程如图 7-7 所示，1 甲＝1B＝2A。

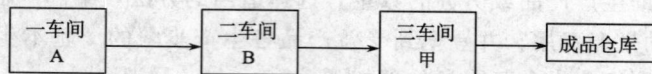

图 7-7   甲产品生产工艺流程图

原材料在生产开始时一次投入，月末在产品按约当产量法计算。其他有关资料见表 7-59 和表 7-60。

表 7-59   产量统计表

单位：件

项目	一车间	二车间	三车间
月初在产品数量	20	40	60
本月投产数量	180	80	80
本月完工产品数量	160	80	60
月末在产品数量	40	40	80
在产品完工程度/%	50	50	50

表 7-60   生产费用资料

单位：元

成本项目	月初在产品			本月发生费用		
	一车间	二车间	三车间	一车间	二车间	三车间
直接材料（半成品）	1 800			14 400		
燃料及动力	600	915	1 250	10 200	3 000	5 400
直接工资	1 000	1 125	1 360	17 000	2 500	3 200
制造费用	700	875	1 130	11 900	1 300	2 100
合计	4 100	2 915	3 740	53 500	6 800	10 700

采用平行结转分步法计算产品成本如下：

第一车间：完工数量＝60×2＝120（件）

广义在产品数量＝40＋40×2＋80×2＝280（件）

广义约当产量＝40×50％＋40×2＋80×2＝260（件）

根据第一车间生产甲产品日常分配归集的费用，编制的"产品成本计算单"见表7-61。

表 7-61　产品成本计算单

生产步骤：甲产品第一车间　　　　　　2013 年 1 月　　　　　　单元：元

	摘 要	直接材料	燃料及动力	直接工资	制造费用	合计
	月初在产品成本	1 800	600	1 000	700	4 100
	本月发生额	14 400	10 200	17 000	11 900	53 500
	合 计	16 200	10 800	18 000	12 600	57 600
分配标准	完工品数量	120	120	120	120	—
	广义在产品数量及约当量/件	280	260	260	260	—
	合 计	400	380	380	380	—
	分配率	40.5	28.42	47.37	33.16	149.45
	完工产品份额	4 860	3 410.4	5 684.4	3 979.2	17 934
	月末在产品成本	11 340	7 389.6	12 315.6	8 620.8	39 666

第二车间：完工数量＝60×1＝60（件）

广义在产品数量＝40＋80×1＝120（件）

广义约当产量＝40×50％＋80×1＝100（件）

根据第二车间生产甲产品日常分配归集的费用，编制的"产品成本计算单"见表7-62。

表 7-62　产品成本计算单

生产步骤：甲产品第二车间　　　　　　2013 年 1 月　　　　　　单位：元

	摘 要	直接材料	燃料及动力	直接工资	制造费用	合计
	月初在产品成本		915	1 125	875	2 915
	本月发生额		3 000	2 500	1 300	6 800
	合 计		3 915	3 625	2 175	9 715
分配标准	完工品数量		60	60	60	—
	广义在产品数量及约当量		100	100	100	—
	合 计		160	160	160	—
	分配率		24.47	22.66	13.59	60.72
	完工产品份额		1 468.2	1 359.6	815.4	3 643.2
	月末在产品成本		2 446.8	2 265.4	1 359.6	6 071.8

第三车间：完工数量＝60（件）

广义在产品数量＝80（件）

广义约当产量＝80×50％＝40（件）

根据第三车间生产甲产品日常分配归集的费用，编制的"产品成本计算单"见表7-63。

表7-63　产品成本计算单

生产步骤：甲产品第三车间　　　　　　2013 年 1 月　　　　　　　　　单位：元

摘　要		直接材料	燃料及动力	直接工资	制造费用	合计
月初在产品成本			1 250	1 360	1 130	3 740
本月发生额			5 400	3 200	2 100	10 700
合计			6 650	4 560	3 230	14 440
分配标准	完工品数量		60	60	60	—
	广义在产品数量及约当量/件		40	40	40	—
	合计		100	100	100	—
分配率			66.5	45.6	32.3	144.4
完工产品份额			3 990	2 736	1 938	8 664
月末在产品成本			2 660	1 824	1 292	5 776

根据上述计算，将各步骤成本计算单中"应计入产成品成本中的份额"平行进行汇总，即可编成"完工产品成本汇总计算单"见表7-64。

表7-64　完工产品成本汇总计算单

品种：甲产品　　　　　　2013 年 1 月　　　　完工数量：60 件　单位：元

项目	直接材料	燃料及动力	直接工资	制造费用	合计
第一步骤	4 860	3 410.4	5 684.4	3 979.2	17 934
第二步骤		1 468.2	1 359.6	815.4	3 643.2
第三步骤		3 990	2 736	1 938	8 664
成本合计	4 860	8 868.6	9 780	6 732.6	30 241.2
单位成本	81	147.81	163	112.21	504.02

根据表7-64"完工产品成本汇总计算单"结转完工产品成本，应作如下账务处理：

借：库存商品——甲产品　　　　　　　　　　　　　　　　30 241.2

　　贷：生产成本——基本生产成本——甲产品第一车间　　　　17 934

　　　　　　　　　　　　　　　　——甲产品第二车间　　　　3 643.2

　　　　　　　　　　　　　　　　——甲产品第三车间　　　　8 664

在平行结转分步法下，各车间半成品的收发，也可以通过半成品库进行。由于采用平行结转分步法下，上一步骤完工的半成品转入下一生产步骤加工时，其半成品成本并不随实物的转移而转入下一步骤的成本计算单中。因此，采用平行结转分步法计算产品成本时，不论半成品是直接转入下一生产步骤还是通过半成品库收发，均不需通过"自制半成品"科目进行核算。

（四）平行结转分步法的优缺点

采用平行结转分步法计算产品成本，由于各步骤不计算所耗上一步骤半成品的成本，只计算本步骤所发生的费用应计入产成品成本中的份额，将这一份额平行汇总即可计算出产成品成本。因此，各生产步骤月末可以同时进行成本计算，不必等待上一步骤半成品成本的结转，从而加快了成本计算工作的速度，缩短了成本计算的时间；同时，采用平行结转分步法，能直接提供按原始成本项目反映的产品成本的构成，有助于进行成本分析和成本考核。但采用平行结转分步法时，半成品成本的结转同其实物结转相脱节，各步骤月末在产品成本不仅包括本步骤正在加工中的在产品，而且也包括转入下一步骤，但尚未最后制成为产成品的那些半成品在本步骤中发生的费用，这样，各步骤成本计算单上的月末在产品成本与实际结存在该步骤的在产品成本就不一致，因而，不利于加强对生产资金的管理。所以，平行结转分步法一般适用于不需提供各步骤半成品成本资料的企业。

四、平行结转分步法与逐步结转分步法的比较

采用平行结转分步法和逐步结转分步法计算产品成本，虽然都属于分步法，但两者之间仍有许多不同之处，主要表现在如下几个方面。

1. 成本计算程序不同

逐步结转分步法在计算成本时是按产品的生产过程逐步计算并结转半成品及其成本，在最后步骤计算出完工产成品成本；而平行结转分步法各步骤只计算该步骤应计入产成品成本的份额，将各步骤应计入产成品成本的份额平行地加以汇总，才能计算出完工产成品的成本。

2. 各步骤所包括的费用不同

逐步结转分步法下，其每一步骤应分配的费用（第一步骤除外）既包括本步骤发生的费用，也包括上一步骤转入的半成品的成本；平行结转分步法下各步骤应分配的费用，只包括本步骤发生的费用，不包括上一步骤转入半成品的成本。

3. 各步骤完工产品的概念不同

逐步结转分步法下的完工产品不仅包括最后步骤完工的产成品，而且还包括各步骤完工的半成品；平行结转分步法下的完工产品只包括最后步骤的完工产成品。

4. 各步骤在产品的概念不同

逐步结转分步法下各步骤的在产品是狭义在产品，而平行结转分步法下各步骤的在产品是广义在产品。

5. 提供的成本资料不同

逐步结转分步法下能提供各步骤所占用的生产资金数额。但在综合逐步结转分步法下不能提供按原始成本项目反映的成本结构，有时需要进行复杂的成本还原；平行结转分步法下不能提供各步骤所占用的生产资金数额，但它能直接提供按原始成本项目反映的产品

成本构成，不需进行成本还原。

6. 成本与实物的关系不同

在逐步结转分步法下，成本与实物是一致的，即半成品实物转入哪个步骤，其成本也转入哪个步骤；平行结转分步法下成本与实物是不一致的，当半成品转入下一步骤加工时，其成本并不转入下一步骤。

7. 成本计算的及时性不同

逐步结转分步法除第一步骤外，其余步骤均需在上一步骤成本计算后才能进行，影响了成本计算的及时性。而平行结转分步法各步骤可以同时进行计算，加快了成本计算的速度。

第四节　产品成本计算分类法

一、分类法的概念

分类法是指对产品按照一定标准进行分类的基础上，以产品生产类别作为成本计算对象来归集生产费用，在计算出某类产品完工产品成本的基础上，按一定标准在内类各种产品之间分配计算各种产品成本的方法。

在一些工业企业中，生产的产品品种、规格繁多，如果以产品品种或规格作为成本计算对象来归集生产费用，计算产品成本，则成本计算工作量过大。产品成本计算的分类法，就是在产品品种、规格繁多，但可以按照一定标准分类的情况下，为简化成本计算工作而采用的一种成本计算方法。因此，分类法是一种辅助成本计算方法，必须与成本计算的各种基本方法结合使用。所以，分类法主要适用于产品品种、规格繁多，但可以按照一定标准分类的的企业或车间，如电子元件厂、针织厂、制鞋厂、食品厂等。此外，分类法还可以用于联产品、副产品和等级品的成本计算。

二、分类法的特点

产品成本计算的分类法是在产品品种、规格繁多，但可以按照一定标准分类的情况下，为简化成本计算工作而采用的一种辅助成本计算方法。其具有以下特点：

（1）在对产品按照一定标准进行分类的基础上，以产品生产类别作为成本计算对象归集生产费用。采用分类法计算产品成本时，首先应将产品划分为不同的类别，在计算出某一类别产品的完工产品总成本的基础上，再按一定标准分配计算同一类别内各种产品的成本。产品类别的划分，一般是根据产品的性质、结构、所用原材料以及工艺流程的特点等进行分类。将不同品种、规格的产品按上述特征划分为不同的类别后，以产品类别作为成本计算对象，按类别设置产品成本计算单，并结合生产类型的不同，选择一定方法，按产品类别分成本项目归集生产费用，进行成本计算。这样一来，产品的分类是否恰当，类距是否合适，分配标准的选择是否符合实际，将直接影响到成本计算结果的准确性。为此，要求产品类别的划分要恰当，类距要合理。所谓分类恰当，是对分类的依据而言，即不能将所用原材料、所经过工艺流程不同的产品划分为一类，否则将影响成本计算的准确性，因为产品耗用材料不同，其所应分配的材料费用也不一样，有时差别还可能很大；若生产工艺流程不同，各种产品所应分配的加工费用的差别就很大。如果不具备分类条件，即使产品品种、规格很多，也不宜分类计算产品成本。同时，类内产品之间的类距也不能相差太大，类距过大，则会使品种、规格相差较大的产品成本相同，影响成本计算的准确性；类距过小，会加大成本计算工作量。所以，产品类别的划分应本着既简化成本计算，又能使成本计算结果比较准确的原则进行。

（2）在计算出某类产品完工产品成本的基础上，按一定标准在内类各种产品之间分配计算各种产品成本。采用分类法计算产品成本，实际上是先将各类产品作为不同品种的产品，按品种计算出各类产品的总成本，然后再采用分类法，选择适当的分配标准，将某类完工产品的总成本在类内各种产品之间进行分配，从而计算出各种产品的成本。

（3）分类法是一种简化的成本计算辅助方法，不能单独使用，必须与成本计算基本方法结合使用。分类法是品种法的一种具体运用，它不是一种独立的成本计算方法，必须与成本计算的某种基本方法结合使用，即分类法下某类产品的总成本是采用成本计算的各种基本方法计算出来的。

三、分类法成本计算程序

（1）按照一定标准对企业生产的各种品种、规格的产品进行分类。常用的分类标准有：产品的性质和结构；产品所耗原材料；产品生产工艺流程的特点等。产品的分类是否恰当，类距是否合适，分配标准的选择是否符合实际，将直接影响到成本计算结果的准确性。为此，要求产品类别的划分要恰当，类距要合理。

（2）以产品生产类别作为成本计算对象，设置"生产成本——基本生产成本"明细账，分配和归集各项生产费用，计算各类完工产品成本。

① 对日常发生的各种费用，以产品生产类别作为成本计算对象进行分配和归集。

借：生产成本——基本生产成本——×类产品
　　　×复账户
　贷：原材料/应付职工薪酬等资产或负债账户

② 月末将归集在"生产成本——辅助生产成本"明细账的全部费用，按照各类产品和各单位受益的辅助生产产品或劳务的数量，选择适当的方法，编制"辅助生产费用分配表"，分配结转辅助生产费用，并登记到受益的各类产品"基本生产成本"明细账和受益单位的费用明细账中。其账务处理如下：

借：生产成本——基本生产成本——×类产品
　　　×复账户　　（其他受益单位）
　贷：生产成本——辅助生产成本——×车间

③ 月末将归集在各个基本生产车间"制造费用"明细账的费用，采用一定的方法，在本车间生产的各类产品之间进行分配，编制"制造费用分配表"，分配结转制造费用，并据以登记"基本生产成本"明细账。其账务处理如下：

借：生产成本——基本生产成本——×类产品
　贷：制造费用

④月末选择适当的方法（通常采用在产品不计算成本法、在产品按固定成本计算法、在产品按定额成本计算法等方法），将各类产品归集的生产费用在该类完工产品与在产品之间分配，从而计算各类完工产品成本。

（3）将某类完工产品成本，按照一定标准在内类各种产品之间分配，计算结转各种产品完工产品成本。

借：库存商品——×种产品

　　贷：生产成本——基本生产成本——×类产品

四、类内完工产品成本分配方法

按类别计算出各类产品的完工产品总成本后，如何将每类产品的完工产品总成本在类内各种产品之间进行分配，从而计算出各种完工产品的成本，是一个重要问题。在计算类内各种产品成本时，分配标准的选择是非常重要的，分配标准应选择与产品成本高低有着直接联系的项目。各成本项目可以采用同一分配标准，也可以采用不同的分配标准。定额消耗量、定额成本、计划成本、产品售价、产品的重量或体积等，都可作为成本分配的标准。

类内完工产品成本分配方法，一般常用：系数比例分配法、定额比例法等方法。

（一）系数比例分配法

在实际工作中采用分类法计算产品成本时，为了简化类内不同品种、规格产品成本分配的计算工作，一般是将类内产品的分配标准折合为系数，按系数分配计算类内每种产品的成本。因此，分类法又称为系数比例分配法。

系数比例分配法，又称标准产量比例分配法，是指将类内各种产品按照一定标准折合为系数（或标准产量），以类内各种产品的系数（或标准产量）为标准，采用比例分配法的原理，在类内各种产品之间分配计算结转各种产品完工产品成本的方法。其计算分配程序如下。

1. 确定类内各种产品的单位系数和总系数

确定系数的具体做法是，在同类产品中选择一种产量较大、生产比较稳定或规格折中的产品作为标准产品，把这种产品的单位标准系数确定为1，以其他产品的单位产品的分配标准数据与标准产品的数据相比，求出的比例即为其他产品的系数。系数确定后，把各种产品的实际产量乘上系数，换算成标准产品产量，或称为总系数。

$$标准产品单位标准系数 = 1$$

$$其他产品单位标准系数 = \frac{该产品单位定额}{标准产品单位定额}$$

$$某种产品总系数 = 该种产品产量 \times 单位系数$$

2. 计算分配率

$$某成本项目分配率 = \frac{该项目金额}{类内各种产品总系数之和}$$

3. 计算某种产品分配额

某种产品分配额＝该种产品总系数×分配率

采用系数法分配计算类内各种产品成本时，既可按综合系数分配，也可分成本项目采用单项系数分配。另外，材料费用一般按系数进行分配，其他各项费用既可以按系数进行分配，也可以按定额工时比例进行分配。

(二) 定额比例法

按定额比例法进行类内产品成本分配，是指在计算出类内产品的总成本后，按类内各种产品的定额比例进行成本分配，从而计算出类内每一种产品成本的一种方法。这种方法一般适用于定额比较健全、稳定的企业。具体进行计算时，材料费用可按各种产品材料定额耗用量比例进行分配，加工费用可采用定额工时比例进行分配。

[例 7-11]　M 公司生产的 A、B、C 三种产品其生产工艺过程相同，归为甲类产品，采用分类法按品种法的基本原理计算成本。月末费用在完工产品与在产品之间分配采用月末在产品按固定成本计算法计算。甲类完工产品成本在类内 A、B、C 三种产品之间分配：直接材料按材料定额成本确定的系数比例法分配，其他费用采用定额工时比例分配。假定 B 为标准产品。2013 年 1 月生产甲类产品的相关资料如表 7-65、表 7-66 所示。

表 7-65　产品定额资料

品种	单位材料定额				单位工时定额工时/件
	E 材料		D 材料		
	用量千克/件	计划单价/元	用量千克/件	计划单价/元	
A 产品	20		30		6
B 产品	15	30	25	22	5
C 产品	10		20		4

表 7-66　完工产品入库单　　　　　　　　　　　　　　　　　单位：件

品种	A 产品	B 产品	C 产品
产量	850	670	350

2013 年 1 月生产甲类产品发生的各项费用已分配归集在"生产成本——基本生产成本"明细账和成本计算单中，采用月末在产品按固定成本计算法计算甲类完工产品成本，见表 7-67。根据材料定额成本确定甲类产品各种产品的单位系数见表 7-68。

表 7-67　产品成本计算单

产品类别：甲类产品　　　　　　　　2013 年 1 月　　　　　　　　单位：元

摘 要	直接材料	燃料及动力	直接工资	制造费用	合计
月初在产品成本	180 000	60 000	100 000	70 000	410 000
本月发生额	2 400 000	295 500	492 500	197 000	3 385 000

续表

摘 要	直接材料	燃料及动力	直接工资	制造费用	合 计
合 计	2 580 000	355 500	592 500	267 000	3 795 000
完工产品成本	2 400 000	295 500	492 500	197 000	3 385 000
月末在产品成本	180 000	60 000	100 000	70 000	410 000

表 7-68　甲类产品各种产品单位系数计算表

2013 年 1 月　　　　　　　　　　　　　　单位：元

品种	单位材料定额成本			单位系数
	E 材料	D 材料	合计	
A 产品	20×30＝600	30×22＝660	1 260	1 260÷1 000＝1.26
B 产品	15×30＝450	25×22＝550	1 000	1
C 产品	10×30＝300	20×22＝440	740	740÷1 000＝0.74

甲类完工产品成本在类内 A、B、C 三种产品之间分配：直接材料按材料定额成本确定的系数比例法分配，其他费用采用定额工时比例分配。编制"甲类完工产品成本分配计算表"见表 7-69。

表 7-69　甲类完工产品成本分配计算表

2013 年 1 月　　　　　　　　　　　　　　单位：元

品种	产量	材料单位系数	材料总系数	单位工时定额	定额总工时	成本项目				完工产品总成本	单位成本
						直接材料	燃料及动力	直接工资	制造费用		
分配率						1 200	30	50	20		
A 产品	850	1.26	1 071	6	5 100	1285 200	153 000	255 000	102 000	1 795 200	2 112
B 产品	670	1	670	5	3 350	804 000	100 500	167 500	67 000	1 139 000	1 700
C 产品	350	0.74	259	4	1 400	310 800	42 000	70 000	28 000	450 800	1 288
合计	—	—	2 000	—	9 850	24 00 000	295 500	492 500	197 000	3 385 000	

根据表 7-69"甲类完工产品成本分配计算表"结转完工产品成本，作如下账务处理：

借：库存商品——A 产品　　　　　　　　　　　　　　　　1 795 200

　　　　　　——B 产品　　　　　　　　　　　　　　　　1 139 000

　　　　　　——C 产品　　　　　　　　　　　　　　　　　450 800

　　贷：生产成本——基本生产成本——甲类产品　　　　　　3 385 000

五、分类法的优缺点及适用范围

采用分类法，按产品类别归集费用、计算成本，不仅可以简化成本核算工作，而且能够在产品品种、规格繁多的情况下，分类考核分析产品成本的水平；但是，由于类内各产品成本是按一定标准分配计算出来的，因而计算结果带有一定的假设性。因此，在分类法下，分配标准的选择成为成本计算正确性的关键，企业应选择与成本水平高低有直接关系的分配标准来分配费用，并随时根据实际情况的变化修订或变更分配标准，以保证分类法下成本计算结果的准确性。

分类法与生产类型没有直接关系，可以在各种类型的生产中应用。分类法的应用范围很广，凡是生产的产品品种、规格繁多，又可以按一定标准划分为若干类别的企业或车间，均可采用分类法计算成本。例如，钢铁厂生产的各种型号和规格的生铁、钢锭和钢材；食品厂生产的各种味道的饼干、面包、点心，灯泡厂生产的各种类别和瓦数的灯泡；等等，都可以采用分类法计算成本。

六、联产品、副产品和等级品成本计算

（一）联产品的成本计算

1. 联产品的含义

联产品是指使用同种原材料，经过同一加工过程而同时生产出两种或两种以上的主要产品。联产品虽然在性质、用途上有所不同，但它们都是企业的主要产品。例如，炼油厂以原油为原料，经过一定的生产工艺过程，可以生产出汽油、柴油和煤油等。

联产品与同类产品不同，同类产品是指在产品品种、规格繁多的企业或车间，按一定的标准归类的产品，其目的是便于采用分类法简化产品成本计算工作。而联产品的生产是联合生产，其特点是：①联产品是制造活动的主要目标；②联产品比其他相伴生的副产品售价高；③只要生产出联产品中的一种，就必须同时生产出所有的产品；④对产出的各种产品的相对产量，生产者无法控制。

2. 联产品成本的计算

联产品是使用相同的原材料，经过同一生产过程生产出来的。有的联产品一般要到生产过程终了才能分离出来；有的联产品也可能在生产过程的某一个生产步骤分离出来，这个分离时的生产步骤称为"分离点"。在分离前发生的加工成本称为联合成本。基于上述特点，联产品的成本计算可以分三个部分。

第一，联产品分离点前联合成本的计算。联产品分离前，无法按每种产品作为成本计算对象、归集生产费用并计算其成本，而只能将同一生产过程的联产品，视同一类产品，采用分类法计算分离前的联合成本。

第二，联产品分离点的联合成本分配。在联产品分离时，将联合成本采用适当的分配标准，在联产品之间进行分配，求出各联产品应负担的联合成本。

第三，联产品分离点后加工成本的计算。有些联产品分离后还需要进一步加工才能出售，这时，应采用适当的方法计算分离后的加工成本。分离后发生的加工成本，因可以分辨其承担主体，所以称为可归属成本。联产品应负担的联合成本与可归属成本之和，就是该联产品的成本。联产品的生产过程，如图7-8所示。

3. 联产品的联合成本的分配方法

（1）系数比例分配法，是将各种联产品的实际产量按照事先规定的系数折合为标准产

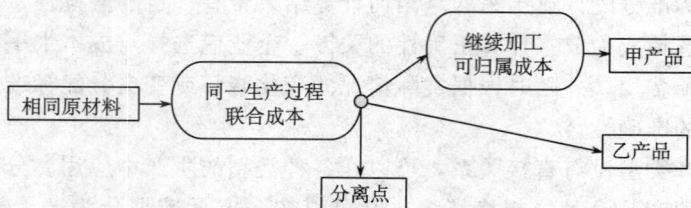

图 7-8　联产品的生产过程图

量，然后将联合成本按照各种联产品的标准产量比例进行分配的方法。系数法是联产品成本计算中使用较多的一种分配方法，采用这种方法分摊联产品的联合成本，其正确性取决于系数的确定。决定系数的两个主要因素是分配标准和标准产品的确定。由于某些因素的影响，有些企业应用系数法可能存在一定困难，这时可考虑其他较简便的分配方法，如实物量分配法。

（2）实物量比例分配法，是按分离点上各种联产品的重量、容积或其他实物量度比例来分配联合成本的方法。采用这种方法计算出的各种产品单位成本是一致的，且是平均单位成本，因此，这种方法的优点是简便易行。但这种方法也存在缺陷，主要是由于产品成本与实物量并不都是直接相关且成正比例变动的，在这种情况下采用此法容易导致成本计算与实际相脱节。因此，实物量分配法应在联产品的成本与实物量密切相关且成正比例变动的情况下使用。

（3）相对销售收入比例分配法，是指用各种联产品的销售收入比例来分配联合成本的方法。这种分配法是基于售价较高的联产品应该成比例地负担较高份额的联合成本这一理论，它是将联合成本按各联产品的销售价值比例来分摊，其结果是各联产品可取得一致的毛利率。这种方法克服了实物量分配法的不足，但其本身也存在缺陷，主要表现在两个方面：一是并非所有的成本都与售价有关，价格较高的产品不一定要负担较高的成本；二是并非所有的联产品都具有同样的获利能力。若不区分具体情况而盲目采用这种方法，会对产品生产决策带来不利影响。这种方法一般适用于分离后不再继续加工，而且价格波动不大的联产品的成本计算。

[例 7-12]　　M 公司利用同一种原材料，在同一工艺流程中生产出甲、乙、丙、丁四种主要产品归为 M 类计算联合成本。甲产品分离后还要继续加工。2013 年 3 月有关成本和产量资料如表 7-70、表 7-71 所示。

表 7-70　联产品产量、售价统计表

2013 年 3 月

产品名称	产量/千克	单位售价/元
甲产品	1 800	10
乙产品	600	12
丙产品	900	8
丁产品	300	14

表 7-71　联产品成本资料

2013 年 3 月　　　　　　　　　　　　　　　　单位：元

成本项目	直接材料	直接工资	制造费用	合计
分离前的联合成本	23 400	5 620	1 724	30 744
分离后甲产品加工成本	810	195	105	1 110

以产品售价为标准确定系数，以甲产品为标准产品，采用系数比例分配法进行联合成本分配，编制"联合成本分配分配表"见表 7-72。

表 7-72　联合成本分配分配表

2013 年 3 月　　　　　　　　　　　　　　　　单位：元

品种	产量	单位系数	总系数	成本项目			联合成本
				直接材料	直接工资	制造费用	
分配率				6.39	1.54	0.47	
甲产品	1 800	1	1 800	11 502	2 772	846	15 120
乙产品	600	1.2	720	4 600.8	1 108.8	338.4	6 048
丙产品	900	0.8	720	4 600.8	1 108.8	338.4	6 048
丁产品	300	1.4	420	2 696.4	630.4	201.2	3 528
合计	—	—	3 660	23 400	5 620	1 724	30 744

单位系数确定：甲产品＝1；乙产品＝12/10＝1.2；丙产品＝8/10＝0.8；丁产品＝14/10＝1.4

由于甲产品分离后还要继续加工，其他产品完工入库。所以，根据表 7-72"联合成本分配分配表"应作如下账务处理：

借：生产成本——基本生产成本——甲产品　　　　　　　　　　　15 120
　　库存商品——乙产品　　　　　　　　　　　　　　　　　　　6 048
　　　　　　　——丙产品　　　　　　　　　　　　　　　　　　6 048
　　　　　　　——丁产品　　　　　　　　　　　　　　　　　　3 528
　贷：生产成本——基本生产成本——M 类产品　　　　　　　　　30 744

根据甲产品分配的联合成本和进一步加工归集的可归属成本，编制甲产品成本计算单见表 7-73。

表 7-73　成本计算单

品种：甲产品　　　　　　　　2013 年 3 月　　　　　　　　单位：元

成本项目	直接材料	直接工资	制造费用	合计
分配转入的联合成本	11 502	2 772	846	15 120
发生的可归属成本	810	195	105	1 110
完工产品总成本	12 312	2 967	951	16 230
单位成本	6.84	1.65	0.53	9.02

根据表 7-73"成本计算单"结转完工产品成本，应作如下账务处理：

借：库存商品——甲产品　　　　　　　　　　　　　　　　　　16 230

　　贷：生产成本——基本生产成本——甲产品　　　　　　　　　　16 230

（二）副产品的成本计算

1. 副产品的概念

副产品是指使用同种原材料在同一生产过程中生产主要产品的同时，附带生产出一些非主要产品，或利用生产中废料加工而成的产品，如肥皂厂生产出来的甘油，炼油厂生产出来的渣油、石焦油，酿酒厂生产出来的酒糟等。

2. 副产品的成本计算方法

副产品成本计算具有以下特点：分离点以前与主产品归为一类，按照分类法的成本计算原理计算成本；副产品按一定计价方法估算成本，从主副产品总成本中扣除计算主产品成本。

副产品的成本计算方法通常有以下几种：

（1）对分离后不再加工且价值不大（与主要产品相比）的副产品，可不负担分离前的联合成本，或以定额单位成本计算其成本。

（2）对分离后不再加工但价值较高的副产品，往往以其销售价格作为计算的依据，将销售价格扣除销售税金、销售费用和一定的利润后作为副产品的成本。

（3）对分离后仍需进一步加工才能出售的副产品，如价值较低，不负担联合成本，可只计算归属于本产品的成本；如价值较高，则需同时负担分离前联合成本和可归属成本，以保证主要产品成本计算的合理性。

副产品若负担联合成本，其负担的联合成本确定后，将其从联合成本中扣除的方法有两种：一是将副产品成本从联合成本的"直接材料"项目中扣除；二是将副产品成本按比例从联合成本的各个成本项目中扣除。

[例 7-13]　　水钢公司在生产主要产品甲产品的同时，附带生产出乙、丙、丁三种副产品。乙副产品成本按售价扣除销售税金等有关项目后的余额计价，并按比例从联合成本各成本项目中扣除；丙副产品按计划成本计价，从联合成本的直接材料项目中扣除；丁副产品由于数量较少、价值较低采用简化的方法不予计价。2013 年 3 月有关产量、成本资料见表 7-74、表 7-75。

表 7-74　产量、单价、计划成本资料

2013 年 3 月　　　　　　　　　　　　　　　　单位：元

产品名称	产量/吨	单位售价	单位税金	单位销售费用	计划单位成本
甲	1 500				
乙	270	40	5	6	
丙	80				20
丁	1				

表 7-75 主、副产品成本资料

2013 年 3 月 单位：元

成本项目	直接材料	直接工资	制造费用	合计
主副产品分离前的联合成本	36 000	4 000	10 000	50 000
分离后乙产品加工成本		500	580	1 080

副产品联合成本计算如下：

（1）乙副产品成本按售价扣除销售税金等有关项目后的余额计价：

乙副产品分配的联合成本＝270×（40－5－6）－1 080＝6 750（元）

乙副产品分配的联合成本按联合成本比例分配计算各项目成本，见表 7-76。

表 7-76 乙副产品分配的联合成本各项目成本计算表 单位：元

成本项目	直接材料	直接工资	制造费用	合计
主副产品分离前的联合成本	36 000	4 000	10 000	50 000
各项目比例/%	72	8	20	100
乙副产品分配的联合成本	4 860	540	1 350	6 750

（2）丙副产品按计划成本计价：

丙副产分配的联合成本＝80×20＝1 600（元）

（3）丁副产品由于数量较少、价值较低采用简化的方法不予计价。

根据主副产品成本资料和副产品联合成本计算结果，编制甲产品成本计算单见表 7-77。

表 7-77 成本计算单

品种：甲产品 2013 年 3 月 单位：元

成本项目	直接材料	直接工资	制造费用	合计
主副产品分离前的联合成本	36 000	4 000	10 000	50 000
减：乙副产品分配的联合成本	4 860	540	1 350	6 750
减：丙副产品分配的联合成本	1 600			1 600
甲产品完工产品总成本	29 540	3 460	8 650	41 650
甲产品单位成本	19.69	2.31	5.77	27.77

根据表 7-77 "成本计算单" 结转完工产品成本，应作如下账务处理：

借：生产成本——基本生产成本——乙产品　　　　　　　　　　　6 750

　　库存商品——甲产品　　　　　　　　　　　　　　　　　　41 650

　　　　　　——丙产品　　　　　　　　　　　　　　　　　　 1 600

　贷：生产成本——基本生产成本——甲产品　　　　　　　　　　　　　50 000

根据乙副产品分配的联合成本和进一步加工归集的可归属成本，编制乙副产品成本计算单见表 7-78。

表 7-78　成本计算单

品种：乙副产品　　　　　　　　　　2013 年 3 月　　　　　　　　　　单位：元

成本项目	直接材料	直接工资	制造费用	合计
分配转入的联合成本	4 860	540	1 350	6 750
发生的可归属成本		500	580	1 080
完工产品总成本	4 860	1 040	1 930	7 830
单位成本	18.00	3.85	7.15	29.00

根据表 7-78 "成本计算单" 结转完工产品成本，应作如下账务处理：

借：库存商品——甲产品　　　　　　　　　　　　　　　　　　 7 830

　贷：生产成本——基本生产成本——甲产品　　　　　　　　　　　　　 7 830

（三）等级品的成本计算

1. 等级品的含义

等级品是指使用原材料相同，经过相同加工过程生产出来的品种相同但质量有所差别的产品，如搪瓷器皿、电子元件、针纺织品等的生产，经常会出现一等品、二等品、三等品和等外品。

2. 等级品的成本计算

等级品成本的计算方法，应视等级品产生的原因而定。等级品产生的原因通常有两种：一是由于生产工人操作不当、技术不熟练或企业经营管理不善等主观原因造成的；二是由于所用材料质量不同或受目前技术水平限制等客观原因造成的。对于第一种原因造成的等级品，则各种等级产品的单位成本应是相同的，应按等级产品的实际产量比例分配各等级产品应负担的联合成本，次品由于降价销售而导致的损失，说明企业在生产经营管理上存在缺陷，从而可以促使企业不断改善经营管理，提高产品质量。对于第二种原因造成的等级品，企业应采用适当的方法计算等级品的成本，通常是把等级产品归为一类，计算联合成本，再以等级品的单位售价为标准制定系数，按系数比例分配各等级品应负担的联合成本，其计算结果是售价高的产品负担较多的联合成本。

第八章

成本控制方法

第一节 成本控制概述

一、成本控制的概念和作用

(一) 成本控制的含义

所谓成本控制，是指预先制定成本标准作为各项费用消耗的限额，在生产经营过程中，将实际发生的费用严格控制在限额标准之内，随时揭示和及时反馈实际费用与限额标准之间的差异，并进行系统分析成本差异原因，以便采取措施，消除生产中的损失和浪费，确保成本目标或计划实现的管理过程。

按照现代控制论的理论，完整的成本控制包括前馈控制、过程控制和反馈控制，也通俗地称为事前控制、事中控制和事后控制。具体来说就是在成本的形成过程中，对其事先进行规划；事中进行指导、限制和监督，使之符合有关成本的各项法令、方针、政策、目标、计划和定额，及时发现偏差，采取纠正措施，使各项具体的和全部的费用消耗，控制在预定的范围内；事后进行分析评价，并在总结推广先进经验和实施改进措施的基础上，修订和建立新的成本目标，促进企业成本不断降低，达到以较少的劳动消耗，取得较大的经济效益的目的。

成本控制的过程是运用系统工程的原理对企业在生产经营过程中发生的各种耗费进行计算、调节和监督的过程，同时也是一个发现薄弱环节，挖掘内部潜力，寻找一切可能降低成本途径的过程。科学地组织实施成本控制，可以促进企业改善经营管理，转变经营机制，全面提高企业素质，增强企业的造血功能和资本积累功能，使企业在市场竞争的环境下生存、发展和壮大。同时成本控制还可以协调各利益集团的关系，达到各分、子系统的协调统一。

无论事前控制、事中控制或事后控制都要求资料的准确和方法的适当，在现代经营管理中，成本管理必须树立新的观念。它绝不应只是消极地限制和监督，而应是积极地指导和干预。过去的成本控制，最早只是强调事后的成本分析和检查，主要采用节流的各项措施，强调精打细算、节约开支、消灭浪费，严格按照成本开支范围和各项规章制度进行监督和限制，这实质上是属于防护性的成本控制。现在成本经营管理的重点必须从单纯依靠节流的方法转变到开源和节流双管齐下的方法，抓好产品投放前的成本控制。例如，开展价值工程活动，加强质量成本管理等，以充分挖掘企业内部潜力，在开源节流、增产节约、增收节支等多方面下工夫。此外，还可根据成本效益分析和本、量、利分析的基本原理，把成本与收益以及成本、业务量与利润之间的关系结合起来，找出以利润最大化为目标的最佳成本和最佳产销量。这样才能充分发挥出成本控制的作用，使企业的成本管理工作迈上一个新高度。

（二）成本控制的作用

成本控制在成本会计中是一个关键的环节，发挥着非常重要的管理作用。

（1）企业开展成本控制，可以事先限定生产经营中的各项费用和消耗的额度。在费用和消耗的发生过程中，能够实时地控制成本的形成，采取各种措施，使成本不超过预先制定的标准。

（2）成本控制和成本计划密切相连，它是成本计划的具体实施过程，可以促进成本计划更好地落实，发挥出成本计划应有的作用。

（3）通过成本控制，还可以促使企业更好地贯彻执行有关成本管理的各项法令、方针和政策，使企业成本的管理提高到一个新的水平。

二、成本控制的程序

成本控制的程序按成本发生的时间先后划分为事前控制、事中控制和事后控制三个阶段，也就是成本控制循环中的设计阶段、执行阶段和考核阶段。

（1）事前控制阶段。即在产品投产前对影响成本的各种活动所进行的事前预测、规划、审核和监督。具体包括：从产品生产的源头——设计阶段开始，用测定的产品目标成本来控制产品的设计方案。这是最关键的环节，一旦产品的设计不合理，即使以后在生产上控制消耗，也不能从根本上解决问题；从成本上对各种生产工艺方案进行比较，从中选择最优的生产方案，或对生产工艺进行革新、改造，以适应完成成本目标的需要；按先进的设计方案，事先制定合理的劳动工时定额、物资消耗定额、费用开支预算，以及各种产品、零部件的成本目标，以此作为衡量生产费用实际支出超支或节约的依据。

（2）事中控制阶段。即在实际的生产经营过程中，对实时发生的生产费用，按计划的成本标准控制消耗，及时揭示节约还是浪费，并预测今后的发展趋势，把可能导致损失和浪费的苗头，消灭在萌芽状态，并随时把各种成本偏差信息反馈给责任者，以利于及时采取各种措施纠正，保证成本目标的实现。这就需要建立能够反映成本发生情况的数据记录，做好收集、传递、汇总和整理工作。只有采用信息技术，建立集成的成本管理信息系统，才是最佳的解决方案，这是进行成本控制的必然发展方向。

（3）事后控制阶段。即在产品成本形成之后的综合分析和考核。主要是对实际成本脱离目标（计划）成本的原因，进行深入分析，查明成本差异形成的主客观原因，确定责任归属，据以评定和考核责任单位业绩，并为下一个成本循环，提出积极有效的措施，消除不利差异，发展有利差异，修正原定的成本控制标准，以促使成本不断降低。

三、成本控制的要求

为了充分发挥成本控制的作用，成本控制应符合如下要求。

1. 成本控制要对成本形成全过程进行全面控制

产品成本形成的全过程，包括产品投产前的设计、工艺的确定以及生产过程的各个环节；另外，还要考虑产品使用中的寿命周期成本。全面成本控制就是以产品成本形成的全过程为对象，结合生产经营各阶段的不同性质和特点进行有效的控制。

2. 成本控制要进行全员控制

成本指标涉及企业所有部门及全体职工的工作业绩，为了真正达到成本控制的目的，必须上下结合、专群结合，充分发挥每个部门和广大职工控制成本、降低成本的积极性。这就必须对全体职工进行政治思想教育，实施奖惩制度；按企业生产经营组织形式和成本管理要求，确定成本责任层次和责任单位，以及它们的责、权、利关系，开展班组经济核算，建立一个纵横交错的群众性成本控制组织；对于各项消耗定额、费用开支标准、成本目标和降低成本措施，应广泛发动职工讨论，使其成为自己的奋斗目标。这样才能使成本控制变为群众的自觉行动。

3. 对成本控制的效果要进行全面衡量

成本控制必须从人力、物力和财力使用的效果来衡量，考核各项成本支出是否符合标准，以尽可能少的劳动消耗取得尽可能大的经济效果，从而达到降低成本的最终目的。当成本目标不能体现上述原则时，则实际成本支出虽然不超过成本标准，也不能认为实现了成本控制的目的。所以，成本控制不能只是消极地将实际成本支出限制在成本标准范围内，它还负有对成本标准进行重新审定和修正的任务，使成本标准始终保持着先进水平。

4. 成本控制要有利于全面提高企业的管理水平

成本控制的过程要有助于未来的工作提高和成本降低，而不是单纯地为了确定实际成本支出的超支和节约。它评定以往工作的好坏，其目的在于更好地总结过去的经验和教训，进而采取更加有效的措施，迅速纠正工作中的缺点，在降低成本的同时，推动整体管理水平上一个新台阶。

5. 成本控制的过程必须有健全的管理制度同它配套进行

成本控制本身是严格执行一套管理制度的过程，必须有其他管理手段的支持，做好开展成本控制的基础工作和其他准备工作。这就要求制定出合理而先进的各种消耗定额、材料单价、内部转移价格、工资率，以及费用预算的限额；要建立健全一套完整、完善的原始记录和考核报告，以及设置一套准确的计量工具，要实行全面计划管理，采用标准成本、定额成本或目标成本制度；要建立与责、权、利相结合的奖惩制度，否则将使成本控制流于形式。

6. 成本控制必须按"例外管理原则"，重点剖析"例外差异"

"例外管理原则"是发达国家在经营管理工作上进行日常控制的一种专门方法，特别是在成本指标控制方面采用更多。由于每个企业日常出现的成本差异繁多，为了提高成本控制的工作效率，管理人员应把精力集中在"例外差异"上。所谓"例外差异"是指重要的应该引起重视的差异。它根据差异率或差异额的大小、差异持续时间长短和差异本身性质来决定。凡是差异率或差异额较大，差异持续时间较长，差异对企业长期盈利能力有重要影响的，均应视为"例外差异"。对于这些差异一定要重点剖析，并及时反馈给有关责任单位、迅速采取有效措施。

7. 成本控制必须建立归口、分级责任制

成本控制是一项复杂而细致的工作，它同企业各部门、各单位和每个职工的工作都有着密切的联系。所以，进行成本控制，必须正确处理企业内部各方面的关系，把它们的力量组织和动员起来。这就需要根据统一领导和分级管理相结合的原则，建立成本控制的归口、分级责任制，规定各部门、各单位对于成本支出的权限和责任，以及其应担负的成本控制工作，以便把成本分解、落实到各部门、各单位进行管理和控制，充分调动各方面的积极性，使他们都担负起控制和管理成本的责任。

应当指出，为了实现成本控制的归口、分级责任制，要求分解下达的成本必须是确实属于归口分级单位的可控成本。成本按其可控性能够分为可控成本与不可控成本两类，这样有助于明确成本的经济责任。各部门、各单位只对可控成本承担责任，对不可控成本则不承担责任。各项可控成本之和即构成该部门、单位的责任成本，它可以作为评价或考核其工作成绩好坏的依据。为使责任成本指标能够顺利完成，就要给予各部门、各单位相应的权力，并与奖惩制度密切结合，以便促使其可控成本的不断降低。

四、成本控制方法

成本控制，相当于我国20世纪50～70年代所称的成本的日常管理，但两者的内涵不完全一致。20世纪50年代以来，我国企业经过不断实践、研究和探索，逐渐创造了一些行之有效的成本控制方法。其中最为广泛应用的成本控制方法是定额成本法。该方法把成本核算同成本控制、成本分析初步结合起来，为企业加强成本控制工作，提高经济效益起到了一定的积极作用。随着我国经济体制改革的推进、市场经济体制的建立，一些国外先进的成本控制方法也逐渐在我国企业广泛推广应用，如目标成本控制法、定额成本控制法、标准成本控制法、作业成本控制法等方法。本书主要介绍定额成本法、标准成本法两种较为成熟的成本控制方法的基本原理。

第二节　成本控制——定额成本法

一、定额成本法的概念和特点

定额成本法是以产品的定额成本为基础，根据产品的实际产量，计算产品的定额生产费用以及实际费用脱离定额的差异，用完工产品的定额成本加减成本差异，计算完工产品成本和在产品成本的一种将成本控制与核算相结合的成本计算和控制方法。定额成本法不是基本成本计算方法，它一般与企业的生产类型无关，它只是为了加强成本控制，及时揭露成本定额执行过程中存在的问题，及时采取措施，加以改进而采用的。定额成本法的基本精神，就是用产品的定额成本来控制实际生产费用的支出，随时查明实际生产费用脱离定额的数额及其原因，达到加强成本控制，降低产品成本的目的。定额成本法与其他实际成本计算方法相比，有如下基本特点：

（1）定额成本法是一种将成本控制与核算相结合的成本计算辅助方法，不能单独使用，必须与成本计算基本方法结合使用。

（2）事前制定产品的消耗定额、费用定额和定额成本作为降低成本的目标，对产品成本进行事前控制。

（3）在生产费用发生的当时，将定额费用和发生的差异分别核算，加强对成本差异的日常核算、分析和控制。

（4）月末，在定额成本的基础上加减各种成本差异，计算产品的实际成本，为成本的定期考核和分析提供资料。

二、定额成本法的成本计算程序

（1）根据企业生产特点和管理要求，确定成本计算对象和基本成本计算方法，设置"生产成本——基本生产成本"明细账和成本计算单，明细账中除按成本项目设置专栏外，每个成本项目还需要按定额成本和成本差异设置专栏。

（2）根据成本计算对象，制定产品的消耗定额、费用定额和定额成本作为降低成本的目标，并定期对各种定额进行检测，对定额发生变动的要计算核算月初在产品定额变动差异，进行如下账务处理。

① 定额调低时：

借：生产成本——基本生产成本——×产品（定额变动差异）

　　贷：生产成本——基本生产成本——×产品（定额成本）

② 定额调高时：

借：生产成本——基本生产成本——×产品（定额成本）

　　贷：生产成本——基本生产成本——×产品（定额变动差异）

（3）日常发生各项生产费用、月末辅助生产费用、制造费用分配时，将其划分为定额成本和成本差异两部分，按确定的成本计算基本方法，进行分配归集核算。

借：生产成本——基本生产成本——×产品（定额成本）

　　　　　　　　　　　　　　——×产品（脱离定额差异/材料成本差异）

　　贷：××账户

（4）月末在计算完工产品和月末在产品定额成本的基础上，将按成本计算对象归集的各项成本差异在完工产品与月末在产品之间分配，计算结转完工产品实际成本。

完工产品实际成本＝定额成本±各项成本差异

借：库存商品——×产品

　　贷：生产成本——基本生产成本——×产品（定额成本）

　　　　　　　　　　　　　　——×产品（脱离定额差异）

　　　　　　　　　　　　　　——×产品（材料成本差异）

　　　　　　　　　　　　　　——×产品（定额变动差异）

三、定额成本计算

定额成本是以现行消耗定额和计划单位价格为依据计算的产品成本，它既反映企业在现有生产条件下应达到的成本水平，又是衡量成本节约或超支的尺度。定额成本所包括的成本项目，通常应与计划成本和实际成本的成本项目相一致，以便比较和考核。

但必须指出，产品定额成本与产品计划成本并不完全相同。定额成本是以现行消耗定额为根据计算的产品成本，而计划成本则是以计划期内平均消耗定额为依据计算的产品成本；计算定额成本所用的价格是不同时期的计划价格，计算计划成本所用的价格是全年平均计划价格；定额成本反映了企业在各时期现有生产条件下应该达到的成本水平，计划成本则反映了企业在整个计划期内成本的奋斗目标。

定额成本制定的依据，主要是产品的现行工艺规程，产品的材料、动力和工时消耗定额，材料和动力计划单价，计划工资率或计件工资单价，以及制造费用预算等。

定额成本的计算是通过编制定额成本计算表进行的。定额成本计算表的编制与产品的结构、零部件的多少、是否实行车间成本核算以及车间之间的结转方式都有密切的关系。当产品的零部件数量不多时，可先编制零件定额成本计算表，然后再逐步汇编部件和产成品的定额成本计算表。如果产品的零部件较多，也可以不编制零部件定额成本计算表，直接编制每种产品的车间单位产品定额成本计算表，然后再编制产成品定额成本计算表。在实行一级核算的企业里，也可以不编制车间单位产品定额成本计算表，直接编制产成品定额成本计算表。定额成本应分别按照成本项目计算。

(1)"直接材料"、"燃料和动力"项目，应根据产品现行各项消耗定额和计划价格计算。

单位产品直接材料定额成本 = ∑产品原材料消耗定额×材料计划单价

(2)"直接工资"项目，应按该产品的现行工时定额和每小时计划工资计算。如果工资可以直接记入产品成本，则用该产品计划产量去除其计划工资来确定。

单位产品直接工资定额成本 = 产品生产工时定额×计划小时工资率

(3)"制造费用"项目，应根据制造费用预算数及其分配标准来计算，如果以定额工时作为分配标准，则应按该产品现行工时定额及每小时计划制造费用来确定。

单位产品制造费用定额成本＝产品生产工时定额×计划小时制造费用率

[例 8-1]   某厂生产 W 仪表，由 X 和 Y 零件装配而成。该厂第一、第二生产车间分别生产 X、Y 零件，第三生产车间将 2 个 X 零件和 4 个 Y 零件组装成一台 W 仪表。各种零件和产品定额成本计算如表 8-1 至表 8-4 所示。

表 8-1   X 零件定额成本计算表

车间：一车间   零件编号：X001   20××年 1 月   单位：元

材料名称	计量单位	消耗定额	计划单价	金额
甲	千克	20	5	100

工序	工时定额/(工时/件)	累计工时定额/(工时/件)
1	2	2
2	5	7
3	3	10

直接材料	直接工资		制造费用		合计
	计划单价/(元/工时)	金额	计划单价/(元/工时)	金额	
100	4	40	3	30	170

表 8-2   Y 零件定额成本计算表

车间：二车间 零件编号：Y001　　20××年1月　　　　　　　　　　　单位：元

材料名称	计量单位	消耗定额	计划单价	金额
乙	千克	10	14	140
工序	工时定额/（工时/件）		累计工时定额/（工时/件）	
1	4		4	
2	3		7	
3	3		10	
4	2		12	

直接材料	直接工资		制造费用		合计
	计划单价/（元/工时）	金额	计划单价/（元/工时）	金额	
140	5	60	4	48	248

表 8-3   装配作业定额成本计算表

车间：三车间 产品编号：W001　　20××年1月　　　　　　　　　　　单位：元

材料名称	计量单位	消耗定额	计划单价	金额
—	—	—	—	—
工序	工时定额/（工时/件）		累计工时定额/（工时/件）	
1	4		4	

直接材料	直接工资		制造费用		合计
	计划单价/（元/工时）	金额	计划单价/（元/工时）	金额	
—	6	24	2	8	32

根据以上资料，可计算编制产品定额成本计算表见表 8-4。

表 8-4   产品定额成本计算表

产品编号：W001　　20××年1月　　　　　　　　　　　单位：元

成本项目	一车间 X001×2			二车间 Y001×4			三车间 装配作业			合计
	消耗定额	计划单价	金额	消耗定额	计划单价	金额	消耗定额	计划单价	金额	
直接材料										
其中：甲	40	5	200							
乙				40	14	560				
小计			200			560				760
直接工资	20	4	80	48	5	240	4	6	24	344
制造费用	20	3	60	48	4	192	4	2	8	260
合计			340			992			32	1 364

四、成本差异计算和核算

(一) 脱离定额差异计算和核算

脱离定额差异是指生产过程中，各项生产费用的实际支出脱离现行定额或预算的差额。它反映了各项生产费用支出的合理程度和现行定额的执行情况。企业应及时地对脱离定额差异进行核算，以便控制生产费用的发生，降低产品成本。脱离定额差异的计算，是采用定额成本法计算产品成本的一个重要环节。对于脱离定额差异，一般是按成本项目进行计算的。

脱离定额差异的核算，应在生产费用发生时，对符合定额的费用和脱离定额的差异，分别编制定额凭证和差异凭证，并在有关的费用分配表和明细分类账中分别予以登记，作如下账务处理：

借：生产成本——基本生产成本——×产品 (定额成本)

　　　　　　　　　　　　　　——×产品 (脱离定额差异)

　贷：××账户

1. 直接材料脱离定额差异的计算和核算

直接材料脱离定额差异是指实际产量的定额耗用量与实际耗用量之间的差异与计划价格的乘积，只包括材料耗用量的差异，而不包括价格差异。其计算公式如下：

材料脱离定额差异

=实际产量×(单位产品实际材料耗用量

　－单位产品定额材料耗用量)×材料计划单价

=(实际材料耗用量－定额材料耗用量)×材料计划单价

=实耗材料计划成本－材料定额成本

直接材料脱离定额差异的核算一般采用限额领料法、切割法和盘存法三种方法。

第一种方法：限额领料法。限额领料法是根据企业制定的材料消耗定额来核算材料定额差异的一种方法。采用限额领料法来核算材料脱离定额的差异时，一般应实行限额领料制度。企业应根据产品定额计算表中所确定的产品材料消耗定额编制"限额领料单"，交给各单位按"限额领料单"中所规定的限额领料。这样在"限额领料单"的限额内领料，可控制材料的消耗量。凡是超过限额的领料，应设置专门的超额领料单等差异凭证。如果领用代用材料，则应将领用代用材料的数量，折算成原定额材料的数量，在限额领料单内冲减相应的数量。对于车间已领未用的材料，应及时办理退库手续。如果企业超限额领料是增加产量引起的，则应办理追加限额手续，仍采用限额领料单领料。月末时，将限额领料单内的材料余额和各种差异凭证进行汇总，即可计算出定额差异。采用限额领料时，应注意的是领料差异与耗用差异有时并不完全一致。有时领到车间的材料并未耗用，有时还有期初余额。因此，应按下式计算本期直接材料的实际消耗量：

实际材料耗用量=期初车间余料＋本期车间实际领料－期末车间余料

材料定额耗用量=限额领料单核定的限额用量

材料脱离定额差异＝(实际材料耗用量－定额材料耗用量)×材料计划单价

[例8-2]　东方公司 2013 年 5 月生产甲产品 3 000 件，耗用 A 材料，单位产品材料定额 20 千克/件，限额领料单核定的限额用量为 60 000 千克，本月车间实际领用 A 材料 65 000 千克，期末车间余料 4 200 千克。A 材料计划单价 60 元/千克。

甲产品实际材料耗用量＝65 000－4 200＝60 800（千克）

甲产品材料定额耗用量＝60 000（千克）

甲产品材料脱离定额差异＝（60 800－60 000）×60＝48 000（元）

甲产品材料定额成本＝60 000×60＝3 600 000（元）

根据限额领料单和材料脱离定额差异计算单，作如下账务处理：

借：生产成本——基本生产成本——甲产品（材料定额成本）　　　3 600 000

　　　　　　　　　　　　　——甲产品（材料脱离定额差异）　　　48 000

　　贷：原材料——A 材料　3 648 000

第二种方法：切割法。采用切割法时，是按切割材料的批别设置"材料切割单"进行的。在材料切割单内，应详细填明送交切割材料的名称、数量、成材率、消耗定额、应切割成毛坯数量等资料。在材料切割完成后，根据实际切割成毛坯数量乘上消耗定额计算出材料的定额消耗量，将定额消耗量与材料的实际消耗量进行比较，计算出材料脱离定额差异，并将差异数额填入材料切割单内，同时注明产生差异的原因。采取切割法的优点是能及时反映和控制材料的耗用情况，但是材料切割单的填制工作量很大，因而只适用于按批核算材料脱离定额差异的一些贵重材料。其计算公式如下：

实际材料耗用量＝本期车间实际领料数量－切割余料数量

材料定额耗用量＝实际切割成的毛坯数量×单位材料消耗定额

材料脱离定额差异＝（实际材料耗用量－定额材料耗用量）×材料计划单价

[例8-3]　贵花成衣公司 2013 年 5 月生产服装领用布料 300 米，裁剪服装毛坯 305 套，无余料。单位服装材料定额 3 尺/套，布料计划单价 200 元/米。

实际材料耗用量＝300（米）

材料定额耗用量＝305×3÷3＝305（米）

材料脱离定额差异＝（300－305）×200＝－1 000（元）

材料定额成本＝305×200＝61 000（元）

"材料切割单"和材料脱离定额差异计算单，作如下账务处理：

借：生产成本——基本生产成本——服装（材料定额成本）　　　61 000

　　　　　　　　　　　　　——服装（材料脱离定额差异）　　　1 000

　　贷：原材料——布料　　　　　　　　　　　　　　　　　　　60 000

第三种方法：盘存法。盘存法是根据定期盘点的方法来计算材料的定额消耗量和脱离定额差异的方法。计算的时间可以是每天，也可以是每周或每旬。这种方法的核算程序是：首先，用本期完工产品数量加上期末在产品数量，减去期初在产品数量，计算出本期投产数量，其中期末在产品数量是根据盘存数量（或账面数量）计算的；其次，根据材料的消耗定额，计算出产品材料的定额消耗量；再次，根据材料的定额领料凭证、差异凭证及车间的盘存资料，计算出产品的材料实际消耗量；最后，将产品的实际消耗量和定额消耗量进行比较，计算出材料脱离定额的差异。其计算公式如下：

本期投产量

＝期末在产品数量＋本期完工产品数量－期初在产品数量（材料一次投入）

＝期末在产品数量×本月投料程度＋本期完工产品数量

－期初在产品数量×上月投料程度（材料分次投入）

实际材料耗用量＝本期车间实际领用材料数量－余料数量

定额材料耗用量＝本期投产量×单位产品材料定额耗用量

材料脱离定额差异

＝（实际材料耗用量－定额材料耗用量）×材料计划单价

[例8-4]   M公司2013年5月生产甲产品，耗用A材料，单位产品材料定额20千克/件，本月车间实际领用A材料65 000千克，期末车间余料4 200千克。A材料计划单价60元/千克。甲产品期初在产品800件，在上月投料程度为60%，期末在产品600件，本月投料程度为60%，在本期完工产品3 000件。

本期投产量＝600×60%＋3 000－800×60%＝2 880（件）

实际材料耗用量＝65 000－4 200＝60 800（千克）

定额材料耗用量＝2 880×20＝57 600（千克）

材料脱离定额差异＝（60 800－57 600）×60＝192 000（元）

材料定额成本＝57 600×60＝3 456 000（元）

根据各种领料凭证和材料脱离定额差异计算单，作如下账务处理：

借：生产成本——基本生产成本——甲产品（材料定额成本）   3 456 000

——甲产品（材料脱离定额差异）   192 000

贷：原材料——A材料   3 648 000

在按盘存法核算定额差异时，应尽量缩短材料定额差异的核算期，只有这样，才能及时地揭露出差异，控制材料的消耗，找出产生差异的原因，提出进一步改进的措施。同时，能将差异的核算工作分散在平时进行，有利于核算工作的及时性。但采用这种方法计算投产量时，期末盘存数是通过倒挤的方法进行的，计算结果不够准确，这种方法一般适用于连续式大量生产的企业。

在实际工作中，不论采用哪种方法，都应根据各种领料凭证和差异凭证，按照产品成本计算对象汇总编制"材料定额费用和脱离定额差异汇总表"，表中应详细列明该批或该种产品所耗各种材料的计划成本、定额费用、定额差异及产生差异的原因，并据以登记生产成本明细账和各种产品成本计算单。

2. 直接工资脱离定额差异的计算和核算

工资定额差异的核算，由于企业所采用的工资制度不同，其核算方法也不一样。

1）计件工资下工资脱离定额差异的核算

在计件工资制度下，如果工资定额不变，则生产工人劳动生产率的提高，并不会影响单位产品成本中的工资额，不存在工资脱离定额差异。单位产品成本中工资额的变动，可能是由于变更工作条件或支付了补加工资或发给工人的奖励工资的变动，以及加班加点津贴而造成的。在这些情况下，为了便于及时查明工资差异的原因，符合定额的生产工人工资，可以反映在产量记录中；对于脱离定额的差异，应该经过一定的手续，反映在专设的工资差异凭证中，并填明差异原因，以便根据工资差异凭证进行分析。

2）计时工资下工资脱离定额差异的核算

在计时工资制度下，生产工人工资不是直接计入产品成本中，其定额差异可按下式计算：

本月投产量＝期末在产品数量×本月完工程度＋本期完工产品数量

－期初在产品数量×上月完工程度

产品实际产量耗用的定额工时＝本月投产量×单位定额工时

产品定额直接工资＝产品实际产量耗用的定额工时×计划小时工资

产品实际生产工资＝产品实际产量耗用的实际工时×实际小时工资

产品生产工资脱离定额差异＝产品实际生产工资－产品定额生产工资

计算工资费用脱离定额的差异时，应按产品的成本计算对象，汇总编制"定额工资和定额差异汇总表"，在该表内，应汇总登记定额工资、实际工资、工资差异原因等资料，并据以登记生产成本明细账和有关的产品成本计算单，考核和分析各种产品生产工人工资定额的执行情况。

[例8-5]　M公司2013年5月生产甲产品，单位产品工时定额20工时/件，计划小时工资率30元/工时。本月车间生产甲产品实际支付直接人工薪酬2 100 000元。甲产品期初在产品800件，在上月完工程度为40％，期末在产品600件，本月完工程度为60％，在本期完工产品3 000件。

甲产品本月投产量＝600×60％＋3 000－800×40％＝3 040（件）

甲产品直接工资定额总成本＝3 040×20×30＝1 824 000（元）

甲产品直接工资脱离定额差异＝2 100 000－1 824 000＝276 000（元）

根据工资分用分配凭证和"定额工资和定额差异汇总表"，作如下账务处理：

借：生产成本——基本生产成本——甲产品（直接工资定额成本）　　1 824 000

　　　　　　　　　　　　　　——甲产品（直接工资脱离定额差异）　276 000

　　贷：应付职工薪酬　　　　　　　　　　　　　　　　　　　　　　　2 100 000

3. 制造费用脱离定额差异的计算和核算

制造费用属于间接费用，不能在费用发生时直接按产品确定其定额的差异。在平时核算时，主要是通过制定费用预算按照费用的性质，下达给各车间，并采用费用限额手册对各车间的费用支出进行核算和管理，计算费用脱离定额（即费用预算）的差异额。这项差异一般是在月末实际制造费用分配到各产品时，按计时工资下直接工资脱离定额差异的计算原理进行计算。差异额的计算公式如下：

本月投产量＝期末在产品数量×本月完工程度＋本期完工产品数量

－期初在产品数量×上月完工程度

产品实际产量耗用的定额工时＝本月投产量×单位定额工时

产品定额制造费用＝产品实际产量耗用的定额工时×计划小时制造费用

产品实际制造费用＝产品实际产量耗用的实际工时×实际小时制造费用

产品制造费用脱离定额差异＝产品实际制造费用－产品定额制造费用

计算制造费用脱离定额差异时，可以将制造费用分配和制造费用脱离定额的差异计算合并在一起，编制制造费用分配及脱离定额差异汇总表，据以登记生产成本明细账和有关的产品成本计算单，考核和分析各种产品制造费用预算的执行情况。

[例 8-6]　接 [例 8-5]，甲产品计划小时制造费用率 10 元/工时；乙产品单位产品工时定额 12 工时/件，计划小时制造费用率 10 元/工时。本月乙产品期初在产品 400 件，在上月完工程度为 60%，期末在产品 600 件，本月完工程度为 40%，在本期完工产品 1 000 件。本月车间实际发生制造费用 1 691 600 元。编制制造费用分配及脱离定额差异汇总表见表 8-5。

表 8-5　制造费用分配及脱离定额差异汇总表　　　　　　　　　单位：元

品种	投产量	实际产量耗用定额工时	实际制造费用率	计划制造费用率	实际制造费用	定额制造费用	制造费用脱离定额差异
甲产品	3 040	60 800	9.5	10	577 600	608 000	−30 400
乙产品	1 000	12 000	9.5	10	114 000	120 000	−6 000
合计	—	72 800	9.5	10	691 600	728 000	−36 400

甲产品本月投产量＝600×60%＋3 000−800×40%＝3 040（件）
乙产品本月投产量＝600×40%＋1 000−400×60%＝1 000（件）
根据制制造费用分配及脱离定额差异汇总表，作如下账务处理：
借：生产成本——基本生产成本——甲产品（制造费用定额成本）　　　608 000
　　　　　　　　　　　　　　　——甲产品（制造费用脱离定额差异）

　　　　　　　　　　　　　　　　　　　　　　　　　　　　　30 400

　　　　　　　　　　　　　　　——乙产品（制造费用定额成本）　　120 000
　　　　　　　　　　　　　　　——甲产品（制造费用脱离定额差异）　6 000
　　贷：制造费用　　　　　　　　　　　　　　　　　　　　　　　　691 600

4．废品损失的处理

在单独核算废品损失的企业中，对于废品数量及产生原因，应该通过废品通知单反映，其中不可修复废品的成本可以根据定额成本或各项消耗定额计算。由于废品损失一般不列入产品的定额成本中，因而它的实际发生额，通常列作脱离定额差异处理。有的行业，要消灭废品还不可能，可根据历史资料制定废品率，作为控制废品的尺度。这时，班组应逐日或定期计算废品率提高或降低所形成的节约额（有利差异）或浪费额（不利差异），计算公式如下：

节约或浪费额 ＝ [实际废品数量－（实际送检数量×计划废品率）]
　　　　　　　　× （单位废品定额成本－单位废品残值）

（二）材料成本差异计算和核算

材料成本差异是指材料在按计划成本计价核算下，材料的实际成本与计划成本的差额。在定额法下，为了便于产品成本的考核和分析，材料的日常核算必须按计划成本计价核算。所以在计算产品实耗材料费用时，必须计算产品成本应分摊的材料成本差异。其计算公式如下：

产品材料成本差异

＝生产产品实耗材料计划成本×材料成本差异率

＝产品实耗材料数量×材料计划单价×材料成本差异率

＝（产品材料定额耗用量±材料脱离定额耗用量）×材料计划单价×材料成本差异率

＝（产品材料定额成本±材料脱离定额成本）×材料成本差异率

在实际工作中，材料成本差异的分配是在发料凭证汇总表或专设的材料成本差异分配表中进行的。定额法下，材料成本差异分配表的格式见表 8-6。

表 8-6　材料成本差异分配表

产品名称	产品材料 定额成本	产品材料脱 离定额差异	产品材料 计划成本	材料成本 差异率	产品材料 成本差异

[例 8-7]　接 [例 8-4]，材料成本差异率－5％。根据领料凭证和产品材料脱离定额计算凭单编制材料成本差异分配表见表 8-7。

表 8-7　材料成本差异分配表　　　　　　　　　　　　　　单位：元

产品名称	产品材料 定额成本	产品材料脱 离定额差异	产品材料 计划成本	材料成本 差异率	产品材料 成本差异
甲产品	3 456 000	192 000	3 648 000	－5％	－182 400

根据材料成本差异分配表，作如下账务处理：

借：生产成本——基本生产成本——甲产品（材料成本差异）　　182 400

　　贷：材料成本差异　　182 400

（三）定额变动差异计算和核算

定额变动差异是指由于对旧定额进行修改而产生的新旧定额之间的差额。定额变动差异的产生，表明企业生产技术水平的提高和生产组织的改善对定额的影响程度。定额变动差异的产生，是定额本身变动的结果，与生产费用的节约或超支无关。

为了说明定额变动差异，有必要分析一下它与脱离定额差异的不同。定额变动差异与脱离定额差异的主要区别表现在如下几个方面。

1. 发生的时间不同

定额变动差异不是经常发生的，因而不需要经常核算，只有在发生变动的情况下才需要核算。一般情况下定额不是经常变动的。脱离定额差异是经常发生的，因为定额与实际发生的数额毕竟不会完全一样。为了及时了解脱离定额差异产生的原因，不断降低生产成本，应及时地对脱离定额的差异进行核算。采用定额法的主要目的就是要核算脱离定额差异，以便于对成本进行及时的控制。

2. 差异的处理方式不同

定额变动差异是与某一产品相联系的，对哪一种产品的定额进行修改，定额变动差异就可以直接计入该种产品成本中，而不能转入其他产品中。脱离定额差异一般不是由某一种产品所引起的，它是企业各方面工作的综合结果，因而不一定直接计入某种产品的成本中，往往采用分配的方法在各有关产品当中进行分配。

如上所述，各项消耗定额和定额成本的修订，一般是在月初、季初或年初定期进行。修订后的定额一般在月初实施，当月投入的产品按新的定额计算定额成本及脱离定额的差异。定额变动只影响变动月份的月初在产品的定额成本，需调整月初在产品的定额成本。所以只有定额修订当月的月初在产品才计算定额变动差异。

月初在产品定额变动差异可以根据定额发生变动的在产品盘存数量或账面结存数量和修订前后的消耗定额，计算月初在产品修订前后的定额费用，从而确定定额变动差异。在实际工作中为了简化计算工作，可以采用定额变动系数法计算确定。其计算公式如下：

$$定额变动系数 = \frac{按新定额计算的单位定额费用}{按旧定额计算的单位定额费用}$$

月初在产品定额变动差异 ＝ 月初在产品旧定额费用 ×（1 － 定额变动系数）

计算出来的定额变动差异，在调整月初在产品的定额成本的同时，还应调整本月产品成本，这两方面的金额相等，方向相反。但实际上完工产品和月末在产品的总成本不变，只是其内部表现形式的改变。如果消耗定额降低，月初在产品的定额成本减少，定额变动差异增加，但实际上这项费用已经发生，所以，在将其从月初在产品的定额成本中扣除的同时，还应将其计入本月生产费用中。如果消耗定额提高，月初在产品定额成本增加，定额变动差异减少，但实际上并未发生这项费用，因而，在将其计入月初在产品的定额成本的同时，还应将其从本月生产费用中扣除。所以，定额变动差异的产生，并不影响企业生产费用总额的增加或减少。其账务处理如下：

（1）消耗定额降低时：

借：生产成本——基本生产成本——×产品（定额变动差异）

　贷：生产成本——基本生产成本——×产品（定额成本）

（2）消耗定额提高时：

借：生产成本——基本生产成本——×产品（定额成本）

　贷：生产成本——基本生产成本——×产品（定额变动差异）

［例8-8］　接［例8-4］。甲产品单位产品材料定额从上月25千克/件，本月开始调整为20千克/件，A材料计划单价60元/千克不变。其材料定额变动计算如下：

$$客额变动系数 = \frac{20 \times 60}{25 \times 60} = 0.8$$

月初在产品材料定额变动差异 ＝ 800×60％×25×60×（1－0.8）＝ 144 000（元）

根据月初在产品材料定额变动差异计算表，作如下账务处理：

借：生产成本——基本生产成本——甲产品（材料定额变动差异）　　144 000

　贷：生产成本——基本生产成本——甲产品（材料定额成本）　　　　　　144 000

五、产品实际成本计算

定额法下，产品实际成本计算的程序如下。

第一步：计算完工产品和月末在产品的定额成本。

首先根据"生产成本——基本生产成本"明细账计算本月定额成本总额。其计算公式如下：

本月定额总成本＝月初在产品定额成本－月初在产品定额变动＋本月投入定额成本

根据最新的产品单位定额成本计算完工产品定额成本，其计算公式如下：

完工产品定额成本＝完工产品数量×产品单位定额成本

采用倒挤法计算月末在产品定额成本，其计算公式如下：

月末在产品定额成本＝本月定额总成本－完工产品定额成本

第二步：将"生产成本——基本生产成本"明细账归集的各项成本差异在完工产品和月末在产品之间分配。其分配的方法常用以下两种：

（1）月末在产品按定额成本计算法。在该种方法下是将各项成本差异全部由完工产品成本负担，主要适用于差异额较小的情况。

（2）定额比例法。在该种方法下是将各项成本差异以完工产品和月末在产品的定额成本为标准，采用比例分配的原则在完工产品和月末在产品之间分配，主要适用于差异额较大的情况。其计算公式如下：

差异率＝某项成本差异÷（完工产品定额成本＋月末在产品定额成本）×100％

完工产品负担的成本差异＝完工产品定额成本×差异率

月末在产品负担的差异＝月末在产品定额成本×差异率

各种差异可以采用同一种方法分配，也可以分别采用不同的方法分配。

第三步：计算结转完工产品实际成本。其计算公式如下：

完工产品实际成本＝完工产品定额成本±完工产品负担的各项成本差异

单位成本＝完工产品实际成本÷完工产品数量

[例8-9]　接[例8-4]至[例8-8]。定额变动差异和材料成本差异全部由完工产品成本负担，脱离定额差异按定额比例法在完工产品和月末在产品之间分配。计算本月完工产品实际总成本和单位成本如下。

第一步：计算完工产品和月末在产品的定额成本见表8-8。

表8-8　产品定额成本计算表　　　　单位：元

成本项目	月初在产品定额成本	月初在产品定额变动	本月投入定额成本	本月定额总成本	完工产品定额成本	月末在产品定额成本
直接材料	720 000	−144 000	3 456 000	4 032 000	3 600 000	432 000
直接工资	192 000		1 824 000	2 016 000	1 800 000	216 000
制造费用	64 000		608 000	672 000	600 000	72 000
合计	976 000	−144 000	5 888 000	6 720 000	6 000 000	720 000

其中：

（1）月初在产品定额成本：

直接材料＝800×60％×25×60＝720 000

直接工资＝800×40％×20×30＝192 000

制造费用＝800×40％×20×10＝64 000

（2）完工产品定额成本：

直接材料＝3000×20×60＝3 600 000

直接工资＝3000×20×30＝1 800 000

制造费用＝3000×20×10＝600 000

第二步：将"生产成本——基本生产成本"明细账归集的各项成本差异在完工产品和月末在产品之间分配，如表8-9所示。

表 8-9　成本差异分配表　　　　　　　　　单位：元

成本项目	月初在产品		本月投入		合计			差异率	完工产品			月末在产品
	脱离定额差异	定额变动差异	脱离定额差异	材料成本差异	脱离定额差异	定额变动差异	材料成本差异	脱离定额差异	脱离定额差异	定额变动差异	材料成本差异	脱离定额差异
直接材料	35 000	144 000	192 000	−182 400	227 000	144 000	−182 400	0.056	201 600	144 000	−182 400	25 400
直接工资	12 500		276 000		288 500	0	0	0.143	257 400	0	0	31 100
制造费用	3 500		−30 400		−26 900	0	0	−0.04	−24000	0	0	−2 900
合计	51 000	144 000	437 600	−182 400	488 600	144 000	−182 400		435 000	144 000	−182 400	53 600

注：月初在产品脱离定额差异为月初在产品上月带入

脱离定额差异率：

①直接材料＝227 000÷4 032 000＝0.056

②直接工资＝288 500÷2 016 000＝0.143

③制造费用＝−26 900÷672 000＝−0.04

完工产品脱离定额差异：

①直接材料＝3 600 000×0.056＝201 600

②直接工资＝1 800 000×0.143＝257 400

③制造费用＝600 000×（−0.04）＝−24 000

月末在产品脱离定额差异：

①直接材料＝227 000−201 600＝25 400

②直接工资＝288 500−257 400＝31 100

③制造费用＝−26 900−（−24 000）＝−2 900

第三步：计算结转完工产品实际成本，如表8-10所示。

表 8-10 产品实际成本计算表 单位：元

成本项目	完工产品						月末在产品	
	定额成本	脱离定额差异	定额变动差异	材料成本差异	实际总成本	单位成本	定额成本	脱离定额差异
直接材料	3 600 000	201 600	144 000	−182 400	3 763 200	1 254.4	432 000	25 400
直接工资	1 800 000	257 400	0	0	2 057 400	685.8	216 000	31 100
制造费用	600 000	−24 000	0	0	576 000	192	72 000	−2 900
合计	6 000 000	435 000	144 000	−182 400	6 396 600	2 132.2	720 000	53 600

根据表 8-10 产品实际成本计算表作如下会计处理：

借：库存商品——甲产品   6 396 600

   贷：生产成本——基本生产成本——甲产品（定额成本）   6 000 000

                   （脱离定额差异）   435 000

                   （定额变动差异）   144 000

                   （材料成本差异）   182 400

六、定额成本法的优缺点及使用范围

1. 定额成本法的优点

（1）有利于加强成本的日常控制。由于采用定额成本计算法可以计算出定额与实际费用之间的差异额，并采取措施加以改进，采用这种方法有利于加强成本的日常控制。

（2）有利于进行成本的定期分析。由于采用定额成本计算法可计算出定额成本、定额差异、定额变动差异等项指标，有利于进行产品成本的定期分析。

（3）有利于提高成本定额和成本计划的制订水平。通过对定额差异的分析，可以对定额进行修改，从而提高定额的管理和计划管理水平。

（4）有利于各项费用定额差异及定额变动差异在完工产品和在产品之间的合理分配。由于有了现成的定额成本资料，可采用定额资料对定额差异和定额变动差异在完工产品和在产品之间进行分配。

2. 定额成本法的缺点

（1）因它要分别核算定额成本、定额差异和定额变动差异，工作量较大，推行起来比较困难。

（2）不便于对各个责任部门的工作情况进行考核和分析。

（3）定额资料若不准确，则会影响成本计算的准确性。

因此，在采用定额法时，应注意减少其不足对成本计算的影响，采取有效的措施，降低不利因素的影响，充分发挥定额法的作用，为提高企业的成本管理水平服务。

3. 定额成本法的使用范围

定额成本法一般适用于产品已经定型，产品品种比较稳定，各项定额比较齐全、准确、原始记录健全的企业。

第三节　成本控制——标准成本制度

一、标准成本制度概述

（一）标准成本制度的形成和发展

　　标准成本制度是根据标准成本来计算成本，能将成本计划、成本控制和成本分析有机地结合起来的一种成本制度。标准成本是企业根据产品的各项标准消耗量（如材料、工时等）及标准费用率事先计算出来的产品的标准成本。利用标准成本与实际成本相比较的差异，可以分析差异产生的原因，采取相应的措施，控制费用的支出，逐渐达到标准成本的水平，从而可以不断降低产品的实际成本。

　　标准成本制度是随着社会生产的不断发展以及管理科学的形成而逐渐产生并完善起来的。20世纪20年代以来，西方发达国家在成本会计职能向成本控制发展方面，取得了不少的成就。标准成本制度的产生和发展就是其中之一。它的产生与1903年泰罗编写的《工厂管理》一书有着密切的联系。该书中提出产品的标准操作程序及时间定额，给标准成本制度产生提供了启示。1904年，泰罗理论的继承者美国效率工程师哈尔顿·埃默森（H. Emerson）首先在美国铁道公司应用标准成本法。1909年，他在《作为经营和工资基础的效率》一文中对标准成本进行了更为详尽的研究，作者认为，由实际成本制度获得数据既过时，又缺乏正确性，而标准成本则能随时显示实际成本与标准成本相比的超额部分，使管理者对低于标准的效率予以关注。因为他不是会计师，因此，没有提出标准成本的会计账务处理方法。1911年，美国会计师卡特·哈里逊（C. Charter Hairison）第一次设计出一套完整的标准成本制度。他在1918～1920年发表了一系列文章，如在《产业经营》杂志上发表了《有助于生产的成本会计》、《新工业时代成本会计》和《成本会计的科学基础》，其中曾介绍一套分析成本差异的公式，并对科目、分类账及成本分析单叙述得十分详细。1920年，在美国全国成本会计师协会召开的首届年会上，会计人员与工程技术人员设计了一套将实际成本与标准成本结合起来的方法，同时设置"效率差异"与"价格差异"科目。核算实际人工与实际材料与其各自标准之间的差异。1923年，随着间接费用差异分析方法的确定，标准成本差异分析的雏形基本形成。至此，标准成本制度真正形成，脱离实验阶段而进入实施阶段。

　　1930年，哈里逊把他对于标准成本计算所作的研究汇编成了《标准成本》一书，这本书是世界上第一部论述标准成本制度的专著。他在书中阐述了关于标准成本制度的几个方面内容。他认为只有同会计系统有机地结合起来，才能建立起真正的标准成本会计。他还认为标准成本具有刺激生产和作为衡量生产效率尺度的功能，它同时又是制定售价的基础和衡量销售效率的尺度。哈里逊标准成本计算主要体现在以下几个方面：一是标准成本计算应迅速而正确地提供生产各项目的成本，以及零件、半成品和制成品的成本；二是标准成本计算必须提供有关生产效率方面的全面信息；三是标准成本计算应把每件生产作业的标准成本同其实际成本进行比较；四是标准成本计算必须提供销售效率方面的信息；五是为了经济地实施标准成本计算，不能仅由一般会计部门来进行这项工作，还要同计划部门、生产部门和其他部门协调地配合；六是在计划和实施这种制度时，应将工作人员的日常工作程序制定为标准程序，因为这样的规程使人们易于理解。另外，E.A. 坎曼于 1932年发表了题为"基本标准成本、制造业的控制会计"的文章，丰富了标准成本理论。在这之后，标准成本制度开始兴起和发展起来，而且从美国传入英、德、日和瑞典等国家，这些国家相继推行了标准成本制度。从此，成本会计进入了一个崭新的发展时期。

（二）标准成本制度的特点和作用

1. 标准成本制度的特点

（1）标准成本可以起着事前成本控制的作用。制定的标准成本一般需要经过努力才能达到，这样，可以调动广大职工工作的积极性，使各自负责的成本达到标准的要求。因此，标准成本可以作为企业职工工作努力的目标，衡量实际成本节约或超支的尺度。

（2）标准成本可以加强成本的事中控制。标准成本制度的重要性在于可进行成本的事中控制。用标准成本与实际成本进行比较，可以及时检查差异及其差异产生的原因，并采取相应的措施加以改进，从而不断地减少不利差异，对有利差异不断加以巩固，从而有效地对成本进行控制。

（3）标准成本可以实现事后的成本控制。对于成本实际执行的结果，应进行分析和总结。对于实际成本与标准成本产生的各种差异，要进行实事求是的分析，找出产生差异的各种因素。对于各种因素要分析具体情况，针对不同的情况采取不同的措施，在下一阶段的成本核算工作中使成本不断降低，实现成本的事后控制。

2. 标准成本制度的作用

（1）有利于加强职工的成本意识。由于在标准成本会计制度下，要对各项标准成本指标进行分解，下达到各个部门及每个员工，作为各部门和人员工作的目标。这样，形成人人关心成本核算和成本控制，增强成本意识，通过自己的工作，努力达到标准成本的目标。

（2）有利于成本控制。成本控制分为事前、事中、事后控制三个环节。通过事前的成本控制，可以制定出相应的标准成本，对各种资源消耗和各项费用开支规定数量界线，可以事前限制各种消耗和费用的发生；通过事中的成本控制，及时揭示实际成本与标准成本是节约还是超支，采取措施对成本核算工作加以改进，纠正不利差异，从而达到既定的成本控制目标；通过事后的成本分析，总结经验，找出差异，提出进一步改进的措施。

（3）有利于价格决策。标准成本能提供及时、一致的成本信息，消除经营管理工作中由于低效率或浪费以及偶然因素对成本的影响，避免由于实际成本波动而造成价格波动的后果。以标准成本作为定价的基础更加接近实际情况，并能满足竞争时市场对定价的要求。

（4）有利于简化会计核算工作。在标准成本制度下，在产品、产成品和销售成本均按标准成本计价，这样可以减少成本核算的工作量，简化日常会计核算工作。

（5）有利于正确评价业绩。在实际成本会计制度下，通过本期的实际成本与上期的同一产品的实际成本相比较，以评估成本超降情况。然而，比较的成本和被比较的成本都是偶然性成本。所以，通过这样的比较不能作出正确的评价。在标准成本制度下，以标准成本作为评估业绩的尺度。由于标准成本通常是指在正常生产条件下制造产品应有的成本额，因此，以本期实际成本与标准成本相比较，就能正确评价企业的工作质量。此外，在实行责任会计制度下，各成本中心之间的半成品内部转移价的确定，也以标准成本或在标准成本基础上加一定比例的内部利润为依据。这样可以避免各成本中心的责任成本受外界因素的影响，从而有利于正确评价它们的业绩。

（三）标准成本制度实施的步骤和条件

1. 实施标准成本制度的步骤

实施标准成本制度应包括如下几个步骤。

第一步：事前制定标准成本。标准成本的制定是根据已达到的生产技术水平，通过详细地调查、分析和技术测定，科学地为每一个成本项目制定标准支出。

第二步：事中进行标准成本差异计算与分析，是通过记录当期发生的实际成本，根据成本项目的标准开支数和当期实际业务量比较实际成本与标准成本，确定各成本项目的差异及产品成本的总差异，分析差异形成的原因，明确经济责任。

第三步：事后对标准成本及差异进行账务处理，是指按照一定原则和程序对标准成本差异进行账务处理。

2. 实施标准成本制度的前提条件

（1）要完善各项成本管理的基础工作。在制定标准成本时，需要较多的资料，这些资料的取得在管理工作搞得较好的企业才能实现。

（2）要健全管理组织。实行标准成本制度，需要做的工作很多。只有有了组织保证，各项工作才能有效地开展起来。

（3）要树立成本意识。实行标准成本制度，涉及企业的全体人员。不论是职工还是管理者，都应对成本控制问题重视起来。只有这样，才能使标准成本制度得以顺利开展。

二、标准成本的制定

产品标准成本的制定是标准成本制度的起点和成本控制的基础。要制定产品标准成本，以标准成本为依据进行成本控制，首先必须有明确的成本标准。

（一）成本标准的类型

（1）按制定标准成本依据资料，分为历史标准成本和预期标准成本。①历史标准成本。历史标准成本是以某产品过去已实现的实际成本为标准确定的成本。历史标准成本可根据过去实际平均成本或历史最低成本计算。以历史成本作为标准成本，其主要特点是计算简单，资料容易取得，但是指标不够先进。②预期标准成本。预期标准成本是根据现有生产技术条件，考虑到未来时期可能变化因素制定的一种标准成本，是在短期内经过努力应达到的成本目标。预期标准成本的特点是计算比较复杂，但可对成本的执行情况进行考核，比较先进。

（2）按制定标准成本使用时间长短，分为基本标准成本和现行标准成本。①基本标准成本。基本标准成本也称固定标准成本，它是指一经企业制定后，只要生产基本条件变化不大，一般就不予变动的一种标准成本。基本标准成本一经确定，在基本条件没有大的变化的情况下，不经常改变，这样可以使以后各期成本在同一基础上进行比较，以观察成本变动的趋势。但企业的基本条件经常会发生变化，因而，这时还采用基本标准成本，就不能有效发挥成本控制的作用。②现行标准成本。现行标准成本是根据企业当前生产基本条件下确定的标准成本，并且随着企业生产条件的变化，现行成本标准将随之变动，通常每年制定一次。现行标准成本反映了生产条件的变动对标准成本的影响，便于企业及时对标准成本差异进行分析和考核。

（3）按制定标准成本水平，分为理想标准成本和正常标准成本。①理想标准成本。理想标准成本是指企业在最有效的生产经营条件下所达到的成本。这时企业的全部劳动要素都应达到最佳使用状态，不允许有一点浪费。但这种情况往往很难达到，所以，将理想标准成本作为短期努力目标不太现实，只能作为考核时的参考指标。②正常标准成本。正常标准成本是指在合理工作效率、正常生产能力和有效经营条件下所能达到的成本。这种成本的实现既非轻易可以达到，又是经过生产者的努力可以完成的。因此，它有助于提高工作效率、有效控制成本。

在一般情况下，标准成本必须既先进，又切实可行。如果确定的标准成本可以轻易地达到，那么在成本控制方面就失去意义；反之，如果标准制定得过高，从而难以完成，生产人员就会把标准看作是高不可攀，以致失去信心。至于标准成本多长时间制定一次，应从实际情况来分析。如果修订频繁，既花费人力，又不利于评价企业内部各成本核算单位的工作成绩。不过，假若多年修订一次，由于产品生产技术、工作效率和经营条件的不断变化，这种标准成本便会逐渐过时，以致不能有效地发挥成本控制的作用。所以，标准成本应当以每年修订一次为原则。从标准成本制定依据的资料看，预期的成本比历史的成本更有现实意义。

（二）标准成本制定方法

（1）工程技术测算法。它是根据一个企业的机器设备、生产技术的先进程度，对产品生产过程中的投入产出比例进行估计而计算出的标准成本。产品成本的高低同机器设备的先进程度，以及先进生产工艺的应用密切相关，先进的机器设备能提高产品的成品率、降低人工费。

（2）历史成本推测法。把企业过去发生的历史数据当作未来产品的标准成本，这种方法叫做历史成本推测法。一般是根据企业前几个月或一年的原材料、人工费用等的实际发生数计算平均数。当然，这里包含着一个假设，即原材料的市场价格、工程技术、工资水平等企业的内外因素变化很小或基本保持不变，否则利用这种方法制定的标准成本就与实际相差甚远。

（3）预测法。变化是绝对的，不变是相对的。实际上，企业在生产过程中的许多因素都会随着时间的变化而不断变化，如机器设备的更新、生产工艺的改进、工人技能和工资水平的提高。此外，市场物价水平和汇率的变化都会影响企业的成本水平。因此，在制定产品标准成本时，仅依据历史成本，考虑当前的生产条件是不够的，还应适当考虑未来企业内外因素的变化对标准成本的影响，这就是所谓的预测法。

（4）期望法。作为标准成本，应能够从某种程度上反映企业管理阶层对成本耗费的期望，这种期望是可以通过引进先进设备、提高技术水平或加强企业管理来实现的较高要求。例如，企业为了跟踪国际国内先进企业，常常以这些企业的成本水平作为自己的标准成本进行考核，要注意的是，这种方法包含着一种主观理想的因素，在具体使用时，必须与以上几种方法配合使用，才能制定出先进而又可行的标准成本。

制定标准成本的方法很多，在实际工作中，一个产品的单位标准成本往往是利用以上两种或两种以上方法结合起来计算的。

（三）标准成本各成本项目的制定

标准成本是企业根据产品的各项标准消耗量（如材料、工时等）及标准费用率计算出来的产品成本。利用标准成本与实际成本进行比较，可以分析差异产生的原因，采取相应的措施，控制费用的支出，逐渐达到标准成本的水平，从而可以不断降低产品的实际成本。

标准成本制度由于是在标准成本的基础上计算产品成本的，因此，制定产品的标准成本，是进行标准成本计算和进行成本控制、分析的基础。在一般情况下，标准成本可以按零件、部件和各生产阶段成本项目制定，即分别按直接材料、直接工资和制造费用制定。对于其中的制造费用，还可分为变动费用和固定费用两类。在零部件较少的情况下，可以先制定零件的标准成本，在此基础上制定部件和产品的标准成本；在零部件较多的情况下，可以不制定零件的标准成本，而先制定部件的标准成本，再制定产品的标准成本，或直接制定产品的标准成本。

1. 直接材料标准成本的制定

直接材料的标准成本是根据产品或零件、部件的标准耗用量和材料的标准单价计算的，其计算公式如下：

直接材料标准成本＝∑产品或零部件某种材料标准耗用量×该种材料标准单价

上式中材料的标准耗用量可从工程技术部门提供的制造单位产品所需要的各种原材料消耗量取得，材料的标准单价可由供应部门提供。

将产品的零部件各种材料的标准成本相加，即可计算出产品的直接材料标准成本。

2. 直接工资标准成本的制定

直接工资的标准成本是根据零部件的标准工时和小时工资率计算的，其计算公式如下：

直接工资标准成本＝产品或零部件单位产品的标准工时×小时标准工资率

上式中的标准工时应按加工工序来制定，制定标准工时应考虑直接加工工时和工人必要的间歇和停工时间等，单位产品消耗的各工序标准工时由技术部门和生产部门提供；小时标准工资率一般采用计划工资率，一般由人力资源部门提供。

将产品各种零、部件的标准工资相加，即可计算出产品的直接工资标准成本。

3. 制造费用标准成本的制定

制造费用一般是按责任部门编制制造费用预算的形式进行的，并且分固定制造费用和变动制造费用分别编制，其中变动制造费用一般应按不同的生产量来计算，以适应数量的变动。

制造费用的标准成本是根据零部件的标准工时和固定（或变动）制造费用标准分配率计算的，其计算公式如下：

固定（或变动）制造费用标准成本＝产品或零部件单位产品的标准工时

×固定（或变动）制造费用小时标准分配率

将产品各种零部件的固定（或变动）标准制造费用相加，即可计算出产品的制造费用标准成本。

[例 8-10]   某企业生产甲产品，直接耗用 A、B 两种材料，A 材料的标准消耗量为 150 千克/件，标准单价为 3.50 元/千克；B 材料的标准消耗量为 210 千克/件，标准单价为 2.40 元/千克。甲产品的单位标准工时为 500 小时，其中第一工序 300 小时，第二工序 200 小时；标准直接工资率第一工序为 8 元/小时，第二工序为 9 元/小时；固定制造费用率第一工序为 6 元/小时，第二工序为 5 元/小时；变动制造费用率第一工序为 7 元/小时，第二工序为 8.2 元/小时。

根据上述资料，计算甲产品的单位标准成本如下：

直接材料的标准成本＝150×3.50＋210×2.40＝1 029（元）

直接工资的标准成本＝300×8＋200×9＝4 200（元）

变动制造费用标准成本＝300×7＋200×8.2＝3 740（元）

固定制造费用标准成本＝300×6＋200×5＝2 800（元）

根据上述计算结果编制甲产品单位产品标准成本表（表 8-11）。

表 8-11   单位产品标准成本表   单位：元

成本项目	材料名称或工序	标准用量或标准工时	标准单价或费用率	部门		单位标准成本合计
				1	2	
直接材料	A	150 千克	3.50 元/千克	525		525
	B	210 千克	2.40 元/千克		504	504
	小计			525	504	1 029
直接工资	1	300 小时	8 元/小时	2 400		2 400
	2	200 小时	9 元/小时		1 800	1 800
	小计			2 400	1 800	4 200
变动制造费用	1	300 小时	7 元/小时	2 100		2 100
	2	200 小时	8.2 元/小时		1 640	1 640
	小计			2 100	1 640	3 740
固定制造费用	1	300 小时	6 元/小时	1 800		1 800
	2	200 小时	5 元/小时		1 000	1 000
	小计			1 800	1 000	2 800
单位标准成本合计				6 825	4 944	11 769

三、标准成本差异计算与分析

(一) 标准成本差异的性质及计算分析通用模式

标准成本差异是指产品的实际成本与产品的标准成本之间的差额，其计算公式如下：

标准成本差异＝产品的实际成本－产品的标准成本

如果上式计算的结果为正，表示实际成本大于标准成本的差异，称为不利差异；如果计算的结果为负，表示实际成本小于标准成本的差异，称为有利差异。对于不利差异，应及时找出原因，提出进一步改进的措施，以便尽早消除；对于有利差异，也应及时总结经验，巩固成绩。但成本差异表现为有利或不利，只能作为发现问题的信号，决不能作为经营决策的依据。因为企业的经济活动是极其复杂的，所谓成本的有利差异或不利差异，只是实际成本与标准成本比较的表面现象，还没有深入地分析研究，故不宜作为决策的依据。因此，从这个意义上讲，必须对生产经营中所产生的成本差异进行深入地分析研究，寻找其中具体原因和责任所在，在此基础之上，制定相应措施，实施成本控制，从而在真正意义上强化标准成本制度的推行。这里从成本差异分析的通用模式入手，介绍各成本项目差异的分析方法和查明差异具体原因的一般原理。

由于影响成本的因素主要有用量与价格两个因素，在计算分析成本差异时，可按如下通用模式进行计算：

标准成本差异＝实际成本－标准成本

式中，实际成本＝实际数量×实际价格；实际数量＝标准数量＋数量差异；实际价格＝标准价格＋价格差异。

则：

实际成本＝（标准数量＋数量差异）×（标准价格＋价格差异）

标准成本＝标准数量×标准价格

标准成本差异＝（标准数量＋数量差异）×（标准价格＋价格差异）－标准数量×标准价格

进一步推出：

标准成本差异＝数量差异×标准价格 ＋标准数量×价格差异＋数量差异×价格差异

式中，标准价格需要乘以数量差异，是由于实际数量与标准数量不一致，此处是指纯数量差异；标准数量乘以价格差异是由于实际价格与标准价格不一致，此处是指纯价格差异；数量差异乘以价格差异是实际数量与标准数量差异、实际价格与标准价格差异结合而产生的差异，一般也称其为混合差异。对混合差异的处理，通常有两种方式，一种是把数量差异、价格差异、混合差异均分别列出；另一种则是不单独计算混合差异，而是把它并至价格差异中处理。因为在现实经济生活中，价格差异因素常常表现为不可控因素，而数量差异则是成本控制的重点。为了正确进行考核，应使混合差异尽可能不受价格因素的影响，因而通常是将其全包括在价格差异之中。如果是这样，则标准成本差异的计算公式如下：

$$数量差异＝标准价格×（实际数量－标准数量）$$
$$价格差异＝实际数量×（实际价格－标准价格）$$
$$标准成本差异＝数量差异＋价格差异$$

（二）直接材料标准成本差异的计算与分析

直接材料标准成本差异是指实际产量耗用的实际直接材料成本与标准直接材料成本之间的差异额，其计算公式如下：

$$直接材料标准成本差异＝实际直接材料成本－标准直接材料成本$$

式中，

$$实际直接材料成本＝实际产量×单位产品实际直接材料成本$$
$$标准直接材料成本＝实际产量×单位产品标准直接材料成本$$

在进行材料标准成本差异的分析时，可采用两因素分析法和三因素分析法。

1. 两因素分析法

两因素分析法是将直接材料标准成本差异分为材料数量差异和材料价格差异两个因素进行分析的。这两个因素对差异影响程度可按下式计算：

$$材料数量差异＝\sum（材料实际耗用量－材料标准耗用量）×材料标准单价$$

式中，材料标准耗用量，是根据实际产量（零件数量或毛坯数量）和单位标准耗用量（定额）相乘求得；材料实际耗用量是根据领、退料凭证以及原材料盘存资料计算出来的。

$$材料价格差异＝\sum材料实际耗用量×（材料实际单价－材料标准单价）$$

[**例 8-11**]　某企业本月投产甲产品 8 000 件，领用 A 材料 32 000 千克，其实际价格为 40 元/千克。该产品 A 材料的用量标准为 3 千克/件，标准价格为 45 元/千克。按两因素分析法对直接材料标准成本差异的计算与分析如下：

实际直接材料成本＝32 000×40＝1 280 000（元）

标准直接材料成本＝8 000×3×45＝1 080 000（元）

直接材料标准成本差异＝1 280 000－1 080 000＝200 000（元）

其中，

材料数量差异＝（32 000－8 000×3）×45＝360 000（元）

材料价格差异＝32 000×（40－45）＝－160 000（元）

甲产品直接材料成本超支 200 000 元主要是由材料用量超支引起的，要深入实际调查了解取得材料用量超支的具体根源。

2. 三因素分析法

在某些加工工业中，如纺织、化学、钢铁，以及橡胶制品企业，各种原材料是根据生产工艺的要求，按一定比例结合在一起投入生产使用的。由于不同原材料的单价不同，如果实际配料结构与标准配料结构发生差异，对直接材料成本就会产生影响，这样就产生了直接材料组合差异，也称材料混合差异，或材料结构差异。这时，影响直接材料标准成本差异的因素中的数量差异进一步划分为产出差异和组合差异，以便于正确计算差异原因，明确差异责任。

在采用三因素分析时，首先须计算标准结构的平均标准单价、实际结构的平均标准单价和实际结构的实际平均单价三个指标。其计算公式如下：

$$标准结构的平均标准单价 = \frac{\sum(各种材料标准耗用量 \times 标准单价)}{各种材料标准耗用量之和}$$

$$实际结构的平均标准单价 = \frac{\sum(各种材料实际耗用量 \times 标准单价)}{各种材料实际耗用量之和}$$

$$实际结构的平均实际单价 = \frac{\sum(各种材料实际耗用量 \times 实际单价)}{各种材料实际耗用量之和}$$

有了以上资料，就可以计算直接材料标准成本差异的产出差异、组合差异和材料价格差异。

$$产出差异 = \left(\frac{材料实际耗用量}{材料标准单耗量} - 实际产量\right) \times 单位产品材料标准成本$$

组合差异 = 材料实际耗用总量 × （实际结构的平均标准单价

　　　　　　 — 标准结构的平均标准单价）

价格差异 = 材料实际耗用总量 × （实际结构的平均实际单价

　　　　　　 — 实际结构的平均标准单价）

[例 8-12]　假定某公司生产甲产品，实际产量为 2 000 件，每单位产品标准配方见表 8-12。甲产品耗用各种材料的实际成本资料见表 8-13。

表 8-12　单位产品标准配方表　　　　　　　　　　　　　单位：元

材料名称	单价	混合用量标准/千克	标准成本
A 材料	21	5	105
B 材料	15	9	135
C 材料	30	10	300
合计	—	24	540

表 8-13　甲产品各种材料耗用情况表　　　　　　　　　　单位：元

材料名称	实际单价	实际耗用量/千克	金额
A 材料	25	10 000	250 000
B 材料	14	16 000	224 000
C 材料	30.25	24 000	726 000
合计	—	50 000	1 200 000

$$标准结构的平均标准单价 = \frac{540}{24} = 22.5（元）$$

实际结构的平均标准单价 = （10 000×21＋16 000×15＋24 000×30）÷50 000

　　　　　　　　　　　 = 23.4（元）

实际结构的实际平均单价 = 1 200 000÷50 000 = 24（元）

直接材料标准成本差异＝1 200 000－2 000×540＝120 000（元）

其中，

产出差异＝（50 000÷24－2 000）×540＝45 000（元）

组合差异＝50 000×（23.4－22.5）＝45 000（元）

价格差异＝50 000×（24－23.4）＝30 000（元）

（三）直接人工标准成本差异的计算与分析

直接人工标准成本差异是指实际产量下的实际直接人工成本与标准直接人工成本之间的差额。其计算公式如下：

直接人工标准成本差异＝实际直接人工成本－标准直接人工成本

式中，

标准直接人工成本＝实际产量×单位产品标准直接人工成本

直接人工标准成本差异计算分析有两因素分析法和三因素分析法两种。

1. 两因素分析法

两因素分析法是指将直接人工标准成本差异分为工资率差异和效率差异两部分进行分析计算，其计算公式如下：

直接人工效率差异＝（实际工时－标准工时）×标准工资率

式中，标准工时是指实际产量的标准工时，即用实际产量乘以单位标准工时计算求得的。

直接人工工资率差异＝实际工时×（实际工资率－标准工资率）

式中，实际工资率，是用实际直接支付的工资除以实际工时计算求得的。

[例8-13]　某企业本月生产甲产品8 000件，实际工时10 000小时，实际应付直接工资110 000元。该产品工时标准为每件1.5小时，标准工资率为每小时10.80元。计算甲产品直接人工差异如下：

直接人工差异＝110 000－8 000×1.5×10.80＝－19 600（元）

其中，

直接人工效率差异＝（10 000－8 000×1.5）×10.80＝－21 600（元）

直接人工工资率差异＝（110 000÷10 000－10.80）×10 000＝2 000（元）

2. 三因素分析法

采用三因素分析，即在双因素分析基础上加入组合差异。人工组合差异，是由于在工业企业中，一种产品的生产往往需要几种不同等级的工人来完成，而不同等级的工人的小时工资率是不同的。如果在标准总工时和实际总工时内，不同等级工人完成的工时所占比重发生变动，也会产生差异，这种差异和前面所讲材料混合差异一样。为深入分析差异原因，便于分清责任，也要计算"人工组合差异"。

在采用三因素分析时，首先须计算以下补充指标，其计算公式如下：

$$标准组合的平均标准工资率＝\frac{\sum（各等级工人标准工时×标准工资率）}{各等级工人标准工时之和}$$

$$实际组合的平均标准工资率＝\frac{\sum（各等级工人实际工时×标准工资率）}{各等级工人实际工时之和}$$

$$实际组合的平均实际工资率 = \frac{\sum(各等级工人实际工时 \times 实际工资率)}{各种等级工人实际工时之和}$$

有了以上资料，就可以计算直接人工标准成本差异的效率差异、组合差异和工资率差异。

人工效率差异＝（实际工时－标准工时）×标准组合的平均标准工资率

人工组合差异＝实际工时×（实际组合的平均标准工资率－标准组合的平均标准工资率）

人工工资率差异＝实际工时×（实际组合的平均实际工资率－实际组合的平均标准工资率）

［例8-14］　假设某企业生产甲产品，实际产量为 2 000 件，直接工资标准成本资料见表8-14。

表 8-14　直接工资标准成本表

工人级别	小时工资率	工时/小时	金额/元
一级	11.20	200	2 240
二级	10	220	2 200
三级	9	240	2 160
合计	—	660	6 600

直接工资实际成本资料见表8-15。

表 8-15　直接工资实际成本表

工人级别	小时工资率	工时/小时	金额/元
一级	11	210	2 310
二级	9.95	200	1 990
三级	8	270	2 160
合计	—	680	6 460

根据以上资料，计算补充资料如下：

标准组合平均标准工资率＝6 600÷660＝10（元）

实际组合平均标准工资率＝（210×11.2＋200×10＋270×9）÷680＝9.97（元）

实际组合平均实际工资率＝6 460÷680＝9.5（元）

直接人工标准成本差异＝6 460－6 600＝－140（元）

其中，

人工效率差异＝（680－660）×10＝200（元）

人工组合差异＝680×（9.97－10）＝－20.4（元）

人工工资率差异＝680×（9.5－9.97）＝－319.6（元）

（四）制造费用标准成本差异计算与分析

制造费用标准成本差异是指制造费用实际成本与标准成本之间的差异额。制造费用可分为变动制造费用和固定制造费用两部分，由此，制造费用标准成本差异的分析可分为变动制造费用差异和固定制造费用差异两部分进行。

1. 变动制造费用标准成本差异的计算

变动制造费用标准成本差异＝变动制造费用实际成本－变动制造费用标准成本

上式中的变动制造费用标准成本按下式计算：

变动制造费用的标准成本＝实际产量×单位产品变动制造费用的标准成本

变动制造费用标准成本差异是由变动制造费用效率差异和耗费差异两部分组成的，其计算公式如下：

变动制造费用效率差异＝（实际工时－标准工时）×变动制造费用预算分配率

变动制造费用耗费差异＝（变动制造费用实际分配率－变动制造费用预算分配率）×实际工时 ＝实际变动制造费用总额－实际工时×变动制造费用预算分配率

上式中变动制造费用实际分配率是用实际发生的变动制造费用总额除以实际总工时计算求得的。

2. 固定制造费用标准成本差异的计算

固定制造费用标准成本差异＝固定制造费用实际成本－固定制造费用标准成本

上式中的固定制造费用标准成本是按下式计算的：

固定制造费用标准成本＝实际产量×单位产品固定制造费用的标准成本

固定制造费用标准成本差异一般分为耗费差异、生产能力利用差异和效率差异三部分，其具体计算公式如下：

耗费差异＝实际固定制造费用－预算工时×固定制造费用预算分配率

生产能力利用差异＝（预算工时－实际工时）×固定制造费用预算配率

效率差异＝（实际工时－标准工时）×固定制造费用预算分配率

上式中的预算工时、标准工时和固定制造费用预算分配率按下式计算：

预算工时＝预算产量×单位产品标准工时

标准工时＝实际产量×单位产品标准工时

固定制造费用预算分配率＝固定制造费用预算总额÷预算工时

[例8-15]　假设某企业生产甲产品，预算产量为10 000件，产品工时标准为每件1.5小时，变动制造费用预算分配率2.5元/小时，固定制造费用预算总额18 000元；本月实际生产甲产品8 000件，实际工时11 000小时，实际变动制造费用25 000元，固定制造费用15 000元。

根据上述资料，进行制造费用差异分析的结果如下：

1. 变动制造费用标准成本差异计算分析

变动制造费用标准成本＝8 000×1.5×2.5＝30 000（元）

变动制造费用标准成本差异＝25 000－30 000＝－5 000（元）

其中，

变动制造费用效率差异＝（11 000－8 000×1.5）×2.5＝－2 500（元）

变动制造费用耗费差异＝25 000－11 000×2.5＝－2 500（元）

2. 固定制造费用标准成本差异计算分析

预算工时＝10 000×1.5＝15 000（工时）

标准工时＝8 000×1.5＝12 000（工时）

固定制造费用预算分配率＝18 000÷15 000＝1.2（元）

固定制造费用标准成本＝12 000×1.2＝14 400（元）

固定制造费用标准成本差异＝15 000－14 400＝600（元）

其中，

耗费差异＝15 000－15 000×1.2＝－2 000（元）

生产能力利用差异＝（15 000－11 0000）×1.2＝4 800（元）

效率差异＝（11 000－12 000）×1.2＝－1 200（元）

（五）各项标准成本差异的原因分析

通过以上各项费用成本差异的计算，找出了存在的问题。为解决这些问题，对于差异绝对额或差异率较大的项目，应把它列作加强管理的重点，到现场作进一步调查和分析，找出产生问题的原因，制定措施加以解决。

引起直接材料成本变动的原因有数量因素与价格因素。产生材料数量差异的原因，一般有生产技术上的产品设计变更、制造方法改变和机器设备性能原因；有材料本身的质量、材料代用、材料规格不符合要求的原因；还有工人操作和技术水平以及加工搬运中损坏等原因。差异原因找出并确定责任后，就应采取解决的办法。例如，材料质量不好、规格不符，应由供应部门负责并采取措施及时解决；制造方法的改变而引起的有利差异，归功于技术部门，应总结经验推广，但如果所引起的差异是不利的，则应由技术部门负责找出问题所在，采取措施及时改进。

材料采购价格差异产生的原因，一般是由于市场价格、采购地点、运输方式的变动，以及运输途中损耗率变动等原因形成的。一般说来，价格变动主要是由外界因素所引起的。但从企业内部来看，往往同供应部门的工作质量有关，应由供应部门采取措施予以解决。当然，有些因素的责任，如临时改变生产数量或品种，可能迫使供应部门的购买没有选择余地，由此引起的不合理采购，就不能由供应部门负责。

引起直接人工变动的劳动效率差异产生的原因，一般有由于机器设备、材料质量和制造方法改变以及设计不当等客观原因；也有工人技术的熟练程度、劳动纪律和劳动态度等主观原因。如果属于客观原因，应及时通知责任单位加以解决；如果是主观原因，应加强对工人的培训和管理教育。

工资率差异产生的原因，一般是工资调整、工资计算方法的改变（由计时改为计件）和工人级别结构的变化，以及奖金和工资性质津贴的变动；此外，工人出勤率的高低和工时利用的好坏对工资率也有影响。工资率差异一般应由人力资源部门负责。

对制造费用差异产生的原因，只对生产能力利用差异和耗费差异产生的原因进行分析，因为效率的原因是直接人工劳动效率差异所导致，可以不必再进行分析。

生产能力利用差异产生的原因，有的是可以控制的原因，有的是不可控制的原因。属于可控制的原因，如可以避免的机器故障、劳动力不足、临时停工待料、生产组织不善和工人技术水平不够等。属于不可控制的原因，如季节的变动、停电和生产任务不饱和等。分析时应区别情况确定责任单位，分别由责任单位采取措施加以解决。

费用的耗费差异，反映固定费用预算和变动费用弹性预算（实际工时×变动费用预算分配率）同实际支出的差异，其差异原因可按费用明细项目逐项加以比较分析。

四、标准成本制度下成本核算程序

（一）标准成本制度下成本核算的程序

标准成本核算与实际成本核算的程序不同，它是在标准成本的基础上进行的。同时在进行成本核算时，还要进行各种差异的核算。其核算程序如下：

（1）制定单位产品的标准成本。

（2）计算实际产量的标准产品成本（按成本项目计算）。

（3）计算标准成本差异，将计算出来的差异计入各种专设的差异账户中。

（4）根据完工产品的实际产量和单位标准产品成本，计算结转完工产品标准成本。

（5）根据已销售产品数量和单位标准产品成本，计算结转销售产品标准成本。

（6）处理结转各项标准成本差异。

（二）标准成本差异账务处理的模式

标准成本差异的账务处理，应根据具体情况采用不同的模式进行，一般主要有如下几种模式。

第一种模式：当期损益模式。当期损益模式是将标准成本差异全部计入当期损益。采用这种模式处理时，在期末，应将归集在各种差异账户中的标准成本差异，全部计入当期的损益账户中，结平这些差异账户。如果为有利差异，则应增加当期的收益；如果是不利差异，则应冲减当期的收益。这种方法一般适用于月末时标准成本差异的金额不是很大的情况，因为采用这种方式处理不会对当期损益产生较大的影响，且简化了成本核算的工作量。

第二种模式：分配模式。分配模式是将标准成本差异采用标准成本比例法，在当月已售产品、月末在产品和月末库存结存产成品之间进行分配的模式。采用这种模式处理时，是根据各种销售产品、月末在产品和月末库存产成品的标准成本的比例进行的。这种方法一般适用于月末时标准成本差异金额较大时，采用这种处理方式虽然加大了成本会计的工作量，但不会对当期的损益产生较大的影响。

第三种模式：结转下期模式。结转下期模式是将标准成本差异结转入下期。有些企业各月份标准成本差异不是很大，可能某个月份产生超支差异，下个月份会产生节约差异，这样不同月份的标准成本差异可以相互抵消。这种模式一般适用于各月份标准成本差异可以相互抵消的情况，可以大大简化会计核算的工作量。但这种模式一般只是在年度中间采用，而到了年末，则应采用前述两种模式当中的一种进行处理。

（三）标准成本制度下的账务处理特点

标准成本制度的账务处理，是将实际成本分为标准成本和标准成本差异两个部分分别进行核算，其账务处理特点如下：

（1）"原材料"、"生产成本"、"库存商品"各科目都按标准成本进行核算。

（2）实际发生的成本同标准成本相比，产生的差异按其性质设置不同的差异科目，记录和反映各自的差异额。具体包括："材料价格差异"、"材料数量差异"、"工资效率差异"、"工资配率差异"、"变动制造费用效率差异"、"变动制造费用耗费差异"、"固定制造费用效率差异"、"固定制造费用能力利用差异"和"固定制造费用耗费差异"等，借方登记不利差异，贷方登记有利差异。

（3）自"库存商品"科目贷方转入"主营业务成本"科目借方的产品销售成本按标准成本入账。

（4）对标准成本差异可采用当期损益模式、分配模式或结转下期模式进行处理。

标准成本制度下的账务处理流程见图8-1。

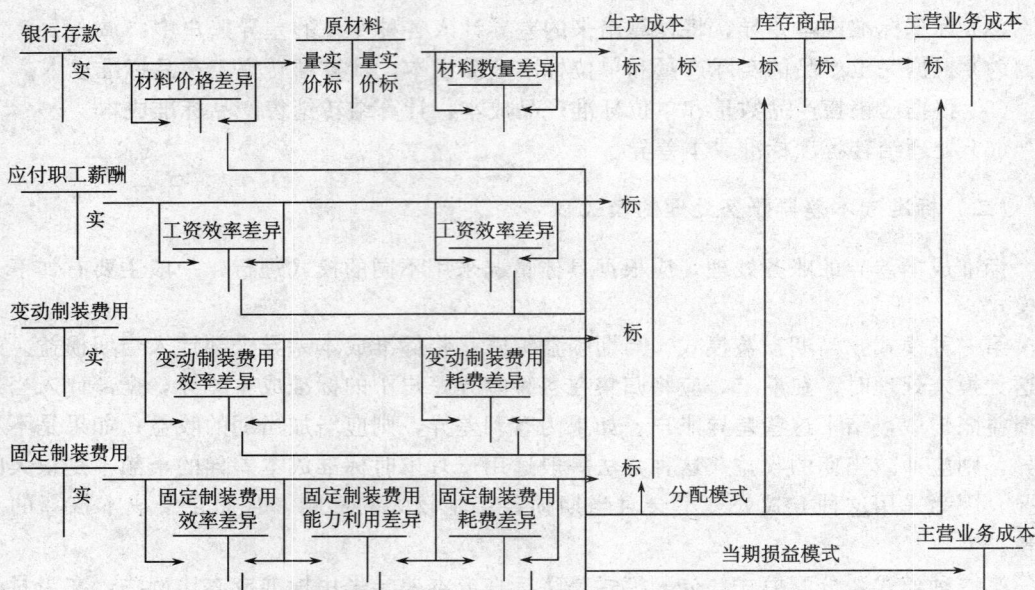

图8-1　标准成本制度账务处理流程图

[**例8-16**]　某企业生产甲产品，本月预计生产220件，实际生产200件，本月投产，本月全部完工，并于当月销售150件，每件售价为5 000元，增值税率17%。甲产品的标准成本资料如下：

单件产品耗用A材料8.50千克，每千克标准单价2.25元；耗用B材料14千克，每千克标准单价4.82元，增值税率17%。单位产品的标准工时为190工时，标准工资率为19元/工时，固定制造费用预算分配率为0.65元/工时，变动制造费用预算分配率为1.40元/工时。

本月份发生的其他有关资料如下：

（1）本月采购A材料2 000千克，每千克2.20元，B材料3 500千克，每千克5.10元。

（2）本月份实际耗用 A 材料 1 800 千克，B 材料 2 900 千克。

（3）本月份生产工人的工资总额为 800 000 元，生产工时为 40 000 小时。

（4）本月实际发生变动制造费用 54 000 元，固定制造费用 24 000 元。

采用标准成本制度计算的结果如下。

1）单位产品标准成本计算

单位产品标准成本计算见表 8-16。

表 8-16　单位产品标准成本计算表　　　　　单位：元

成本项目		标准单耗量	标准价格	标准成本
直接材料	A	8.50	2.25	19.125
	B	14	4.82	67.48
	小计	—	—	86.605
直接人工		190	19	3 610.00
变动制造费用		190	0.65	123.50
固定制造费用		190	1.40	266.00
合计		—	—	4 086.105

2）材料采购过程的材料价格差异计算和核算

（1）材料采购实际成本＝2 000×2.2＋3 500×5.1＝22 250（元）

（2）材料采购标准成本＝2 000×2.25＋3 500×4.82＝21 370（元）

（3）材料价格差异＝2 000×（2.2－2.25）＋3 500×（5.1－4.82）

　　　　　　　　＝22 250－21 370

　　　　　　　　＝880（元）

借：原材料——A 材料　　　　　　　　　　　　　　　　4 500

　　　　　——B 材料　　　　　　　　　　　　　　　16 870

　　应交税费——应交增值税（进项税）　　　　　　　3 782.50

　　材料价格差异　　　　　　　　　　　　　　　　　　880

　贷：银行存款　　　　　　　　　　　　　　　　　26 032.5

3）材料耗用过程的材料用量差异计算和核算

（1）直接材料标准成本＝200×8.5×2.25＋200×14×4.82＝17 321（元）

（3）材料数量差异＝（1 800－200×8.5）×2.25＋（2 900－200×14）×4.82

　　　　　　　　＝707（元）

借：生产成本——甲产品　　　　　　　　　　　　　　17 321

　　材料数量差异　　　　　　　　　　　　　　　　　　707

　贷：原材料——A 材料　　　　　　　　　　　　　　4 050

　　　　　——B 材料　　　　　　　　　　　　　　13 978

4）直接人工标准成本差异计算和核算

直接人工标准成本差异＝800 000－200×190×19＝78 000（元）

其中，

直接人工效率差异＝（40 000－200×190）×19＝38 000（元）

直接人工工资率差异＝800 000－ 40 000×19＝40 000（元）

借：生产成本——甲产品　　　　　　　　　　　　　　722 000

　　　直接人工效率差异　　　　　　　　　　　　　　38 000

　　　直接人工工资率差异　　　　　　　　　　　　　40 000

　　贷：应付职工薪酬　　　　　　　　　　　　　　　　　　　800 000

5）变动制造费用标准成本差异计算和核算

（1）变动制造费用发生时：

借：变动制造费用　　　　　　　　　　　　　　　　　54 000

　　贷：银行存款等　　　　　　　　　　　　　　　　　　　　54 000

（2）变动制造费用月末分配结转时：

变动制造费用标准成本差异＝54 000－200×190×1.40＝800（元）

其中，

变动制造费用效率差异＝（40 000－200×190）×1.40＝2 800（元）

变动制造费用耗费差异＝54 000－40 000×1.4＝－2 000（元）

借：生产成本——甲产品　　　　　　　　　　　　　　53 200

　　　变动制造费用效率差异　　　　　　　　　　　　2 800

　　贷：变动制造费用　　　　　　　　　　　　　　　　　　　54 000

　　　　变动制造费用耗费差异　　　　　　　　　　　　　　　2 000

6）固定制造费用标准成本差异计算和核算

（1）固定制造费用发生时：

借：固定制造费用　　　　　　　　　　　　　　　　　24 000

　　贷：银行存款等　　　　　　　　　　　　　　　　　　　　24 000

（2）固定制造费用月末分配结转时：

固定制造费用标准成本差异＝24 000－200×190×0.65＝－700（元）

其中，

固定制造费用效率差异＝（40 000－200×190）×0.65＝1 300（元）

固定制造费用耗费差异＝24 000－220×190×0.65＝－3 170（元）

固定制造费用能力利用差异＝（220×190－40 000）×0.65＝1 170（元）

借：生产成本——甲产品　　　　　　　　　　　　　　24 700

　　　固定制造费用效率差异　　　　　　　　　　　　1 300

　　　固定制造费用能力利用差异　　　　　　　　　　1 170

　　贷：固定制造费用　　　　　　　　　　　　　　　　　　　24 000

　　　　固定制造费用耗费差异　　　　　　　　　　　　　　　3 170

7）本月完工产品标准成本计算结转核算

本月完工产品标准成本＝200×4 086.105＝817 221（元）

借：库存商品——甲产品　　　　　　　　　　　　　　　　　817 221

　　贷：生产成本——甲产品　817 221

8）产品销售及销售成本计算结转核算

（1）借：银行存款　877 500

　　　　贷：主营业务收入　750 000

　　　　　　应交税费——应交增值税（销项税）　127 500

（2）本月产品销售标准成本＝150×4 086.105＝612 915.80（元）

借：主营业务成本　612 915.80

　　贷：库存商品——甲产品　612 915.80

9）标准成本差异处理

第一种模式：当期损益模式。

借：主营业务成本　79 970

　　固定制造费用耗费差异　3 170

　　变动制造费用耗费差异　2 000

　　贷：固定制造费用效率差异　1 300

　　　　固定制造费用能力利用差异　1 170

　　　　变动制造费用效率差异　2 800

　　　　直接人工效率差异　38 000

　　　　直接人工工资率差异　40 000

　　　　材料数量差异　707

　　　　材料价格差异　880

　　第二种模式：分配模式。将标准成本差异采用标准成本比例法，在当月已售产品、月末在产品和月末库存结存产成品之间进行分配，编制分配表见表8-17。

表 8-17　标准成本差异分配表　　　　　单位：元

项目	分配标准（标准成本）	差异分配率	差异分配额
库存商品	204 305.2		19 992.50
主营业务成本	612 915.8		59 977.50
合计	817 221	0.097 856	79 970.00

借：库存商品——甲产品　19 992.50

　　主营业务成本　59 977.50

　　固定制造费用耗费差异　3 170

　　变动制造费用耗费差异　2 000

　　贷：固定制造费用效率差异　1 300

　　　　固定制造费用能力利用差异　1 170

　　　　变动制造费用效率差异　2 800

　　　　直接人工效率差异　38 000

　　　　直接人工工资率差异　40 000

　　　材料数量差异　　　　　　　　　　　　　　　　　　　　　　　707
　　　材料价格差异　　　　　　　　　　　　　　　　　　　　　　　880
　　第三种模式：结转下期模式。将标准成本差异不作账务处理。

五、标准成本制度与定额成本制度的比较

　　标准成本制度与定额成本制度的基本原理有共同之处，也有不同之处。它们的不同点，从核算角度来看，主要表现在以下几个方面：

　　第一，定额成本制度下"生产成本"科目是按实际成本记录，产品成本差异是按成本项目来反映，没有按原因进一步划分，而且这些差异只是反映在成本计算单上。标准成本制度下，"生产成本"科目是按标准成本记录，产品成本差异不仅仅反映各成本项目的差异，而且还按原因进一步划分。对这些差异原因分别设立会计科目进行反映，与复式记账密切结合起来。

　　第二，定额成本制度下，要计算各种产品的实际成本，这就要求直接费用的定额差异分产品类别计算，间接费用的定额差异要按产品分配，计算工作量比较大。标准成本制度下，不要求计算各种产品的实际成本，它的成本差异是利用各种产品实际产量的标准成本之和同实际成本总额相比而求得。因而，成本差异不必按产品分别进行计算和分配。这样，就有可能把成本差异核算的重点转移为按各个责任中心进行核算，并分别按差异发生的原因反映出来。

　　第三，定额成本制度下，各种产品成本差异一般要在完工产品和在产品之间分配。在一些在产品数量波动较小的企业，也可以全部记入产成品成本。"库存商品"科目是按实际成本记入，借方所反映的入库产成品按当月完工产成品实际成本记入，贷方所反映的发出销售产成品按先进先出法或加权平均法计算其实际成本。"主营业务成本"科目的借方，反映销售出去的产成品实际成本，不单独反映产成品成本差异。这样，在利润报表上就不能专门计算成本差异对利润的影响额。在标准成本制度下"库存商品"科目按标准成本记入，其借方所反映的完工产品、贷方所反映的发出和销售的产品都按标准成本计算。本期生产所发生的各种成本差异一般不在在产品、库存商品和销售产品之间进行分配，多数企业是将差异全部转到"主营业务成本"科目，这样，利润报表上的产品销售利润分为生产成本差异调整前利润和调整后利润两部分。调整前利润即销售产品按标准成本计算的利润，调整后的利润即销售产品按实际成本计算的利润。

　　通过以上分析，我们可以看到，定额成本制度的重点是，在各种产品的定额成本基础上计算其实际成本，即要计算和分配各种产品的成本差异，标准成本制度的重点不是为了计算各种产品的实际成本，而主要是为了加强成本管理，更好地进行成本控制，把成本核算和成本分析结合起来。

第九章

成本报表编制与分析

第一节 成本报表概述

一、成本报表的含义

成本报表是企业根据日常成本核算资料及其他有关资料归集、整理、加工、汇总而形成的一个完整的报告体系。用以反映一定时期内企业生产费用与产品成本的构成及其升降变动情况，以考核各项费用与生产成本计划执行结果的会计报表，是会计报表体系的重要组成部分。正确、及时地编制企业成本会计报表，是成本会计的一项重要内容。

企业会计报表按照服务对象划分为两类：一类是对外报送的会计报表，包括资产负债表、利润表、现金流量表、所有者权益变动表等财务会计报表和会计报表附注、财务情况说明书。另一类是为满足企业管理需要而编制，对加强成本管理，提高经济效益有着重要作用的成本报表。由于成本报表较财务会计报表更侧重于企业内部管理的需要。因此，成本报表在编报时间、格式与内容上，有一定的灵活性，可以定期编制也可以不定期编制，这主要取决于企业生产类型的特点和管理上的具体要求。

二、成本报表的作用

正确、及时地编制成本报表，对加强企业成本管理工作、节约生产费用支出和降低产品成本都具有重要作用。

(1) 企业管理部门可以通过对成本报表的阅读，了解企业成本计划的执行情况，以把握企业成本结构的变化趋势，发现成本管理中存在的问题，落实奖惩措施，激励先进、鞭策落后，促进降低成本战略和措施的实施，为贯彻和完善企业的经济责任制提供参考依据。

(2) 成本报表所提供的实际成本费用资料，不仅可以满足企业加强日常成本费用控制的需要，而且是企业进行成本、费用和利润的预测，制定有关的生产经营决策，编制成本、费用和利润计划，确定产品价格的重要依据。

(3) 通过对成本报表的分析，揭示成本差异对产品成本升降的影响以及发现差异的原因，使企业能够有针对性地找出原因，进一步提高企业生产、技术和经营管理水平，节约费用、降低生产成本，提高企业的经济效益。

（4）企业主管部门把所属非独立核算单位的成本报表资料和其他报表资料结合起来运用，可以有针对性地对其进行指导和监督。

三、成本报表的种类

与财务会计报表不同，成本报表不向外报送，而是为企业内部经营管理服务，因此其种类、格式、内容没有统一规定，可以根据企业需要灵活制定。

（一）按经济内容来划分

（1）反映产品成本情况的报表，主要有商品产品成本表、主要产品单位成本表。

（2）反映费用情况的报表，主要有制造费用明细表、各种期间费用明细表。

（3）其他成本报表，是指企业根据自身的生产特点和管理要求编制的，除上述报表以外的成本报表，主要有材料成本考核表、成品率变动情况表、生产成本及销售成本表等。

（二）按编制时间不同

（1）定期报表。为了进一步满足企业成本管理的需要，企业可以按日、周、旬、半月、月、半年和年定期编制反映企业成本费用情况的各种成本报表。

（2）不定期报表。企业可以根据临时需要和突发事件不定期地编制各种成本报表，为企业的管理人员和相关责任人提供成本变动的信息，促使其及时采取应对措施，解决生产经营中的问题。

第二节　成本报表编制

一、成本报表的编制要求

为了充分发挥成本报表的作用，企业编制的成本报表必须数字真实、内容完整、编制及时。

（1）数字真实，是指报表的指标必须如实地反映企业成本工作的实际情况，不得以估计数字、计划数字、定额数字代替实际数字，更不允许弄虚作假，篡改数字。因此，企业在编制成本报表前，所有的经济业务都要登记入账，要调整不应列入成本的费用，做到先结账后编表；应认真清查财产物资，做到账实相符；并且核对各账簿的记录，做到账账相符。报表编制完毕，应检查各个报表中相关指标的数字是否一致，做到表表相符。

（2）内容完整，主要包括两方面：一方面，成本报表作为一个报表体系，其完整性主要体现在有关报表之间客观存在的内在联系；另一方面，表内项目和表外补充资料，不论根据账簿资料直接填列，还是分析填列，都应当完整无缺，不得随意取舍。

（3）编制及时。成本报表有些定期编制，有些不定期编制，无论是定期编制还是不定期编制，都是要及时编制，及时反馈。编报及时要求企业管理部门按需要迅速提供各种成本报表。只有这样才能及时地对企业成本完成情况进行检查和分析，从中发现问题，及时采取措施解决，以充分发挥成本报表应有作用。

二、成本报表的编制依据

企业编制成本报表，主要依据报告期的成本账簿资料、本期计划和费用预算等资料，以前年度的成本报表资料、企业有关的统计资料和其他资料。

三、商品产品成本表编制

(一) 商品产品成本表的概念和作用

商品产品成本表是反映企业在报告期内生产的全部商品产品（包括可比产品和不可比产品）的总成本以及各种主要商品产品的单位成本和总成本的报表。

根据商品产品成本表所提供的资料，可以考核全部商品产品和主要商品产品成本计划的执行结果，分析各种可比产品成本降低任务的完成情况。

(二) 商品产品成本表的结构和内容

商品产品成本表分为基本部分和补充资料两部分内容。基本部分将全部商品产品划分为可比产品和不可比产品两大类，并分别列出它们的单位成本、本月总成本、本年累计总成本。补充资料部分主要列示可比产品成本降低额和可比产品成本降低率两个指标。

所谓可比产品是指去年或者以前年度正式生产过，具有较完备成本资料的产品；不可比产品是指去年或以前年度未正式生产过的产品，因而没有成本资料。对于去年试制成功，今年正式投产的产品，也应作为不可比产品。

本表中列出了可比产品的单位成本、本月总成本和本年累计总成本，又分别列出了上年实际平均数、本年计划数、本月实际数和本年累计实际平均数，这样做便于分析可比产品成本降低任务的完成情况。

本表中列出了不可比产品的单位成本、本月总成本和本年总成本，以及全部商品产品的总成本，还同时列出本年计划数、本月实际数和本年累计实际平均数。这样做便于考核不可比产品以及全部商品产品成本计划的执行情况。

商品产品成本表的格式和内容见表9-1。

(三) 商品产品成本表的编制方法

（1）"产品名称"项目：应填列主要的"可比产品"和"不可比产品"的名称，主要商品产品的品种要按规定填写。

（2）"实际产量"项目：反映本月和从年初起至本月末止各种主要商品产品的实际产量。应根据"成本计算单"或"产成品明细账"的记录计算填列。

（3）"单位成本"项目。

①"上年实际平均"：反映各种主要可比产品的上年实际平均单位成本。应分别根据上年度本表所列各种可比产品的全年实际平均单位成本填列。

单位：东方公司

表 9-1　商品产品成本表

2012 年 12 月

单位：元

产品名称	计量单位	实际产量		单位成本				本月总成本			本年累计总成本		
		本月	本年累计	上年实际平均	本年计划	本月实际	本年累计实际平均	按上年实际平均单位成本计算	按本年计划单位成本计算	本月实际	按上年实际平均单位成本计算	按本年计划单位成本计算	本年实际
		(1)	(2)	(3)	(4)	(5)	(6)	(7)	(8)	(9)	(10) =(2)×(3)	(11) =(2)×(4)	(12)
A产品	件	200	2 200	130	126	123	125	26 000	25 200	24 600	286 000	277 200	275 000
B产品	件	800	7 600	195	190	192	188	156 000	152 000	153 600	1 482 000	1 444 000	1 428 800
C产品	件	140	1 500	50	49	46	48	7 000	6 860	6 440	75 000	73 500	72 000
可比产品合计	—	—	—	—	—	—	—	189 000	184 060	184 640	1 843 000	1 794 700	1 775 800
D产品	件	50	640	—	56	60	58	—	2 800	3 000	—	35 840	37 120
E产品	件	105	1 000	—	180	200	125.6	—	18 900	21 000	—	180 000	125 600
不可比产品合计	—	—	—	—	—	—	—	—	21 700	24 000	—	215 840	162 720
全部商品产品制造成本合计	—	—	—	—	—	—	—	189 000	205 760	208 640	1 843 000	2 010 540	1 938 520

补充资料（按本年累计实际数）：可比产品成本降低额为 67 200 元；可比产品成本降低率为 3.646%（本年计划降低率 3%）

②"本年计划"：反映各种主要商品产品的本年计划单位成本。应根据年度成本计划的有关数字填列。

③"本月实际"：反映本月生产的各种商品产品的实际单位成本。应根据有关产品成本计算单中的资料，按下列公式计算填列：

$$某产品本月实际单位成本 = \frac{该产品本月实际总成本}{该产品本月实际总产量}$$

④"本年累计实际平均"：反映从年初起至本月末止企业生产的各种商品产品的实际单位成本。应根据成本计算单的有关数字，按下列公式计算填列：

$$某产品本年累计实际平均单位成本 = \frac{该产品本年累计实际总成本}{该产品本年累计实际总产量}$$

（4）"本月总成本"项目。

①"按上年实际平均单位成本计算"，是用本月实际产量乘以上年实际平均单位成本计算填列。

②"按本年计划单位成本计算"：是用本月实际产量乘以本年计划单位成本计算填列。

③"本月实际"：是根据本月产品成本计算单的资料填列。

（5）"本年累计总成本"项目。

①"按上年实际平均单位成本计算"：是用本年累计实际产量乘以上年实际平均单位成本计算填列。

②"按本年计划单位成本计算"：是用本年累计实际产量乘以本年计划单位成本计算填列。

③"本年实际"：是根据本年成本计算单的资料填列。

（6）补充资料项目。

本表补充资料中的"可比产品成本降低额"和"可比产品成本降低率"的本年累计实际数，应按下列公式计算填列：

$$\begin{array}{l}可比产品\\成本降低额\end{array} = \begin{array}{l}可比产品按上年实际平均单\\位成本计算的累计成本合计\end{array} - \begin{array}{l}可比产品本年累计\\实际总成本合计\end{array}$$

$$\begin{array}{l}可比产品\\成本降低率\end{array} = \frac{可比产品成本降低额}{\begin{array}{c}可比产品按上年实际平均单\\位成本计算的累计成本合计\end{array}} \times 100\%$$

可比产品成本降低率的"本年计划数"，应根据年度成本计划填列，可比产品成本的"超支额"和"超支率"，应在"降低额"和"降低率"项目内以"－"表示。

四、主要产品单位成本表编制

（一）主要产品单位成本表的概念和作用

主要产品单位成本表是反映企业在报告期内生产的各种主要产品单位成本的构成情况和各项主要技术经济指标执行情况的报表。它是对商品产品成本表的有关单位成本作进一步补充说明的报表。

利用主要产品单位成本表所提供的资料，可以考核各种主要产品单位成本计划的执行结果，分析各成本项目和消耗定额的变化及其原因，并便于在生产同种产品的企业之间进行成本对比，以利于找出差距，挖掘潜力，降低产品成本。

（二）主要产品单位成本表的结构和内容

主要产品单位成本表的结构可分为上半部和下半部。上半部是反映单位产品的成本项目，并分别列出历史先进水平、上年实际平均、本年计划、本月实际和本年累计实际平均的单位成本。下半部是反映单位产品的主要技术经济指标，这些指标也分别列出了历史先进水平、上年实际平均、本年计划、本月实际和本年累计实际平均的单位用量。

主要产品单位成本表的格式和内容见表 9-2。

表 9-2　主要产品单位成本表

单位：东方公司 　　　　　　　　　　　　　　2012 年 12 月

产品名称		A 产品		本月计划产量		185
规格				本月实际产量		200
计量单位		台		本年累计计划产量		2 150
销售单价		160		本年累计实际产量		2 200

成本项目	行次	历史先进水平 20××年	上年实际平均	本年计划	本月实际	本年累计 实际平均
		1	2	3	4	5
直接材料	1	78.80	74.91	71.19	66.80	67.09
直接工资	2	32.40	42.48	42.48	45.00	45.89
制造费用	3	11.80	12.61	12.33	11.20	12.02
合计	4	123	130	126	123	125
主要技术 经济指标	5	用量	用量	用量	用量	用量
①普通钢材	6	69	73	70	69.6	68.8
②工时	7	10	12	12	12.5	13

（三）主要产品单位成本表的编制方法

主要产品单位成本表应按每种主要产品分别编制。

①"本月计划产量"和"本年累计计划产量"项目：应根据本月和本年产品产量计划资料填列。

②"本月实际产量"和"本年累计实际产量"项目：应根据统计提供的产品产量资料或产品入库单填列。

③"成本项目"项目：应按规定进行填列。

④"主要技术经济指标"项目：是反映主要产品每一单位产量所消耗的主要原材料、燃料、工时等的数量。

⑤ "历史先进水平"：是指本企业历史上该种产品成本最低年度的实际平均单位成本和实际单位用量，应根据历史成本资料填列。

⑥ "上年实际平均"：是指上年实际平均单位成本和单位用量，应根据上年度本表的本年累计实际平均单位成本和单位用量的资料填列。

⑦ "本年计划"：是指本年计划单位成本和单位用量，应根据年度成本计划中的资料填列。

⑧ "本月实际"：是指本月实际单位成本和单位用量，应根据本月完工的该种产品成本资料填列。

⑨ "本年累计实际平均"：是指本年年初至本月末止该种产品的实际平均单位成本和单位用量，应根据年初至本月末止的已完工产品成本计算单等有关资料，采用加权平均法计算后填列，其计算公式如下：

$$某产品实际平均单位成本 = \frac{该产品全年累计实际总成本}{该产品全年累计实际总产量}$$

$$某产品实际平均用量 = \frac{该产品全年累计总用量}{该产品全年累计总产量}$$

本表对不可比产品，则不填列 "历史先进水平" 和 "上年实际平均" 的单位成本和单位用量。

由于本表是商品产品成本表的补充，该表中按成本项目反映的 "上年实际平均"、"本年计划"、"本月实际"、"本年累计实际平均" 的单位成本合计，应与商品产品成本表中的各该单位成本的数字分别相等。

五、制造费用明细表编制

(一) 制造费用明细表的概念和作用

制造费用明细表是反映企业在报告期内发生的各项制造费用的报表。利用制造费用明细表所提供的资料，可以分析制造费用的构成和各项费用增减变动情况，考核制造费用预算的执行结果，以便进一步采取措施，节约开支，降低费用，从而降低产品的制造成本。

(二) 制造费用明细表的结构和内容

制造费用明细表的结构是按规定的制造费用项目，分别反映 "本年计划数"、"上年同期实际数" 和 "本年累计实际数"。这样做，便于用本年实际数分别同本年计划数和上年同期实际数进行比较，以便加强对制造费用的管理。

制造费用明细表的格式和内容见表 9-3。

表 9-3　制造费用明细表

单位：东方公司　　　　　　　　　　　2012 年 12 月　　　　　　　　　　　单位：元

项目	行次	本年计划数	上年同期实际数	本年累计实际数
职工薪酬	1	100 000	90 000	105 000
折旧费	2	90 000	88 000	86 400

续表

项目	行次	本年计划数	上年同期实际数	本年累计实际数
租赁费	3	13 000	12 600	14 200
修理费	4	48 000	45 000	41 200
机物料消耗	5	16 000	17 500	15 500
低值易耗品	6	22 000	23 100	21 800
取暖费	7	52 000	52 800	51 700
水电费	8	48 000	50 500	47 300
办公费	9	30 000	31 400	33 000
差旅费	10	30 000	28 000	27 900
保险费	11	50 000	63 000	49 300
设计制图费	12	19 000	19 200	18 100
检验试验费	13	31 000	33 000	36 700
劳动保护费	14	44 000	41 000	43 200
其他	15	20 000	20 800	21 000
合计	—	613 000	615 900	612 300

（三）制造费用明细表的编制方法

（1）"本年计划数"各项数字，根据制造费用的年度计划数填列。

（2）"上年同期实际数"各项数字，根据上年同期本表的"本年累计实际数"填列。如果表内所列项目和上年度的费用项目在名称或内容上不一致，应对上年度的各项数字按照表内规定的项目进行调整。

（3）"本年累计实际数"各项数字，填列自年初起至编报月月末止的累计实际数，应根据"制造费用明细账"的记录计算填列。

六、期间费用报表编制

（一）期间费用报表的概念和作用

期间费用报表是反映企业在报告期内发生的管理费用、财务费用和销售费用的报表。

利用期间费用报表所提供的资料，可以考核期间费用计划或预算的执行情况，分析各项费用的构成和增减变动情况，以便进一步采取措施，压缩开支，不断降低费用水平。

（二）期间费用报表的结构和内容

期间费用报表一般包括管理费用明细表、财务费用明细表和销售费用明细表。它们的结构基本相同，都是按照规定的费用项目，分别反映"本年计划数"、"上年实际数"、"本年实际数"，这样便于用本年实际数分别同本年计划数和上年实际数进行比较，以便加强对费用的控制和管理。

有关期间费用报表的格式和内容参见表 9-4、表 9-5 和表 9-6。

表 9-4　管理费用明细表

单位：东方公司　　　　　2012 年 12 月　　　　　单位：元

项目	行次	本年计划数	上年实际数	本年实际数
职工薪酬	1	95 000	92 000	96 000
折旧费	2	70 000	71 000	73 000
办公费	3	56 000	51 000	53 400
修理费	4	30 000	31 000	38 000
差旅费	5	42 000	41 000	46 030
物料消耗	6	12 000	12 000	11 000
劳动保险费	7	10 000	9900	10 000
待业保险费	8	14 250	13 800	14 400
低值易耗品摊销	9	9 000	9 500	9 300
其他	12	18 000	20 500	15 000
合　计	13	404 000	413 250	402 130

表 9-5　销售费用明细表

单位：东方公司　　　　　2012 年 12 月　　　　　单位：元

项目	行次	本年计划数	上年实际数	本年实际数
职工薪酬	1	85 000	82 800	83 100
差旅费	2	44 200	43 920	43 400
办公费	3	21 500	20 800	19 700
保险费	4	21 000	19 000	19 500
修理费	5	2 800	2 800	2 890
物料消耗	6	2 200	2 260	3 100
运杂费	7	8 000	8 600	8 560
包装费	8	4000	5 082	4 600
折旧费	9	6 000	6 800	5 700
其他	13	2 000	1 600	2 070
合计	14	201 600	176 692	205 360

表 9-6　财务费用明细表

单位：东方公司　　　　　2012 年 12 月　　　　　单位：元

项目	行次	本年计划数	上年实际数	本年实际数
利息支出	1	110 000	118 000	102 000
金融机构手续费	2	22 000	21 800	21 350
汇兑损失	3	4 500	5 700	6 100
其他	4	12 000	15 000	11 420
合计	5	148 500	160 500	140 870

（三）期间费用报表的编制方法

管理费用明细表、销售费用明细表和财务费用明细表各项目的填列方法如下：

（1）"本年计划数"栏各项目数字，根据本年度各项费用预算填列。

（2）"上年实际数"栏各项目数字，根据上年度本表的"本年实际数"栏相应数字填列。如果表内所列费用项目和上年度的费用项目在名称和内容上不一致，应对上年度的各项数字按本年度表内项目的规定进行调整。

（3）"本年实际数"栏各项目数字，根据本年度"管理费用明细账"、"财务费用明细账"和"销售费用明细账"中各项费用的累计数填列。

第三节   成本分析

一、成本分析的概述

（一）成本分析的概念

成本分析，是利用成本核算及其他有关资料，分析成本水平与构成的变动情况，研究影响成本升降的各种因素及其变动原因，寻找降低成本的途径的分析方法。成本分析是成本管理的重要组成部分，其作用是正确评价企业成本计划的执行结果，揭示成本升降变动的原因，为编制成本计划和制定经营决策提供重要依据。

成本分析可以在形成前后进行事前、事中和事后分析。在成本形成之前，为了选择降低成本的最佳方案，确定目标成本，编制成本计划，需要对成本进行事前分析。在成本形成的过程中，企业为了随时检查各项定额和成本计划的执行情况，控制各种耗费、费用支出，保证目标成本的实现，需要进行事中分析。在成本形成之后，把成本核算数据与其他数据结合起来，评价成本计划的执行结果，揭露矛盾，总结经验教训，指导未来，也是事后分析。所以，成本分析关于企业整个成本管理的全过程，对发挥成本会计的积极作用具有重要意义。通过成本分析，可以正确认识和掌握成本变动的规律，明确影响成本升降的责任，以便采取措施，实现降低成本的目标。

（二）成本报表分析的原则

要按照人们预期的目的建立一个科学而完善的成本分析系统，正确地开展成本分析工作，必须遵循一定的原则。成本分析的原则是组织分析工作的规范，是发挥分析作用、完成分析任务和使用分析方法的准绳。具体地说，在进行成本分析时要着重掌握下列原则。

1. 全面分析与重点分析相结合的原则

全面分析指成本分析内容具有全局性、广泛性，更指成本分析要着眼于整体，要有大局观念，必须将企业成本效益与社会效益结合起来进行分析。要运用辩证的观点和方法对企业成本管理中的成绩和不足、经验和教训、有利因素和不利条件、主流和支流进行全面、客观地分析与评价，才能得出正确的结论；要以产品成本形成的全过程为对象，结合生产经营各阶段的不同性质和特点进行成本分析。然而，全面分析并不意味着事无巨细、面面俱到，而应该抓住重点矛盾，分析关键性问题。对那些差异较大、持续时间较长、影响了企业长期盈利能力的要进行重点剖析，并将评价结果及时反馈，以便迅速采取措施扩大有利差异，消除不利差异。

2. 定性分析与定量分析相结合的原则

所谓定性分析是对成本变动性质的分析，其目的在于揭示影响成本费用各种因素的性质、内部联系及其变动趋势。而对成本变动数量的分析，称为定量分析，其目的在于确定成本指标变动幅度及其各因素影响程度。两者有着密切联系：定性分析是定量分析的基础，定量分析是定性分析的深入。仅有定性分析说明而无定量分析资料作依据，或仅有定量分析结果而无定性分析说明，都不可能发挥成本分析应有的作用。

3. 纵向分析与横向分析相结合的原则

成本分析中的纵向分析是指企业内部范围内的纵向对比分析，包括本期实际指标同上期指标、历史最高水平、有关典型意义的时期指标相比较等。纵向比较，可以清晰地观察到企业成本的变化趋势。在市场经济条件下，企业作为独立的经济实体和市场竞争主体，为了增强自身的竞争实力，必须搜集和掌握国内外同类企业成本的先进水平资料，广泛开展厂际间的对比分析，以便企业在更大范围内找到自身同先进水平之间的差距，激发企业赶超先进的潜力。

4. 事后分析与事前、事中分析相结合的原则

现代成本分析中事前、事中和事后分析是相互联系的，各有其特定作用。只有在成本发生之前就开展预测分析，在成本发生过程中实行控制分析，在成本形成之后搞好考核分析，把它们结合起来，建立起完整的分析体系，才能将成本分析贯穿于再生产全过程，从而做到事前发现问题，事中及时揭示差异，事后正确评价业绩。这样做有利于企业提前采取相应措施，把影响成本升高的因素消灭在发生之前或萌芽状态，有利于企业总结经验教训、指导下期成本工作。

5. 经济分析与技术分析相结合的原则

成本的高低既受经济因素影响，又受技术因素影响，在某种程度上技术因素是关键。因此，成本分析如果只停留在对经济指标的分析上，而不深入技术领域，结合技术指标进行分析，就无法达到分析的最终目的。只有这样，才能防止片面性，以便全面改进成本管理工作，提高经济效益。

6. 专业分析与群众分析相结合的原则

成本涉及企业所有部门及全体职工的工作业绩，为了使成本分析能够做到经常有效，真正达到目的，就必须发动群众自觉参加。这就要求成本分析上下结合，专群结合，充分发挥每个部门和广大职工群众分析成本、挖掘降低成本潜力的积极性，把专业分析建立在群众分析的基础上。这样才能充分揭露矛盾，深挖提高成本效益的潜力，充分发挥成本分析应有的作用。

(三) 成本分析的基本程序

成本分析程序应确定分析工作各个步骤的名称、顺序、内容和要求。通常成本分析的基本程序可归纳为以下几个阶段和步骤。

第一阶段：成本分析准备阶段。

（1）明确成本分析目的。成本分析的主要目的是全面分析成本水平与构成的变动情况，研究影响成本升降的各种因素及其变动原因，以便挖掘降低成本的潜力，控制成本，促使经济效益提高。为了达到这一目的，必须制订成本分析计划。制订成本分析计划是为了保证分析工作有目的、有步骤地进行，并且不至于因遗漏任何重要问题而影响分析效果。分析计划应确定分析的目的、要求、范围，分析的主要课题，分析工作的组织分工、进度安排、资料来源等。分析工作要按计划进行，但也应根据分析过程中的实际情况修改补充计划，以提高分析质量。

（2）确立成本分析标准。进行成本分析，通常情况下是以企业制定的成本计划指标作为成本分析标准。具体做法是将企业的实际成本指标与计划进行对比，指出差异，并分析原因。也可将企业的实际成本指标与历史标准、同行业标准等进行对比。

（3）收集成本分析资料。占有大量完备的各种资料，是正确进行成本分析的基础。在进行成本分析时，必须首先收集内容真实、数据正确的资料。分析所需要的资料是多方面的，不仅需要收集各种核算的实际资料，还要收集有关的计划、定额资料；不仅要收集有关的数据资料，而且还要收集会议记录、决议、报告、备忘录等文字资料；不仅需要国内同行业先进企业的有关资料，而且需要国际先进企业的资料。收集资料要注意日常积累，才能对企业工作逐步形成概念；必须实事求是，并且进行必要的去粗取精、去伪存真的整理工作，以筛选真实反映经营状况的资料，这样才有可能作出正确的结论并提出切实可行的建议。

第二阶段：成本分析实施阶段。

（1）报表整体分析。工业企业编制的成本报表，主要有商品产品成本表、主要产品单位成本表和制造费用明细表等。进行成本分析时，首先要对成本报表整体进行分析。例如，对商品产品成本表，可按产品类别和成本项目对全部商品产品成本进行分析，将商品产品的实际成本与计划成本进行对比分析，对其中的可比产品，可将实际成本与计划进行比较，还可以与上年实际比较；对主要产品单位成本表，可将产品单位成本分别与上年或与计划进行比较；对制造费用明细表，可将实际费用与计划或与上年同期水平进行比较，以说明有关成本费用升降情况。

（2）成本指标分析。成本指标分析，或叫成本指标对比，是在已经核实资料的基础上，对成本的各项指标的实际数进行各种形式、各个方面的比较。经过比较，就可以确定差异，揭露矛盾。这样，一方面可以明确必须深入进行分析的问题，寻找产生问题的原因。另一方面又为挖掘潜力指明方向和途径。必须指出，指标对比如果仅仅限于对比经济指标完成的结果，还不能充分揭露矛盾。这就必须同时考察成本指标完成的过程，进一步分析企业是怎样完成成本指标的，亦即按成本指标完成的时间和地点来详细研究其完成的结果，这样才能发现问题的实质。例如，有的企业虽然从某一个年度来看，是完成了成本指标，但某些月份可能未完成成本指标。通过按时间分析，就可以发现这些不良现象。又如，有的企业虽然全企业是完成了成本指标，但是企业内部各单位却各不相同，有的成本超支，有的成本下降。通过按地点进行分析，就可以查明哪些单位是先进的哪些单位是后进的，从而推广先进经验，消除个别单位落后现象，促进企业各单位效益的共同提高。

（3）基本因素分析。通过对比，揭露矛盾，只能看出数量上、现象上的差异，不能反映差异的根源。因此，还要相互联系地研究各项成本指标发生差异的原因。影响成本指标差异的原因是多种多样的：既有人的因素，也有物的因素；既有技术因素，也有生产组织因素；既有经济方面的因素，也有非经济方面的因素；既有企业内部的因素，也有企业外部的因素。因此，只有运用对立统一的方法来分析，才能查明成本指标的差异原因。

第三阶段：成本分析报告阶段。

（1）得出成本分析结论。在实际工作中，首先，要在研究有关成本指标差异形成过程的基础上，进行因素分析。其次，将有关因素加以分类，衡量各个因素对指标差异产生的影响程度和影响方式，在相互联系中，找出起决定作用的主要因素。最后，综合分析各方面因素对指标差异的影响程度。有分析还要有综合，这是密不可分的两个过程。其中分析是基础，综合是分析的概括和提高。如果只重分析，忽视综合，最后只能得出个别的和部分的结论，看不出影响指标差异的各个因素的内在联系。因此，只有把分析和综合正确地结合起来，才能在多种矛盾中找出主要矛盾，从复杂因素中找出决定性因素，对企业成本和成本效益由感性认识上升到理性认识，抓住问题的关键，得出成本分析的结论。

（2）提出可行的措施和建议。成本分析在揭露矛盾和分析矛盾以后，要对企业成本工作作出评价，提出措施，解决矛盾。分析工作的最后阶段，应根据分析的结果，认真总结经验教训，发扬成绩，克服缺点。要依靠群众、针对生产实践中的关键问题和薄弱环节，提出措施，挖掘潜力，改进工作，提高成本效益。同时，必须注意抓好措施的实施与检查，继续开展成本分析工作。只有不断地发现、分析、解决实践中出现的新矛盾与新问题，才能不断提高企业的科学管理水平。

（3）编写成本分析报告。成本分析报告，是在完成了成本分析全部程序之后，对成本分析结果作出的文字报告。成本分析报告的主要内容包括：①情况反映。用与成本相关的主要经济技术指标的本期实际数说明。②实事求是地把职工在降低成本、提高成本效益活动中所取得的成果反映出来，使职工了解成功的经验。③问题分析。客观地把成本计划执行中存在的问题揭示出来，并分析原因，划清责任。④提出建议。针对取得的经验和存在问题，提出改进成本工作、提高成本效益潜力的建议和措施，以及下一期企业成本工作的要求和目标。

成本分析报告的编写要求观点要明确、原因要分析清楚、建议要切实可行、报告要简练。

（四）成本分析的基本方法

成本报表分析的基本方法主要有三种：比较分析法、比率分析法和因素分析法。

第一种方法：比较分析法。比较分析法是对经济指标进行比较，从数量上确定差异的一种分析方法，其作用是采用比较手段揭示存在的差异，进行业绩评价，以指出不足和未来改进的方向。

$$差异额＝实际数－基数$$

$$差异率＝差异额÷基数×100\%$$

根据比较所采用的基数（标准）不同，比较分析法可以分为以下几种。

1）与历史标准比较

历史标准是企业以前年度的业绩。具体而言，可以选择企业上期、前几期的平均值或历史最好水平进行比较，可以分析企业的成本发展趋势，对未来成本水平进行测算。历史标准具有资料真实可靠和可比性强的优点，也易于为广大职工所接受，但是本身也有不足之处：一是当前要求与历史要求可能有差异；二是与历史标准做比较只能说明企业自身的变化轨迹，没有涉及企业外部情况的变动。

2）与计划或预算比较

计划或预算标准是企业根据自身经营条件或经营情况制定的目标。将指标的实际数值与计划或预算标准进行比较，企业可以分析成本计划或定额的完成情况，有利于进行目标管理。这种方法需要注意的问题是必须注意计划本身的质量，如果设定不合理或不切实际的目标，则失去了指导实际工作的意义。

3）与行业标准比较

每个行业都有自身生产经营的特点，就成本管理而言也是各有特色。企业不但要谋求自身的发展进步，还要关注同行的发展情况，否则就可能由于赶不上同行的发展速度而被淘汰。因此，企业还需要与行业标准进行比较，找出差距，推动企业进步，保持或提高在行业中的地位。

在比较分析法的实际操作中，可以同时使用上面三种方法，以互相补充。由于比较分析法只适用于同质指标的对比，因此应用此法时要注意指标的可比性，在对某一方面进行比较的时候要排除其他因素的影响。例如，费用指标常常随着产量的变动而变动，那么可以先将费用指标按照产量的增幅和减幅进行调整，排除产量变动的影响因素，然后再进行比较。与以前各期资料的对比，也要考虑其客观因素是否基本接近。

第二种方法：比率分析法。比率分析法是通过计算各项指标之间的相对数，借以考察成本活动的相对效益的一种分析方法。比率分析法主要有相关指标比率分析法和结构比率分析法两种。

1）相关指标比率分析法

在实际工作中，由于企业规模不同等原因，仅仅对比产值、销售收入或利润等绝对数的多少，不能准确说明各个企业经济效益好坏，但如果计算成本与产值、销售收入或利润的相比数，也即是产值成本比率、销售收入成本率或成本利润率等，能使企业经济效益比较准确地得到反映。

$$产值成本率 = 成本 \div 产值 \times 100\%$$

$$销售收入成本率 = 成本 \div 销售收入 \times 100\%$$

$$成本利润率 = 利润 \div 成本费用 \times 100\%$$

通常情况下，产值成本率和销售收入成本率高的企业经济效益差，比率低的企业经济效益好。成本利润率则反之，比率高的企业经济效益好，比率低的企业经济效益差。

2）结构比率分析法

结构比率分析法又称比重分析法，或称构成比率分析法。通过构成比率，可以考察成本总量的构成情况及各成本项目占成本总量的比重，同时也可看出量、本、利的比例关系。即预算成本、实际成本和降低成本的比例关系，从而为寻求降低成本的途径指明方向。例如，把构成产品生产成本的各个成本项目（直接材料、直接人工、制造费用）与产品生产成本比较，计算其占总成本的比重，然后把不同时期同样产品的成本构成相比较，观察产品成本构成的变化与提高生产技术水平和加强经营管理的关系，就能为进一步降低成本指明方向。

$$直接材料成本比率＝直接材料成本÷产品成本×100\%$$
$$直接人工成本比率＝直接人工成本÷产品成本×100\%$$
$$制造费用比率＝制造费用÷产品成本×100\%$$

第三种方法：因素分析法。以上两种方法只能揭示实际数和基准数之间的差异，但难以揭示产生差距的原因。因为一个经济指标的完成，往往是多种因素影响的结果。只有把这种综合性的指标分解为各种构成，从中找出主要因素，分清责任，才能了解指标完成好坏的真正原因。因素分析法，又称指数因素分析法，是利用统计指数体系分析现象整体变动中各个因素影响程度的一种统计分析方法，包括连环替代分析法、差额分析法。因素分析法是现代统计学中一种重要而实用的方法，它是多元统计分析的一个分支。使用这种方法能够使研究者把一组反映事物性质、状态、特点等的变量简化为少数几个能够反映出事物内在联系的、固有的、决定事物本质特征的因素。因素分析法的最大功用，就是运用数学方法对可观测的事物在发展中所表现出的外部特征和联系，进行由表及里、由此及彼、去粗取精、去伪存真的处理，从而得出客观事物普遍本质的概括。因素分析法一般包括：连环替代分析法和差额分析法。

1）连环替代分析法

连环替代分析法是从数值上测定各个相互联系因素对有关经济指标的差异影响程度的一种分析方法。通过这种计算，可以衡量各项因素影响程度的大小，有利于分清原因和责任，使评价工作更有说服力，并可作为定措施、挖潜力的参考。这种分析方法的计算程序如下。

第一步：确定影响综合指标的因素并进行因素排列，采用对比分析法计算综合指标的差异。

确定各因素影响时，是以以前各因素已经变动而其后各因素尚未变动为条件的；如果将各个因素替代的顺序改变，则各个因素的影响程度也就不同。因此，在分析工作中必须从可能替代程序中确定比较正确的替代程序。所以，必须按照先数量指标，后质量指标；先实物量指标，后货币指标；先主要指标，后次要指标的原则，对影响综合指标的因素进行排列。

设某一综合经济指标 N 是由相互联系的 a、b、c 三个因素组成，其排列顺序为 a、b、c。基期指标和实际指标的公式为

$$基期指标\ N_0＝a_0×b_0×c_0$$
$$实际指标\ N_1＝a_1×b_1×c_1$$
$$综合经济指标\ N\ 差异＝N_1－N_0＝L$$

第二步：在基期指标 N_0 的基础上，依次逐个替代因素。

$$M_0 = a_0 \times b_0 \times c_0$$
$$K = a_1 \times b_0 \times c_0$$
$$R = a_1 \times b_1 \times c_0$$
$$M_1 = a_1 \times b_1 \times c_1$$

第三步：用因素替代后的结果减替代前的结果，计算各因素变动对综合经济指标差异的影响。

$$a \text{ 因素变动影响} = K - M_0 = L_1$$
$$b \text{ 因素变动影响} = R - K = L_2$$
$$c \text{ 因素变动影响} = M_1 - R = L_3$$
$$\text{合计：} L_1 + L_2 + L_3 = L$$

第四步：分析说明。

以上三个因素变动的差异之和与实际综合经济指标脱离基期综合经济指标的总差异相符，这就决定了各个因素对综合经济指标升降的影响程度，并能确定各个因素所占差异的比重，为制定成本降低的方案提出可靠的依据。从以上计算可以看出，因素分析法是在比较分析法的基础上发展而来的，是比较分析法的补充。

[例 9-1] M 公司 2012 年度生产甲产品资料如表 9-7 所示。

表 9-7 甲产品直接材料成本表

项目	单耗量/(千克/件)	产量/件	材料单价/(元/千克)	材料成本/元
计划	10	800	20	160 000
实际	9	1 000	25	225 000
差异	-1	200	5	65 000

第一步：确定影响综合指标的因素并进行因素排列，采用对比分析法计算综合指标的差异。

甲产品直接材料成本＝产量×单耗量×材料单价

甲产品直接材料成本＝225 000－160 000＝＋65 000

第二步：在计划指标的基础上，依次逐个替代因素。

$$800 \times 10 \times 20 = 160\ 000$$

$$1\ 000 \times 10 \times 20 = 200\ 000$$

$$1\ 000 \times 9 \times 20 = 180\ 000$$

$$1\ 000 \times 9 \times 25 = 225\ 000$$

第三步：计算各因素变动对综合经济指标差异的影响。

产量变动影响＝200 000－160 000＝40 000

单耗量变动影响＝180 000－200 000＝－20 000

材料单价变动影响＝225 000－180 000＝45 000

合计：＋65 000

第四步：分析说明。

M 公司 2012 年度甲产品直接材料成本超支 65 000 元，其主要是由产量的增加和材料单价的上升引起的，应进一步查明两要素变动的原因。

2）差额分析法

差额分析法是连环替代分析法的一种简化形式，是利用各个因素的实际数与基数之间的差额，直接计算各个因素对经济指标差异的影响数值的方法。差额计算法的计算程序如下。

第一步：确定影响综合指标的因素并进行因素排列，采用对比分析法计算综合指标的差异。

设某一综合经济指标 N 是由相互联系的 a、b、c 三个因素组成，其排列顺序为 a、b、c。基期指标和实际指标的公式为

$$基期指标\ N_0 = a_0 \times b_0 \times c_0$$

$$实际指标\ N_1 = a_1 \times b_1 \times c_1$$

$$综合经济指标\ N\ 差异 = N_1 - N_0 = L$$

第二步：计算各因素变动对综合经济指标差异的影响（计算某因素变动影响，直接用该因素的实际数减基期数的差额乘以其他因素，其他因素在该因素前面的用实际数，后面的用基期数）。

$$a\ 因素变动影响 = (a_1 - a_0) \times b_0 \times c_0 = L_1$$

$$b\ 因素变动影响 = a_1 \times (b_1 - b_0) \times c_0 = L_2$$

$$c\ 因素变动影响 = a_1 \times b_1 \times (c_1 - c_0) = L_3$$

$$合计：L_1 + L_2 + L_3 = L$$

第三步：分析说明。

[例 9-2] 见 [例 9-1] 采用差额分析法分析如下。

第一步：确定影响综合指标的因素并进行因素排列，采用对比分析法计算综合指标的差异。

甲产品直接材料成本 = 产量 × 单耗量 × 材料单价

甲产品直接材料成本 = 225 000 - 160 000 = +65 000

第二步：计算各因素变动对综合经济指标差异的影响。

产量变动影响 = （1 000 - 800）× 10 × 20 = 40 000

单耗量变动影响 = 1 000 × （9 - 10）× 20 = -20 000

材料单价变动影响 = 1 000 × 9 × （25 - 20）= 45 000

合计：+65 000

第三步：分析说明。

M 公司 2012 年度甲产品直接材料成本超支 65 000 元，其主要是由产量的增加和材料单价的上升引起的，应进一步查明两要素变动的原因。

二、产品成本分析

产品成本分析的内容主要包括：全部商品产品成本分析、可比产品成本分析和单位产品成本分析。

（一）全部商品产品成本分析

制造业企业的全部商品产品可以分为可比产品和不可比产品两大类。进行成本分析时，对这两类产品的分析方法是不相同的。对于可比产品，不仅要将其实际成本与计划成本进行比较，以考核可比产品成本计划的完成情况，而且还要与上年的实际平均成本进行比较，以分析报告期实际成本比上年成本的降低幅度和降低数额，从而对企业在报告期内生产组织和经营管理工作改进的情况进行评价。对于不可比产品，由于在以前年度没有正式生产过，只能将其实际成本与计划成本进行比较。在对全部商品产品成本进行分析时，由于全部商品产品成本中包括不可比产品成本，所以，只能以全部商品计划总成本与实际总成本进行比较，确定全部商品产品实际成本与计划成本相比的降低额和降低率，以评价全部商品成本水平的升降情况。

全部产品成本分析是一种总括性的分析，属于成本事后分析和成本定期分析。为了排除产品产量因素，单纯考虑成本水平变动对成本降低情况的影响，全部产品成本分析是将全部产品按本年实际产量调整的本年计划总成本与实际总成本进行比较，计算出成本降低额和降低率，借以评价全部产品成本的升降情况的过程。

全部商品产品成本分析，可以借助于企业内部会计报表中的商品产品成本表和成本计划等相关资料进行分析，可以按产品类别和按产品成本项目两方面进行分析。

1. 按产品类别分析全部商品产品成本计划的完成情况

按产品类别分析全部商品产品成本计划的完成情况，就是将各个产品以及全部产品的本期实际总成本与按照实际产量计算的计划总成本进行比较，确定差异额和差异率，以及这些差异对全部产品总成本的影响程度。其分析目的是具体研究全部产品成本水平的变动状况，了解产品成本升降究竟是由哪种产品引起的。其计算公式如下：

① 全部商品产品成本降低额

＝实际产量的本年计划总成本 － 实际产量的实际总成本

＝$\sum$［实际产量 ×（本年计划单位成本 － 实际单位成本）］

② 全部商品产品成本降低率

＝全部商品产品成本降低额 ÷ 实际产量的本年计划总成本 × 100%

注意：计算结果"＋"为降低，表示完成计划；"－"为升高，表示未完成计划。

[例 9-3]　　A 企业 2012 年按照产品种类编制的全部商品产品成本表，如表 9-8 所示。

表 9-8　全部商品产品成本表

（按产品种类反映）　　　　　　　　　　单位：元

产品名称	计量单位	本年实际产量	单位成本			总成本		
			上年实际平均	本年计划	本年实际	按上年实际平均单位成本计算	按本年计划单位成本计算	本年实际
可比产品								
A产品	件	80	500	450	480	40 000	36 000	38 400
B产品	件	100	800	720	700	80 000	72 000	70 000
合计						120 000	108 000	108 400
不可比产品								
C产品	件	10		200	190		2 000	1 900
D产品	件	20		300	320		6 000	6 400
总计							116 000	116 700

根据表 9-8，编制的全部产品成本计划完成情况分析表如表 9-9 所示。

表 9-9　全部商品产品成本计划完成情况分析表

（按产品种类反映）　　　　　　　　　　单位：元

产品名称	本年实际产量的总成本		实际与计划相比		各种产品成本差异对总成本影响/%
	计划总成本	实际总成本	降低额	降低率/%	
可比产品					
A产品	36 000	38 400	−2 400	−6.67	−2.07
B产品	72 000	70 000	2 000	2.78	1.72
合计	108 000	108 400	−400	−0.37	−0.34
不可比产品					
C产品	2 000	1 900	100	5.00	0.09
D产品	6 000	6 400	−400	−6.67	−0.34
合计	8 000	8 300	−300	−3.75	−0.26
总计	116 000	116 700	−700	−0.60	−0.60

从上面的分析结果来看，该企业全部商品产品实际成本较计划上升了 700 元，上升 0.60%，全部商品产品没有完成成本计划。主要是 A 产品及 D 产品成本出现超支引起的，应进一步分析 A 产品、D 产品成本超支的原因。

按产品类别分析全部商品成本计划完成情况应注意以下问题：

（1）对于可比产品，必须将其计划单位成本同上年第四季度单位成本进行比较。若前者高于后者，则说明计划成本比较保守，落后于实际已经达到的成本水平，这样的计划成本就无法起到控制成本的作用，当然有些客观因素的不利影响除外。

（2）对于不可比产品，若有超支情况，应进一步查明是否是因为本年首次生产该产品，消耗定额和计划成本定得偏低；或者是因为工艺过程掌握不好、技术熟练程度不高而引起材料消耗超过定额、废品过多等。

（3）特别注意企业在分配共同费用时，不可将可比产品成本转移给不可比产品，以达到降低可比产品成本的目的。

2. 按产品成本项目分析全部商品产品成本计划的完成情况

按产品成本项目分析全部商品产品成本计划的完成情况，就是按成本项目将本期实际总成本与按照实际产量计算额计划总成本进行比较，确定差异额和差异率，以及这些差异对全部产品总成本的影响程度。其分析的目的是为了了解成本变动的原因，挖掘成本降低的潜力，为今后的深入分析指出主攻方向。其计算公式如下：

① 全部商品产品成本降低额

＝实际产量的本年计划总成本 － 实际产量的实际总成本

＝$\sum$［实际产量×（某成本项目本年计划单位成本 － 实际单位成本）］

② 全部商品产品成本降低率

＝全部商品产品成本降低额 ÷ 实际产量的本年计划总成本 × 100%

注意：计算结果"＋"为降低，表示完成计划；"－"为升高，表示未完成计划。

［例 9-4］　　某企业 2012 年按照成本项目编制的全部商品产品成本计划完成情况分析表如表 9-10 所示。

表 9-10　全部商品产品成本计划完成情况分析表

（按成本项目反映）　　　　　　　　　　　　　　　　　单位：元

成本项目	本年实际产量的总成本		实际与计划相比		各成本项目差异对总成本的影响程度/%
	计划总成本	实际总成本	升降额	升降率/%	
直接材料	85 000	83 000	2 000	2.35	1.60
直接人工	22 000	20 000	2 000	9.09	1.60
制造费用	18 000	21 000	−3 000	−16.67	−2.40
全部产品成本	125 000	124 000	1 000	0.80	0.80

从表 9-10 可以发现，本年全部产品实际总成本比计划降低了 1 000 元，完成了计划。但是从各个构成项目来看，则制造费用项目出现了超支，因此成本管理的重点应放在对制造费用的控制上。如果企业生产的产品全部是可比产品，则按照成本项目对全部产品成本进行分析时，还可以将本年实际总成本与上年实际总成本进行比较，获取更多有用的信息。

（二）可比产品成本分析

企业对可比产品不仅规定了计划成本指标，而且规定了成本降低指标，即本年度可比产品计划成本与上一年度或以前年度实际成本相比的降低额和降低率。因此可比产品成本分析主要是对可比产品成本降低任务完成情况进行分析。其分析步骤如下。

第一步：可比产品成本降低任务完成情况对比分析。

1. 计算可比产品成本实际、计划降低额和降低率

将本年可比产品的实际成本、计划成本分别与上年的实际成本相对比，计算可比产品成本降低额。计算公式如下：

① 可比产品成本实际降低额

$$=\sum (实际产量 \times 上年实际单位成本) - (实际产量 \times 本年实际单位成本)$$

$$=\sum 本年实际产量 \times (上年实际单位成本 - 本年实际单位成本)$$

② 可比产品成本计划降低额

$$=\sum 本年计划产量 \times (上年实际单位成本 - 本年计划单位成本)$$

③ 可比产品成本实际降低率

$$=可比产品实际降低额 \div (\sum 本年实际产量 \times 上年实际平均单位成本) \times 100\%$$

④ 可比产品计划降低率

$$=可比产品成本计划降低额 \div \sum (本年计划产量 \times 上年实际平均单位成本) \times 100\%$$

2. 计算实际脱离计划的差异，分析可比产品成本降低任务完成情况

① 可比产品成本降低额差异＝可比产品成本实际降低额－可比产品成本计划降低额

② 可比产品成本降低率差异＝可比产品成本实际降低率－可比产品成本计划降低率

注意：计算结果"＋"表示完成计划任务；"－"表示未完成计划任务。

［例 9-5］　M 公司 2012 年度可比产品成本相关资料见表 9-11。

表 9-11　可比产品成本表

公司：M 公司　　　　　　　　　　　　2012 年度　　　　　　　　　　　　单位：元

可比产品名称	产量/件		单位成本/(元/件)		
	计划	实际	上年实际	计划	本年实际
A	100	80	500	450	480
B	90	100	800	750	700

（1）可比产品成本降低任务计算见表 9-12。

表 9-12　可比产品成本降低任务计算表

可比产品名称	计划产量	单位成本（元/件）		总成本（按计划产量计算）		计划降低指标	
		上年实际	计划	上年实际	计划	降低额	降低率/%
A	100	500	450	50 000	45 000	5 000	10.00
B	90	800	750	72 000	67 500	4 500	6.25
合计				122 000	112 500	9 500	7.79

（2）可比产品成本实际降低情况计算见表 9-13。

表 9-13　可比产品成本实际降低情况计算表　　　　　　单位：元

可比产品名称	实际产量	单位成本（元/件）		总成本（按实际产量计算）		实际降低指标	
		上年实际	实际	上年实际	实际	降低额	降低率/%
A	80	500	480	40 000	38 400	1 600	4.00
B	100	800	700	80 000	70 000	10 000	12.50
合计				120 000	108 400	11 600	9.67

（3）计算实际脱离计划的差异，分析可比产品成本降低任务完成情况。

① 可比产品成本降低额差异＝11 600－9 500＝2 100（元）

② 可比产品成本降低率的变动＝可比产品成本实际降低率－可比产品成本计划降低率＝9.67%－7.79%＝1.88%

由此可以看出，该企业超额完成了 2012 年的可比产品成本降低计划，实际降低额比计划降低额多 2 100 元，实际降低率比计划降低率多 1.88%。

第二步：可比产品成本降低任务完成情况因素分析。

总体来看，影响可比产品成本降低计划完成情况的因素有三个：产品产量、产品的品种结构和产品的单位成本。下面分别分析三个因素的影响。

1. 产品产量

产品的实际产量和计划产量往往不一样。成本降低计划是根据计划产量制定的，而实际成本降低额是根据实际产量计算的，因此当产品的品种构成和单位成本一定时，产品的产量增加，实际成本降低额也会增加；反之，产量减少，实际成本降低额也会减少，呈同比例的增减。但是，在其他因素不变的情况下，产品产量的变动对产品成本降低率没有影响。所以，产品产量变动只影响可比产品成本降低额，不影响可比产品成本降低率。

2. 产品的品种结构

产品的品种结构是指各种产品在全部产品总成本中的比重。由于各种可比产品的成本降低率不同，如果成本降低率低的产品在全部可比产品成本中所占的比重提高，则全部可比产品成本降低额和降低率就会下降，反之则会上升。所以，产品品种结构变动不仅影响可比产品成本降低额，而且还影响可比产品成本降低率。

3. 产品的单位成本

可比产品成本计划降低额，是以本年计划单位成本和上年实际单位成本比较来确定的；可比产品实际降低额是以本年实际单位成本与上年实际单位成本相比较来确定的，因而产品单位成本的变化，必然引起成本降低任务的完成，而且实际单位成本越低，降低额和降低率完成情况越好。所以，产品单位成本变动不仅影响可比产品成本降低额，而且还影响可比产品成本降低率。

综上所述，影响可比产品成本降低额的因素有三个：产品产量、产品的品种结构和产品的单位成本。影响可比产品成本降低率的因素有两个：产品的品种结构和产品的单位成本。

可比产品成本降低任务完成情况的因素分析方法可以采用连环因素替代分析法和余额推算法两种。

第一种方法：连环因素替代分析法。

采用连环因素替代分析法对可比产品成本降低任务完成情况的因素分析步骤如下。

（1）确定影响可比产品成本的因素，按照先数量指标，后质量指标；先实物量指标，后货币指标；先主要指标，后次要指标的原则，对影响可比产品成本的因素进行排列。

$$可比产品成本＝产品产量×品种构成×单位成本$$

（2）在可比产品成本降低任务的基础上，依次逐个替代因素。

① 计划产量、计划品种结构、计划单位成本下：

$$成本降低额＝计划降低额$$

$$成本降低率＝计划降低率$$

② 实际产量、计划品种结构、计划单位成本下：

$$成本降低额＝\left[\sum（实际产量×上年实际单位成本）\right]×计划降低率$$

$$成本降低率＝计划降低率$$

③ 实际产量、实际品种结构、计划单位成本下：

$$成本降低额＝\sum（实际产量×上年实际单位成本）－\sum（实际产量×本年计划单位成本）$$

$$成本降低率＝成本降低额÷\sum（实际产量×上年实际单位成本）×100\%$$

④ 实际产量、实际品种结构、实际单位成本下：

$$成本降低额＝实际降低额$$

$$成本降低率＝实际降低率$$

（3）分析各因数变动对可比产品成本降低任务完成情况的影响。

① 产量变动影响：

$$成本降低额影响＝\left[\sum（实际产量×上年实际单位成本）\right]×计划降低率－计划降低额$$

$$成本降低率影响＝计划降低率－计划降低率＝0$$

② 品种结构变动影响：

$$成本降低额影响＝\left[\sum（实际产量×上年实际单位成本）\right.$$
$$－\sum（实际产量×本年计划单位成本）\left.\right]$$
$$－\left[\sum（实际产量×上年实际单位成本）\right]×计划降低率$$

$$成本降低率影响＝实际产量、实际品种结构、计划单位成本下的成本降低率$$
$$－计划降低率$$

③ 单位成本变动影响：

$$成本降低额影响＝实际降低额－\left[\sum（实际产量×上年实际单位成本）\right.$$
$$－\sum（实际产量×本年计划单位成本）\left.\right]$$

$$成本降低率影响＝实际降低率－实际产量、实际品种结构、计划单位成本下的成本降低率$$

（4）对可比产品成本降低任务完成情况进行分析说明。

［例 9-6］ 接［例 9-5］。采用连环因素替代分析法对 M 公司 2012 年度可比产品成本降低任务完成情况的因素分析见表 9-14 和表 9-15。

表 9-14　可比产品成本降低任务完成情况因素替代计算表

顺序	影响因素			计算方法	
	产量	品种构成	单位成本	降低额/元	降低率/%
1	计划	计划	计划	9 500	7.79
2	实际	计划	计划	120 000×7.79%=9 348	7.79
3	实际	实际	计划	120 000−111 000=9 000	9 000÷120 000×100%=7.5
4	实际	实际	实际	11 600	9.67

注：$\sum$（实际产量×上年实际单位成本）＝80×500+100×800＝120 000

$\sum$（实际产量×本年计划单位成本）＝80×450+100×750＝111 000

表 9-15　各因素变动对可比产品成本降低任务完成情况影响计算表

影响因素	对降低额的影响	对降低率的影响/%
产　量	9 348−9 500=−152	7.79%−7.79%=0
品种构成	9 000−9 348=−348	7.5%−7.79%=−0.29
单位成本	11 600−9 000=2 600	9.67%−7.5%=2.17
合　计	2 100	1.88

该企业超额完成了 2012 年的可比产品成本降低计划，实际降低额比计划降低额多 2 100元，实际降低率比计划降低率多 1.88%。其主要是由单位成本的降低引起的。

第二种方法：余额推算法。

余额推算法的基本思路是从后向前逆向推算各因素变动的影响。

（1）计算由于单位成本变动对降低额和降低率的影响：

$$成本降低额影响＝实际降低额－[\sum（实际产量×上年实际单位成本）$$
$$－\sum（实际产量×本年计划单位成本）]$$
$$＝\sum（实际产量×本年计划单位成本）$$
$$－\sum（实际产量×本年实际单位成本）$$

$$成本降低率影响＝成本降低额影响÷\sum（实际产量×上年实际单位成本）$$
$$×100\%$$

（2）计算由于产品品种构成变动对降低率的影响：

$$成本降低率影响＝成本降低率变动总数－单位成本变动对降低率的影响$$

$$成本降低额影响＝[\sum（实际产量×上年实际单位成本）]×成本降低率影响$$

（3）计算产量变动对成本降低的影响：

$$成本降低额影响 = 成本降低额变动总数 - 单位成本对降低额的影响$$
$$- 品种构成变动对降低额的影响$$

$$成本降低额影响 = 0$$

[例 9-7]　接 [例 9-5]。采用余额推算法对 M 公司 2012 年度可比产品成本降低任务完成情况的因素分析见表 9-16。

表 9-16　各因素变动对可比产品成本降低任务完成情况影响计算表

影响因素	对降低额的影响	对降低率的影响/%
单位成本	111 000−108 400＝2 600	2 600÷120 000×100%＝2.17
品种构成	120 000×（−0.29%）＝−348	1.88%−2.17%＝−0.29
产　量	2100−2600−（−348）＝−152	0
合　计	2 100	1.88

采用连环因素替代分析法和余额推算法得到的分析结果是一致的，运用上述两种方法都可以对可比产品成本降低任务完成情况进行分析；连环替代法分析步骤清晰明了，对于各因素影响的分析易于理解，只是计算上较为麻烦；余额推算法计算方法简便，但因素的替代程序与计算步骤正好相反，理解有难度，一步计算之差将影响以后几步结果的准确性。

（三）单位产品成本分析

企业的产品成本分析，不仅要对全部商品产品成本计划完成情况和可比产品成本降低任务完成情况进行总括分析，从总体上了解企业成本计划的完成情况，还要对企业主要产品的单位成本进行深入具体的分析。

产品单位成本分析的意义在于，揭示各种产品单位成本及各个成本项目以及各项消耗定额的超支或节约的情况，尤其是能够密切结合产品设计、生产工艺，以及各项消耗定额等的变化对产品成本的影响，查明各种产品单位成本升降的具体原因。同时，对产品单位成本进行分析，有助于对全部商品产品成本和可比产品成本脱离计划的原因进行分析，正确评价企业成本计划完成情况，并针对存在的问题，采取改进措施，降低产品成本，提高企业成本管理水平。

一般来说，制造业企业生产产品的种类较多，如果对各种产品单位成本不加选择地进行详细深入的分析，既是一种浪费，也会使分析缺乏重点。所以，产品单位成本分析应抓住重点，着重对一些企业经常生产、在全部产品中所占比重较大、能代表企业生产经营基本面貌的主要产品或成本发生异常变动的产品进行分析。具体的分析包括两个方面的内容：一是产品单位成本计划完成情况分析，即总括分析产品单位成本及其各成本项目的升降情况；二是产品单位成本各主要项目分析，即按照直接材料，直接工资和制造费用等主要成本项对产品单位成本进行分析，查明造成产品单位成本升降的原因。

1. 产品单位成本计划完成情况分析

产品单位成本计划完成情况分析，是对产品单位成本及各成本项目的本期实际数比计划数的升降情况进行的分析。进行分析时可依据主要产品单位成本表等核算资料。产品单位成本计划完成情况的分析方法主要采用比较分析法。

$$差异额 = 实际单位成本 - 计划单位成本$$

$$差异率 = 差异额 \div 计划单位成本 \times 100\%$$

注意：计算结果"＋"为超支，表示未完成计划；"－"为节约，表示完成计划。

[例 9-8]   东方公司生产 A 产品，其单位成本计划和实际情况如表 9-17 所示。

表 9-17   主要产品单位成本表

单位：东方公司   2012 年 12 月   单位：元

产品名称		A 产品		本月计划产量		185
规格				本月实际产量		200
计量单位		台		本年累计计划产量		2 150
销售单价		160 元		本年累计实际产量		2 200

成本项目	行次	历史先进水平 20××年	上年实际平均	本年计划	本月实际	本年累计实际平均
		1	2	3	4	5
直接材料	1	78.80	74.91	71.19	66.80	67.09
直接工资	2	32.40	42.48	42.48	45.00	45.89
制造费用	3	11.80	12.61	12.33	11.20	12.02
合计	4	123	130	126	123	125
主要技术经济指标	5	用量	用量	用量	用量	用量
①普通钢材	6	69	73	70	69.6	68.8
②工时	7	10	12	12	12.5	13

根据表 9-17，可以编制 A 产品单位成本计划完成情况分析表 9-18，从而了解 A 产品单位成本的升降情况和原因。

表 9-18   A 产品单位成本计划完成情况分析表   单位：元

成本项目	单位成本		降低（一）或超支（＋）		各项目升降对单位成本的影响/%
	本年计划	本年累计实际平均	金额	比例/%	
直接材料	71.19	67.09	−4.1	−5.76	−3.25
直接工资	42.48	45.89	3.41	8.03	2.71
制造费用	12.33	12.02	−0.31	−2.51	−0.25
合计	126	125	−1	−0.79	−0.79

从表 9-18 看，A 产品单位成本实际比计划降低了 1 元，降低率 0.79%。其主要是由直接材料和制造费用的降低引起的。但直接工资超支，应进一步查明其超支的根源。

2. 产品单位成本各成本项目分析

1）直接材料成本项目分析

直接材料成本通常占产品单位成本的比重较大，这一项目的升降对产品单位成本的高低有着重要的影响，所以直接材料项目的分析是产品单位成本分析的重点。

对直接材料成本变动情况的分析方法是：首先，将各种主要材料的本期实际成本与计划成本进行比较，查明哪些材料成本升降较大；其次，分析直接材料成本升降的原因。一般来说，直接材料成本高低取决于单位产品材料消耗数量和材料的单价，这两个因素变动对直接材料成本影响的计算公式如下：

单位产品直接材料成本差异＝实际直接材料成本－计划直接材料成本

材料耗用量差异影响＝（实际单位耗用量－计划单位耗用量）×材料计划单价

材料价格差异的影响＝实际单位耗用量×（材料实际单价－材料计划单价）

［例 9-9］　接［例 9-8］，根据表 9-18A 产品单位成本中直接材料成本项目差异编制直接材料成本分析表见表 9-19。

表 9-19　单位产品直接材料成本分析表　　　　　　　　　单位：元

材料名称	计量单位	耗用量		材料单价		直接材料成本		差异
		计划	实际	计划	实际	计划	实际	
普通钢材	千克	70	68.8	1.017	0.975	71.19	67.09	－4.1
合计		70	68.8	1.017	0.975	71.19	67.09	－4.1

根据表 9-18 的资料，可分别计算单位产品材料消耗数量和材料单价两因素对 A 产品单位产品直接材料成本变动的影响：

A 产品单位产品直接材料成本差异＝67.09－71.19＝－4.1（元）

其中，

材料耗用量差异影响＝（68.8－70）×1.017＝－1.22（元）

材料价格差异影响＝68.8×（0.975－1.017）＝－2.88（元）

由此可见，A 产品单位成本中直接材料成本降低是材料用量和价格下降共同影响的结果。

需要说明的是，上述材料价格差异对直接材料成本影响的计算方法，主要适用于材料按实际价格计价的企业。而材料按计划价格计价时，对每项发出材料都按材料目录上预先规定的计划单位价格进行计价，月末根据材料价格差异率将发出材料的计划价格调整为实际价格。为了便于分析材料成本变动的原因，材料价格差异应单独反映。这样，就不必按上述公式计算材料价格差异，而是根据成本核算资料直接查明。但是，根据我国现行企业会计制度规定，企业实际工作中的材料价格差异率一般是按材料类别进行计算的，因此，如果要进一步了解材料价格差异究竟是哪些材料价格变动的结果，还需根据材料采购核算资料进行分析。

分析单位产品直接材料成本变动，在单位产品材料消耗数量和材料单价两因素分析的基础上，还要进一步分析影响材料消耗数量和材料价格变动的具体原因，以寻求降低直接材料成本的有效途径。

影响原材料耗用量差异的原因很多，归纳起来，主要有下列几种原因：

（1）产品设计的变化。产品设计结构是否合理是影响原材料成本高低的主要因素。重新审查产品及其零部件的结构和重量，在保证产品质量的前提下，改进产品设计，使产品结构合理，体积缩小，重量减轻，就会使材料消耗节约，材料费用降低。

（2）下料和生产工艺方法的改变。下料和工艺是否合理，直接影响产品的原材料消耗。例如，采取了合理的套裁方法，减少了毛坯加工余量，就能提高材料利用率。

（3）材料质量的变化。企业生产所用的原材料质量如何，不仅会影响产品质量，而且往往影响原材料的耗用量。生产中所使用的原材料质量好于计划规定时，就会节约原材料耗用量；如果原材料质量不合乎生产要求，就会增加原材料耗用量，并使产品质量下降。当然，提高原材料质量，也可能需要付出较高的价格，这时就要进行综合分析。如果综合正负两方面因素后，可以降低成本，或虽然不能降低成本，但能提高产品质量，对于整个国民经济有利，则仍有采用的价值。

（4）废料、边角余料回收利用的变化。在加工过程中所发生的废料、边角余料，如果能回收利用或者向外出售时，可以减少原材料费用。因此必须妥善组织废料、边角余料回收，分类整理，有效利用。但须指出，有时废料、边角余料回收数量的减少，并不一定表明回收组织不好，这也可能是由于材料利用情况的改善而造成的。

（5）废品数量的变化。生产中废品增多，使用同样数量的原材料，取得的合格品就会减少。所以，提高技术，加强质量管理，减少和消灭废品，就可以用同样的原材料生产出更多更好的产品，这是节约原材料消耗的重要途径。

此外，生产工人操作和技术水平、机器设备性能的良好程度以及加工搬运中的损坏等，都会影响材料消耗的增减。

对以上各种原因的分析仅仅根据会计资料是不够的，还必须深入生产实践，结合生产技术、生产组织及各种技术经济指标的变动情况进行调查研究，把专业人员分析和群众分析结合起来，只有这样才能查明材料消耗量脱离计划的具体原因。

影响材料价格差异的原因很多，通常有下列几个因素：

（1）材料买价的变动。材料价格变动一般是由外界因素所引起的，但从企业内部来看，往往同供应部门的工作质量有关，应由供应部门采取措施予以解决。

（2）运费的变动。这种费用的变动可能是由于运费率发生变化，或者是由于采购地点的变动，或者是因为运输方式的改变。分析时应区别两种情况：一种是与企业工作好坏无关的客观因素，如由于运费率的调整引起运费变动；另一种是由于企业没有很好地组织供应工作造成的，这属于主观因素，如因采购地点由近变远或运输方式的改变而使得运费提高。

（3）运输途中的合理损耗的变动。有些材料，如石灰、原煤等，运输途中的损耗难以避免，这些运输途中的合理损耗，可以作为采购成本处理。如果对途中损耗严格加以控制，低于规定的损耗率，就可以减少采购成本，从而降低材料价格。

（4）材料的加工费的变动。这些费用的变动，除了客观因素影响之外，还同企业负责这种工作的部门的经营管理水平有关。

材料价格变动原因的分析，应根据材料采购业务的核算资料来进行分析。在分析时，应注意抓住企业内在的原因，以便采取措施，改进工作。当然，对客观原因，也应充分发挥主观能动性，积极创造条件，促使矛盾转化，以降低材料费用。

2）直接工资项目的分析

直接工资项目的分析，必须结合工资制度和生产工人的工资分配方法来进行。在计时工资制度下，工人生产单品种产品，工资直接计入产品成本，单位产品的工资成本的多少，取决于生产这种产品的产量增减及其工资的高低。它们之间的关系可用计算公式表示如下：

$$单位产品直接工资 = \frac{直接工资总额}{产品产量}$$

从上式可以看到，产品产量增长的速度超过工资增长的速度，单位产品成本中的工资额就会相应地下降；反之，产量增长的速度低于工资增长的幅度，单位产品的工资额就会增加。产品产量和生产工人工资额对单位产品工资成本影响的计算方法如下：

① 直接工资额差异影响 $= (实际直接工资额 - 计划直接工资额) \times \dfrac{1}{计划产品产量}$

$$= \frac{实际直接工资额}{计划产品产量} - 单位产品计划工资成本$$

② 产品产量差异影响 $= 实际直接工资总额 \times \left(\dfrac{1}{产品实际产量} - \dfrac{1}{产品计划产量} \right)$

$$= 单位产品实际工资成本 - \frac{实际直接工资总额}{产品计划产量}$$

直接工资差异的原因，主要是由于人员的增减、工人工资的调整、发给工人的奖金和加班工资以及出勤率的变动等。在分析时应查明支付加班工资的原因；对出勤率下降，则应查明缺勤时间增多的原因，以便及时采取措施，提高出勤率。

产品产量的增加，主要是靠开展技术革新，改进产品设计和生产工艺，提高工人技术熟练程度和提高工时利用率等。所以，产品产量变动的分析，应深入实际，认真总结提高产量的经验，挖掘提高产量的潜力，以促进产品成本的降低。

[例 9-10] 某企业生产只生产一种甲产品，有关资料如表 9-20 所示。

表 9-20 产品产量和工资资料表

项目	单位	计划	实际	差异
生产工人工资总额	元	80 000	89 600	9 600
产品产量	件	320	350	—
单位产品生产工人工资	元/件	250	256	6

根据表 9-20，单位产品直接工资差异计算分析如下：

单位产品直接工资差异＝256－250＝6（元）

其中，

直接工资额差异影响＝89 600/320－250＝30（元）

产品产量差异影响＝256－89 600/320＝－24（元）

分析：单位产品工资水平上升（上升 6 元）的主要原因是实际工资率水平比计划工资率高（增加 27.43 元），而产量增加相对减少了单位产品的工资水平（减少 21.43 元）。应进一步查明工资率水平提供的具体原因。

在大多数企业里，各个车间和班组生产产品的品种都在两种以上，产品的工资费用一般是按照生产工时消耗分配计入各产品成本的。因此，单位产品成本中工资费用的多少，就决定于生产单位产品的生产工时（简称效率）和小时工资率两个因素。它们之间的关系可用计算公式表示如下：

单位产品的直接工资＝单位产品生产工时×小时工资率

为了确定这两个因素变动的影响，可以按下列公式计算：

① 单位产品生产工时差异影响

＝（单位产品实际生产工时－单位产品计划生产工时）×计划小时工资率

② 小时工资率差异影响

＝单位产品实际生产工时×（实际小时工资率－计划小时工资率）

[例 9-11] 接［例 9-8］，根据表 9-18A 产品单位成本中直接工资成本项目差异编制直接工资成本分析表见表 9-21。

表 9-21 单位产品直接工资成本分析表

产品名称	单位产品工时 /（小时/件）		小时工资率 /（元/小时）		单位产品直接工资成本 /（元/件）		差异
	计划	实际	计划	实际	计划	实际	
A	12	13	3.54	3.53	42.48	45.89	3.41

根据表 9-21 的资料，可分别计算单位产品生产工时和小时工资率两因素对 A 产品单位产品直接工资成本变动的影响：

A 产品单位产品直接工资成本差异＝45.89－42.48＝3.41（元）

其中：

① 单位产品生产工时差异影响＝（13－12）×3.54＝3.54（元）

② 工资率差异影响＝13×（3.53－3.54）＝－0.13（元）

该企业 A 产品单位直接工资成本超支 3.41 元的主要原因是单位产品生产工时增加，劳动生产率降低引起的，应进一步查明劳动生产率降低的原因。

单位产品生产工时消耗量的变动，反映了劳动效率的变化。劳动效率越高，单位产品的工时消耗量越少，它所分配的工资也就越少；反之，劳动效率越低，单位产品分配的工资就越多。至于劳动效率差异产生的原因，一般有机器设备性能、材料质量和生产工艺以及产品设计改变等外因；有工人的技术熟练程度、劳动纪律和劳动态度等内因。所以，应深入实际调查研究，并结合班组核算的资料，才能查明单位产品工时变动的具体原因。

小时工资率是直接工资总额与生产工时消耗总额的比率。因此，小时工资率的高低受两方面因素的影响：一方面受直接工资总额变动的影响，它的变动原因如上所述；另一方面受生产工时总额变动（也可称为生产能力利用差异）的影响，它主要决定于出勤率和工时利用率的高低。出勤率和工时利用率越高，生产性工时越多，生产工时总额就越大，小时工资率也就越低；反之，出勤率和工时利用率越低，小时工资率也就越高。

在采用无限制的计件工资制度下，产品的工资决定于计件单价，亦即工资定额的变动。在计件单价不变时，生产工人劳动率的变动，并不会影响单位产品成本中的工资费用，但会通过产量影响那些计入产品成本中的非工作时间的工资、奖金和其他工资，从而引起单位产品成本中工资的变动。在这种情况下，可以根据生产工人工资构成的明细资料进行分析。企业如采用有限制的计件工资制，工人超产达到一定限度时，这些超过一定限度的产品，不再支付工资。这时，劳动生产率的提高，就会使单位产品成本中的工资相应地降低。

3）制造费用项目的分析

制造费用是指企业各生产单位为组织和管理生产所发生的各项费用。该项目的分析类似于单位产品人工费用的分析。制造费用的分析可以分为两种方法。

第一种方法：将制造费用差异分为效率和分配率两因素的分析方法。在制造费用按各产品工时分配的企业，制造费用差异的影响因素，可以归纳为单位产品工时（效率）和每小时费用率（分配率）两因素，用公式表示如下：

$$单位产品的制造费用 = 单位产品工时 \times 小时制造费用率$$

用因素分析法分析效率和分配率两个因素变动的影响，可以按下列公式计算：

① 效率差异影响

＝（单位产品实际生产工时 － 单位产品计划生产工时）× 计划小时制造费用率

② 分配率差异影响

＝单位产品实际生产工时 ×（实际小时制造费用率 － 计划小时制造费用率）

[例 9-12]　接［例 9-8］，根据表 9-18A 产品单位成本中制造费用成本项目差异编制制造费用成本分析表见表 9-22。

表 9-22　单位产品制造费用成本分析表

产品名称	单位产品工时 /（小时/件）		小时制造费用率 /（元/小时）		单位产品制造费用 /（元/件）		差异
	计划	实际	计划	实际	计划	实际	
A	12	13	1.027 5	0.924 6	12.33	12.02	－0.31

根据表 9-21 的资料，可分别计算单位产品生产工时（效率）和小时制造费用率（分配率）两因素对 A 产品单位产品制造费用变动的影响：

A 产品单位产品制造费用差异＝12.02－12.33＝－0.31（元）

其中，

① 效率差异影响＝（13－12）×1.027 5＝1.03（元）

② 分配率差异影响＝13×（0.924 6－1.027 5）＝－1.34（元）

第二种方法：将制造费用分为固定费用和变动费用的分析方法。在前面所述的产品单位成本制造费用项目分析中，未将制造费用分为固定费用和变动费用。其实，制造费用可以分为固定费用和变动费用两类进行分析，这就要求我们运用科学的方法将全部制造费用分解为固定费用和变动费用两部分。

第一，在单一产品生产情况下的分析方法。在单一产品生产的情况下，制造费用直接计入产品成本。因此，单位产品制造费用差异是受产量差异、固定费用差异和变动费用差异三方面因素影响的。具体分析公式如下：

① 产量差异影响 $=\dfrac{\text{固定制造费用计划数}}{\text{产品实际产量}}-\dfrac{\text{固定制造费用计划数}}{\text{产品计划产量}}$

② 固定费用差异影响 $=\dfrac{\text{固定制造费用实际数}}{\text{产品实际产量}}-\dfrac{\text{固定制造费用计划数}}{\text{产品实际产量}}$

③ 变动费用差异影响 $=\dfrac{\text{变动制造费用实际数}}{\text{产品实际产量}}-\dfrac{\text{变动制造费用计划数}}{\text{产品实际产量}}$

在变动费用差异影响分析中，直接用实际单位变动费用减去计划单位变动费用，而没有像固定费用那样，先分析产量差异的影响，再分析费用差异的影响。其原因是，单位变动费用本身不受产量变动的影响，无论产量多少，都与单位变动费用无关。

第二，在多种产品生产情况下的分析方法。在生产多种产品的情况下，可将费用差异分为固定费用差异和变动费用差异两方面，固定费用差异和变动费用差异的分析如下。

固定费用差异的分析。固定费用通常是按照各种产品耗用的工时比例进行分配的，计算公式如下：

单位产品的固定费用＝固定费用总额÷产品生产工时数×单位产品的生产工时

可见，固定费用差异可以按照效率差异、生产能力利用差异和耗费差异三因素进行分析。

效率差异影响＝（单位产品实际生产工时－单位产品计划生产工时）×计划小时固定费用率

生产能力利用差异影响 $=$ 单位产品实际生产工时 $\times\left(\dfrac{\text{固定费用计划数}}{\text{实际生产工时}}-\dfrac{\text{固定费用计划数}}{\text{计划生产工时}}\right)$

耗费差异影响 $=$ 单位产品实际生产工时 $\times\left(\dfrac{\text{固定费用实际数}}{\text{实际生产工时}}-\dfrac{\text{固定费用计划数}}{\text{实际生产工时}}\right)$

以上分析方法主要适用于采用累计费用分配率或者在产品不分摊制造费用的企业如果企业各产品的在产品按月分摊费用，则由于各种完工产品费用成本中的期初在产品份额所占的比重不同，各完工产品的费用分配率也就不一样。这时，应根据每种完工产品的成本资料，分别计算它的费用分配率，制造费用只能分为效率差异和分配率差异两个因素进行分析。

变动费用差异的分析。变动费用差异可以分为效率差异和分配率差异两因素进行分析。其具体分析公式如下：

$$效率差异影响＝（单位产品实际生产工时－单位产品计划生产工时）$$
$$×计划小时变动费用率$$
$$分配率差异影响＝单位产品实际生产工时$$
$$×（实际小时变动费用率－计划小时变动费用率）$$

为了查明制造费用差异的原因，以便采取措施，降低费用开支，还应按制造费用明细项目逐项分析。在把制造费用划分为变动费用和固定费用的情况下，对变动费用，应将其本期预算数按照本期产量完成百分比加以调整后，再与本期实际数进行比较，以确定相对节约或超支；对于固定费用，则可以直接用本期实际支出与预算数比较，查明其绝对节约或超支的原因。

3. 直接材料成本三因素分析方法

在生产产品耗用多种材料的情况下，直接材料成本差异还可以进行三因素分析。我国的材料成本三因素分析方法与标准成本制度所介绍的西方材料成本三因素分析方法的基本原理相似。两种方法的不同之处在于：西方材料成本三因素分析法将三因素称为产出差异、组合差异和价格差异，而我国则将三因素称为材料单耗差异、材料配比差异和价格差异；另外，西方是对某种产品所耗用的全部材料成本进行分析，而我国则是对单位产品材料成本进行分析。在此，具体介绍我国材料成本三因素分析方法。

首先，需要计算计划配比的计划平均单价、实际配比的计划平均单价和实际配比的实际平均单价，计算公式如下：

$$① 计划配比的计划平均单价＝\frac{\sum（各种材料计划配料数量×材料计划单价）}{各种材料计划配料数量之和}$$

$$② 实际配比的计划平均单价＝\frac{\sum（各种材料实际配料数量×材料计划单价）}{各种材料实际配料数量之和}$$

$$③ 实际配比的实际平均单价＝\frac{\sum（各种材料实际配料数量×材料实际单价）}{各种材料实际配料数量之和}$$

其次，根据上面计算出的三个平均单价，计算分析单耗、配比和单价各因素变动对直接材料成本的影响，计算分析公式如下：

$$① \begin{matrix}单位产品材料耗用\\总量差异的影响\end{matrix}＝\left(\begin{matrix}单位产品材料\\实际耗用总量\end{matrix}-\begin{matrix}单位产品材料\\计划耗用总量\end{matrix}\right)×\begin{matrix}计划配比的\\计划平均单价\end{matrix}$$

$$② \begin{matrix}材料配比差\\异的影响\end{matrix}＝\left(\begin{matrix}实际配比的计\\划平均单价\end{matrix}-\begin{matrix}计划配比的计\\划平均单价\end{matrix}\right)×\begin{matrix}单位产品材料\\实际耗用总量\end{matrix}$$

$$③ \begin{matrix}材料价格差\\异的影响\end{matrix}＝\left(\begin{matrix}实际配比的实\\际平均单价\end{matrix}-\begin{matrix}实际配比的计\\划平均单价\end{matrix}\right)×\begin{matrix}单位产品材料\\实际耗用总量\end{matrix}$$

[例 9-13]　某企业生产乙产品，耗费 A、B、C、D 四种材料，有关耗用、配比及成本资料如表 9-23 所示。

表 9-23 乙产品直接材料明细资料表　　　　　　　　　单位：元

材料名称	计 划				实 际			
	单价	用量	配比/%	成本	单价	用量	配比/%	成本
A	40	6	30	240	36	3.6	20	129.6
B	30	2	10	60	34	6.3	35	214.2
C	25	9	45	225	32	2.7	15	86.4
D	20	3	15	60	18	5.4	30	97.2
合　计	—	20	100	585	—	18	100	527.4

根据表 9-23 资料，采用三因素分析法对乙产品单位成本直接材料差异分析如下：

乙产品单位成本直接材料差异＝527.4－585＝－57.6（元）

（1）计算平均单价：

① 计划配比的计划平均单价＝585÷20＝29.25（元）

② 实际配比的计划平均单价

＝40×20％＋30×35％＋25×15％＋20×30％

＝28.25（元）

③ 实际配比的实际平均单价＝527.4÷18＝29.3（元）

（2）计算各因素差异影响：

材料耗用量差异影响＝（18－20）×29.25＝－58.50（元）

材料配比差异影响＝（28.25－29.25）×18＝－18（元）

材料价格差异影响＝（29.3－28.25）×18＝18.90（元）

乙产品直接材料成本降低 57.6 元的原因主要是材料耗用量的节约所致节约 58.50 元；材料配料比率变动，提高价格低的材料消耗比重，减少价格高的材料消耗比重所致节约 18 元。

第十章

成本考核

一、成本考核的含义和作用

成本考核就是通过定期对成本指标和成本效益指标的对比分析，对目标成本或成本计划以及成本效益指标的完成结果进行的全面审核、评价，奖优罚劣。它既是成本会计的重要组成部分，也是企业管理工作的主要内容。为了监督和评价各部门、各单位目标成本或成本计划的完成情况，促使其履行有关经济责任，保证目标成本和成本计划的实现，必须建立定期的成本考核制度。成本考核作为成本会计的重要组成部分和企业管理工作的重要手段之一，对于合理评价企业成本计划或目标成本以及成本效益指标的完成情况，更好地贯彻有关财经政策、法规和管理制度的执行，激励责任中心与全体员工的积极性，不断提高企业经济效益，具有十分重要的作用。

二、成本考核与成本分析

成本考核中虽然有成本分析的内容，但其内涵与成本分析完全不同。主要表现在以下几点：

（1）两者的实施主体不同。成本分析的主体既可以是责任人自身，也可以是其他人；成本考核的主体则必须是经过授权的企业管理部门或个人。

（2）分析后的行为不同。成本分析得出的是对前一段工作效果的评价，仅有反馈功能；成本考核则在得出前一段工作效果的评价后，还要进行"奖优罚劣"，因而能够起到激励管理者与员工共同努力来实现企业经营目标的作用。

因此，成本考核从其对企业员工行为影响的深度和广度上都远非成本分析可比，它具有自身特有的运行规律，需要在成本会计学中安排独立章节给予阐述。

第二节　成本考核指标构建

如何建立成本考核的指标体系，是企业管理最重要的基础工作之一。

一、成本考核指标分类

1. 财务指标与非财务指标

财务指标是可以直接用价值量计量的经济责任，它主要表现为目标成本（或计划成本）限额。目标成本限额的分解有两种情况：

（1）属于生产车间发生的直接材料、直接人工和车间制造费用，应按加工过程分解落实到各车间，车间再根据费用发生情况分解落实到班组。

（2）属于各科室掌握开支的费用，应分解落实到各科室。

成本指标分解落实后，就作为各责任单位的考核指标，用以考核其经济责任完成情况。实际执行结果低于分解指标的为节约，实际执行结果高于分解指标的为超支。节约有奖，超支应罚。

非财务指标虽然不能用价值量来直接计量，但其指标的优劣对成本的影响很大，因而也是重要的经济责任。

2. 实物指标和价值指标

实物指标是指从使用价值的角度，按照它的自然单位来表示的指标。价值指标是指以货币为统一尺度所表示的指标。在成本指标中，实物指标是基础，价值指标是一种综合性指标。

3. 数量指标和质量指标

数量指标是指反映企业在一定时期内某一工作数量的指标，如产量、生产费用、总成本等。质量指标是指反映企业一定时期内工作质量或相对水平的指标，如单位成本、可比产品成本相对降低率等。

4. 单项指标和综合指标

单项指标是指反映成本变化中某一个侧面的指标，如某种产品的单位成本等。综合指标是指总括反映成本的指标，如产品总成本、全部生产费用等。单项指标是基础，综合指标是单项指标的综合。

二、成本考核指标构建

1. 传统成本考核指标及评价

我国传统的成本考核指标主要是可比产品成本计划完成情况指标，是我国于20世纪50年代从苏联引进的。这一指标在计划经济年代，对于加强国家对国有企业的成本管理，发挥职工降低成本的积极性，在企业间进行有效的成本比较、成本竞赛，促进企业以至行业降低成本曾起过积极的作用。但随着这一指标运行时间的延长，逐渐暴露出其缺陷，主要表现如下：

第一，缺乏全面性。随着市场经济的逐步建立和完善，新产品将层出不穷，可比产品占全部产品的比重将呈下降趋势。

第二，缺乏准确性。有的企业在进行产品成本计算的过程中，有意将应由可比产品成本负担的费用计入不可比产品成本，人为降低可比产品成本，使得可比产品成本的准确性受到很大伤害。

第三，缺乏一致性。可比产品成本降低率只考核可比产品成本计划的完成情况，缺乏与计划成本口径的一致性。

第四，缺乏科学性。可比产品成本计划完成情况是以成本总额考核，不区分固定成本与变动成本；另外，不能反映品种结构变化对成本升降的影响，有失科学性。

第五，缺乏公正性。这一指标存在"鞭打快牛"的弊端，采用环比方法，使先进企业完成计划指标的难度越来越大，有失公正性。

2. 现代成本考核指标构建

由于传统成本考核方法存在缺陷，苏联在 1963 年即停止考核这一指标。在市场经济环境下，企业作为自主经营、自负盈亏、自我约束、自我发展的独立经济实体，具有自身独立的经济权利和经济利益，同时也应具有自身合法的商业秘密。因此，用可比产品成本降低率指标也应在企业内部掌握，不应在企业之间、行业之间进行比较和评价。所以进行成本考核应该逐渐建立一套既适应于市场经济环境，又符合企业管理特点的成本考核指标体系。

第一，财务考核指标构建。仅就财务指标而言，我国学术界提出了许多不同的考核指标，可供企业在建立成本考核指标体系中选用。

（1）以全部产品成本计划完成率作为考核指标。其公式为

$$全部商品产品成本计划完成率 = \left(1 - \frac{实际产量的实际总成本}{实际产量的计划总成本}\right) \times 100\%$$

这一指标克服了可比产品成本降低率缺乏全面性、可比性、一致性等缺点，但仅仅是成本之间的对比，没有将所得与所费的关系揭示出来。因此有人又提出了以下考核指标。

（2）以每百元总产值生产费用作为考核指标。其公式为

$$每百元总产值生产费用 = \frac{总产值生产费用}{总产值} \times 100\%$$

这一指标克服了上一种指标的缺陷，进行了所得与所费之比例的实际数与计划数的比较，但其中的总产值生产费用缺乏日常数据，不便于日常的考核，同时总产值与总产值生产费用的口径不一致，计算调整较为烦琐，资料较难以获得。

（3）以标准成本作为考核指标。一方面以各种产品的实际成本与其标准成本比较，确定其完成率；另一方面，以综合标准成本完成率作为考核指标。其公式为

$$综合标准成本完成率 = \left(1 - \frac{实际产量的实际总成本}{实际产量的标准总成本}\right) \times 100\%$$

标准成本是指在正常生产条件下制造产品所应支付的成本。首先，这一成本可以预先制定，作为有关部门和员工的奋斗目标，起到事前控制的作用；其次，在生产经营过程中，可以通过成本的实际发生额与标准成本的比较，确定脱离标准成本的差异，以便及时分析差异产生的原因，采取措施消除不利因素，达到事中控制的目的；最后，月末，通过实际成本与标准成本的比较，评价有关部门和人员的工作业绩，总结经验教训，为下一个会计期间成本管理的有效性指引方向，达到事后控制的目的。

（4）围绕责任成本设立成本考核指标。这种观点认为，成本考核指标应包括行业内部考核指标和企业内部责任成本考核指标。

　　行业内部考核指标。随着市场经济的建立和完善，虽然国家不再直接考核企业成本水平，但行业之间的成本考核评比还是必要的。其指标包括：

$$成本降低率 = \frac{标准总成本 - 实际总成本}{标准总成本} \times 100\%$$

$$销售收入成本率 = \frac{考核期销售成本总额}{考核期销售收入总额} \times 100\%$$

　　企业内部责任成本考核指标，包括：

$$责任成本差异率 = 责任成本差异额 \div 标准责任成本总额 \times 100\%$$

式中，责任成本差异额，是指实际责任成本与标准责任成本的差异。

$$责任成本降低率 = 本期责任成本降低额 \div 上期责任成本总额 \times 100\%$$

　　第二，非财务指标的构建。尽管成本考核的多数指标可以用价值量来描述，表现为财务指标，但是企业中仍有许多工作对成本影响很大，其绩效却不能用价值量来描述。为了实现企业目标，使企业尽量在最佳点上运作，这些工作也必须纳入成本考核体系。这就需要建立成本考核的非财务指标，作为财务指标的补充。例如，产量、小时产量、合格率、品种、次品率、设备完好率、油耗、工序能耗、成材率、缺勤率、新产品开发时间、厂房利用效率等。

　　非财务指标的特点如下：①非财务指标容易量化，便于理解。②非财务指标直接反映物质生产过程的状况，并有助于将注意力集中在需要改进的领域。③非财务指标可以及时反馈影响成本各种因素的措施是否真正有效，从而有利于提高产品产量和质量，促进成本降低。④非财务指标有助于扩大寻找降低成本的途径，使成本管理走出财务人员的狭小范围。⑤非财务指标是现代成本管理中建立考核指标必须具备的，只有财务指标与非财务指标的配合，才能实现对全过程成本控制的考核。

　　非财务指标在企业管理中应用非常广泛，企业可以根据自己的管理情况和行业特点自行设计。

第三节　现代企业成本考核

一、责任中心

　　现代企业管理已由高度集权管理逐渐走向分权管理，分权管理已成为现代企业管理的基本模式。分权管理要求建立责任中心，各个责任中心在其经营活动范围内有充分的决策权。责任中心是为完成某种责任而设立的特定部门，其基本特征是权、责、利相结合。具体如下：

　　（1）拥有与企业总体管理自主权相协调，与其管理职能相适应的经营决策权。

　　（2）承担与其经营权相适应的经济责任，有什么样的决策权，就必须承担什么样的经济责任。

　　（3）建立与责任相配套的利益机制，将管理人员的个人利益与其管理业绩联系起来，从而调动全体管理人员和工作人员的工作积极性和责任感。

（4）各责任中心的局部利益必须与企业整体利益相一致，不能为了各责任中心的局部利益影响企业整体利益。

责任中心根据其控制区域和范围的大小可分为：收入中心、成本中心、利润中心和投资中心四种类型。

1. 收入中心

收入中心是指那些只对其收入负责的责任中心。收入中心的特点是无法控制生产成本、存货和投资活动。企业销售部门是一种典型的收入中心形式。

确定收入中心的目的是为了组织营销活动。典型的收入中心通常是从生产部门取得产成品并负责销售和分配的部门，如公司所属的销售分公司或销售部。若收入中心有制定价格的权力，则该中心的管理者就要对获取的毛收益负责；若收入中心无制定价格的权力，则该中心的管理者只需对实际销售量和销售结构负责。为使收入中心不仅仅是追求销售收入达到最大，更重要的是追求边际贡献达到最大，因而在考核收入中心业绩的指标中，应包括某种产品边际成本等概念。随着分配、营销和销售活动中作业成本法的逐渐采用，销售单位能够把它们的销售成本和对每个消费者提供服务的成本考虑进去，这样企业就能够用作业成本制度把履行营销和销售活动的收入中心变成利润中心，从而可以对销售部门的利润贡献加以评估。因而，将许多分散的经营单位仅仅当作收入中心的情况越来越少了。

2. 成本中心

成本中心是指那些不形成或者不考核其收入，而着重考核其所发生的成本和费用的责任中心。成本中心的特点是没有经营权或销售权，无法控制收益。成本中心是应用最广泛的一种责任中心形式。

成本中心按考核指标不同分为标准成本中心和费用中心两种类型。

（1）标准成本中心。必须是所生产的产品稳定而明确，并且已经知道单位产品所需要的投入量的责任中心。通常典型代表是制造业工厂、车间、工段、班组等。

实际上任何一种重复性的活动都可以建立标准成本中心，只要这种活动能够计量产出的实际数量，并且能够说明投入与产出之间可望达到的函数关系。因此各行业都可建立标准成本中心。

（2）费用中心。适用于那些产出物不能用财务指标来衡量，或者投入和产出之间没有密切关系的单位。费用中心包括一般行政管理部门和研究开发部门等。对于费用中心，唯一可以准确计量的是实际费用，无法通过投入和产出的比较来评价其效果和效率，从而限制无效费用的支出，因此，有人称之为"无限制的费用中心"或"酌量性费用中心"。

3. 利润中心

利润中心是指能同时控制生产和销售，既要对成本负责又要对收入负责，但没有责任或没有权力决定该中心资产投资的水平的责任中心。利润中心往往处于较高的层次，其权力更大，但责任也更重。利润具有以下两大特性：

（1）独立性。利润中心对外虽无法人资格，但对内却是独立的经营个体，在产品售价、采购来源、人员管理及设备投资等，均享有高度的自主性。

（2）获利性。每一个利润中心都会有一张独立的利润表，并以其盈亏金额来评估其经营绩效。所以每一个利润中心有一定收入与支出。非对外的营业部门，就需要设定内部交易和服务的收入，以便计算其利润。

利润中心可划分为自然利润中心和人为利润中心两种。

（1）自然利润中心，指在外界市场上销售产品或提供劳务取得实际收入、给企业带来利润的利润中心。这类利润中心一般是企业内部独立单位，具有材料采购权、生产决策权、价格制定权、产品销售权，有很大的独立性，如分公司、分厂等。它可以直接与外部市场发生业务上的联系，销售其最终产品和半成品或提供劳务，既有收入，又有成本，可以计算利润，将其完成的利润和责任预算中的预计利润对比，评价和考核其工作业绩。

（2）人为利润中心，指在企业内部按照内部结算价格将产品或劳务提供给本企业其他责任中心取得收入，实现内部利润的责任中心。这类利润中心的产品主要在本企业内转移，一般不与外部市场发生业务上联系，它们只有少量对外销售，或者全部对外销售均由企业专设的销售机构完成，如各生产车间、运输队等。由于人为的利润中心能够为成本中心相互提供产品或劳务规定一个适当的内部转移价格，这些成本中心可以"取得"收入进而评价其收益，因此，大多数成本中心总能转化为人为利润中心。

人为利润中心本来应是成本中心，为了发挥利润中心的激励机制，人为地按规定的内部结算价格，与发生业务关系的内部单位进行半成品和劳务的结算，并以结算收入减去成本算得利润，与责任预算中确定的预计利润进行对比，进而对差异形成的原因和责任进行剖析，据以对其工作业绩进行考核和评价。对人为利润中心，内部结算价格制订得是否合理，是能否正确考核和评价其工作业绩的关键。

4. 投资中心

投资中心是既对成本、收入和利润负责，又对其投资及其利用效益负责的责任中心。投资中心在责任中心中处于最高层次，它具有最大的决策权，也承担最大的责任。

投资中心是最高层次的责任中心，它拥有最大的决策权，也承担最大的责任。投资中心必然是利润中心，但利润中心并不都是投资中心。利润中心没有投资决策权，而且在考核利润时也不考虑所占用的资产。

二、责任成本

责任中心，不论层次高低、所负责任大小，都有成本发生，都要考核其责任成本。责任成本是企业目标成本管理的核心，它可作为评价责任者成本责任的履行情况，考核成本经营绩效的依据。

1. 责任成本概念

责任成本是以具体的责任单位（部门、单位或个人）为对象，以其承担的责任为范围所归集的成本，也就是特定责任中心的全部可控成本。所谓可控成本指在责任中心内，能为该责任中心所控制，并为其工作好坏所影响的成本。确定责任成本的关键是可控性，它不受发生区域的影响。

从一般的意义上讲，责任成本应该具备四个条件：①可预计性。也就是说，责任中心有办法知道它的发生以及发生什么样的成本。②可计量性。责任中心有办法计量这一耗费的大小。③可控制性。责任中心完全可以通过自己的行动来对其加以控制与调节。④可考核性。责任中心可以对耗费的执行过程及其结果进行评价与考核。

2．责任成本核算

责任成本核算是在企业内部的责任中心制定责任成本预算，作为该责任中心的成本目标，计算实际成本的差异，进行实际成本的控制和考核的一种成本核算方法。它所计算的脱离责任成本预算的差异，能够对责任中心的员工控制责任成本的成绩和过失进行评价和奖惩，调动责任中心员工的积极性，努力完成责任成本目标。

第一，编制责任成本预算。

首先，确定某一期间（如某月）的企业全部产品总成本，这是企业领导层的责任成本目标，也是整个企业这个最大责任中心的责任成本预算。

其次，将责任成本总预算分解到二级责任成本中心，详细调查各责任成本中心的可控成本和不可控成本，将可控成本列为该中心的本期责任成本预算。责任成本预算制定的标准是否可行，直接影响到责任成本核算的成败。责任成本的标准应是经过努力可以达到的先进标准，具有可行性和可计量性，才能成为该中心全体员工的奋斗目标。只要存在不可控成本，总预算和分预算就不会相等，尽可能减少不可控成本，才能使总预算实现的可能性增大。

最后，将二级责任成本中心的责任成本预算再分解到三级、四级责任成本中心，形成整个企业的责任成本系统。

第二，建立责任成本明细账。

（1）在双轨制下，成本和费用明细账要分别各个责任成本中心设置，及时登记可控的实际成本和费用。在最基础级的责任成本中心，通过日常的记录，可及时控制成本和费用的超支。在较高层次的责任成本中心，可按月或定期进行汇总，以便及时控制。

（2）在单轨制下，若以产品制造成本为主设置账册，可按原来的方法计算产品的制造成本。但各车间、部门之间耗费的结转均以企业内部的结算价格计价，差异由厂部统一分配计入各种产品，而且成本费用明细账也需要划分可控成本与不可控成本，再把可控成本分到各责任中心，以便计算各责任成本中心的实际责任成本。若以责任成本为主设置账册，可以直接提供责任成本但必须将可控和不可控成本分别分配记入各种产品成本，根据各产品分配的可控和不可控成本之和计算各产品的制造成本。

第三，编制责任成本表和差异分析报告。

编制责任成本表和差异分析报告作为考核各责任中心的依据：如果是成本中心，就以此作为生产业绩的考核依据。如果是利润中心或是投资中心，则将其与各责任中心的收入相配比，计算出利润作为考核经营业绩或投资业绩的依据。

三、责任成本考核

责任成本考核是责任成本管理工作的一个重要程序，通过考核摸清企业责任成本管理工作现状，揭露企业责任成本管理方面存在的问题与不足，对企业开展责任成本管理工作情况进行客观、公正的评价，以促进企业高度重视和改进责任成本管理体系、方法，扎实有序地推进责任成本管理工作。考核结论是检验责任成本管理工作开展好坏的重要标准之一，也是兑现奖罚的基本依据。只有进行经常地检查考核，才能奖惩分明，激励降本增效的积极性，从而促进责任成本管理的健康发展。

在实行责任成本制的企业，成本考核是评价各责任中心特别是成本中心业绩的主要手段，通过考核，促进各责任中心控制和降低各项耗费，并借以控制和降低各种产品的生产成本。责任成本考核工作主要包括编制和修订责任成本预算、确定成本考核指标及分析和评价经营业绩等几个方面的内容。

1. 编制和修订责任成本预算

责任成本预算是根据预定的生产量、生产消耗标准和成本标准运用弹性预算方法编制的各责任中心的预定责任成本。严格地遵守和完成责任成本预算是各责任中心应履行的职责。

责任成本预算是各责任中心业绩控制和考核的重要依据。责任成本预算应按各责任中心的预定业务量进行编制，并按实际发生的业务量进行调整。责任成本包括变动成本和固定成本两部分。变动成本和固定成本应分别计算，即首先根据业务量和单位标准成本计算出变动成本总额，然后加上固定成本总额即为总责任成本。

2. 确定成本考核指标

进行成本考核的关键在于成本考核指标的制定。企业产品的计划成本或目标成本制定完成后，应进行归口分级管理，层层分解至每一个有关部门，明确其经济责任和经济利益，定期考核兑现。成本考核的指标主要集中于目标成本完成情况，包括目标成本节约额和目标成本节约率两个指标。

3. 业绩评价

目标成本节约额和目标成本节约率两个指标是相辅相成的，因此评价一个责任中心的经营业绩时必须综合考核两个指标的结果。对于可控的间接费用，各责任中心还应将其划分为固定费用与变动费用两部分分别进行考核。固定费用总额，在一定相关的范围内，一般不随产量的增减而变动，当实际支出与预算数有较大差异时，应视为不合理超支。变动费用按产量或有关业务量增减比例调整后，实际支出数仍存在较大超支差异，就隐含着不合理现象。

主要参考文献

卜庆军. 2012. 管理学. 第二版. 北京：经济科学出版社.

财政部会计司编写组. 2011. 企业会计准则讲解（2010）. 北京：人民出版社.

崔环. 2011. 有关成本会计发展的探讨. 经营管理者，（02）.

杜晓荣，陆庆春，张颖. 2007. 成本控制与管理. 北京：北京交通大学出版社.

林钢. 2005. 责任会计. 北京：中国人民大学出版社.

欧阳清，阳雄丝. 2003. 成本会计学. 北京：首都经济贸易大学出版社.

孙忠泽. 2010. 关于成本会计几个问题的探讨. 冶金财会，（11）.

汤晓燕. 2007. 成本会计的发展趋势及对策. 财会研究，（04）.

万寿义，任月君. 2007. 成本会计. 大连：东北财经大学出版社.

王雄元. 2007. 成本会计. 上海：上海财经大学出版社.

魏景义. 2009. 现代成本会计的发展. 现代商业，（11）.

于富生，黎来芳. 2009. 成本会计学. 第五版. 北京，中国人民大学出版社.

中华人民共和国财政部. 2006. 企业会计准则——应用指南. 北京：中国财政经济出版社.

中华人民共和国财政部. 2006. 企业会计准则. 北京：经济科学出版社.

附 录

《成本会计学》习题集

习题一　新华公司成本预测

新华公司 2010 年 1～6 月有关产销量和成本资料如下：

时间	1	2	3	4	5	6
产量/件	600	500	400	700	1 400	1 000
总成本/万元	14 000	15 000	10 000	16 000	30 000	22 000

7 月份预计产销量为 1 600 件，预测 7 月份总成本。

要求：

1. 采用高低点法

2. 采用散布图法

3. 采用一元直线回归法

习题二 东方有限公司成本决策应用

1. 公司原来只生产 A 产品，现准备开发新产品 B 或 C，有关资料如表所示：

单位：元

项目	A 产品	B 产品	C 产品
产量/件	4 000	200	1 000
单位售价	10	40	15
单位变动成本	4	20.5	9
固定总成本		20 000	

预计 B、C 产品销路不成问题，但由于生产能力有限，只允许投产其中一种产品。

要求：

(1) 作出生产哪种新产品的决策？

(2) 如果生产产品 B 或 C 必须追加成本支出，购置专用工具，价值分别为 1 000 元、5 000 元，作出生产哪种新产品的决策？

2. 公司生产甲、乙、丙三种产品，其中丙产品是亏损产品，有关资料如下表。要求就以下不同情况进行决策：

单位：元

项目	甲产品	乙产品	丙产品	合计
销售收入	30 000	20 000	25 000	75 000
变动成本	21 000	10 000	20 000	51 000
贡献毛益	9 000	10 000	5 000	24 000
固定成本	7 200	4 800	6 000	18 000
利润	1 800	5 200	−1 000	6 000

(1) 亏损产品停产后，闲置的能力不能用于其他方面，丙产品是否应停产？（假设固定成本按销售收入比例分摊）

（2）如果亏损产品停产后，闲置的生产能力可用于对外出租，预计全年可获租金收入 10 000 元，丙产品应否停产？

（3）如果亏损产品停产后，闲置的能力可用于增产原有的甲产品 20％，丙产品应否停产？

3. 公司决定生产一种产品，可用普通机床加工，也可以用数控机床加工。如果采用普通机床加工，其单位加工费为 12 元，固定成本为 16 000 元；如果采用数控机床加工，其单位加工费为 8 元，固定成本为 24 000 元。要求作出决策——在何种产销量的时候应用哪种机床进行加工？

习题三　贵阳宏伟有限公司成本计划编制

贵阳宏伟有限公司 2013 年度成本计划编制相关基础资料。

（1）根据市场需求情况预测，本公司主要生产和销售的农用机械甲、乙两种产品 2013 年度预计销量。

单位：件

品种	第一季度	第二季度	第三季度	第四季度	全年合计
甲产品	8 000	7 000	7 000	6 000	28 000
乙产品	7 000	8 000	8 000	6 000	29 000

（2）根据公司经验，每个季度的期末产品存货量为本季度预计销售量的 15%，期末材料存货量为本季度预计生产耗用量的 10% 较为合理。

（3）2012 年末期末产品存货量甲产品件 700 件，乙产品 800 件；期末材料存货量 A 材料 82.8 吨，B 材料 63.8 吨。

（4）农用机械甲、乙产品材料、工时耗用标准（定额）：

项目	材料标准（定额）		工时标准（定额）
	A 材料	B 材料	
甲产品	0.05 吨/件	0.01 吨/件	0.4 工时/件
乙产品	0.04 吨/件	0.02 吨/件	0.5 工时/件
材料计划单价	3 300 元/吨	5 500 元/吨	
计划人工成本率			45 元/工时

（5）各季度材料采购货款本季度付款 50%，下季度付款 50%。2012 年末应付账款余额 250 000 元，假设在 2013 年度第一季度支付。

（6）制造费用月耗用标准：

单位：元

项目	间接材料	间接人工	水电费	维修费用	折旧费	其他费用	合计
月耗用标准	34 000	35 000	5 500	6 000	84 000	10 000	174 500

要求：编制贵阳宏伟有限公司 2013 年度成本计划。

1. 生产计划

生产计划编制说明：

（1）各季度计划销售量，根据公司销售部提供的 2013 年度销售计划填制。

（2）根据公司经验，每个季度的期末产品存货量为本季度预计销售量的 15%。

生产计划（2013 年度）　　　　　　　　　　　　数量单位：件

	项目	第一季度	第二季度	第三季度	第四季度	全年合计
甲产品	预计销售量					
	加：预计期末结存量					
	合计					
	减：预计期初结存量					
	预计产品生产量					
乙产品	预计销售量					
	加：预计期末结存量					
	合计					
	减：预计期末结存量					
	预计产品生产量					

2. 直接材料成本计划

直接材料成本计划编制说明：

（1）各季度预计产品生产量，根据公司生产计划填制。

（2）根据公司经验，每个季度的期末材料存货量为本季度预计生产耗用量的 10% 较为合理。

（3）各季度材料采购货款本季度付款 50%，下季度付款 50%。

直接材料成本计划（2013 年度）　　　　　　　　　　单位：元

	项目		第一季度	第二季度	第三季度	第四季度	全年合计
甲产品	预计产品生产量/件						
	单位产品材料标准/吨	A 材料					
		B 材料					
乙产品	预计产品生产量/件						
	单位产品材料标准/吨	A 材料					
		B 材料					
本期产品生产材料需用总量/吨		A 材料					
		B 材料					
加：预计期末材料存货量/吨		A 材料					
		B 材料					
减：预计期初材料存货量/吨		A 材料					
		B 材料					
预计材料采购量/吨		A 材料					
		B 材料					

续表

项目		第一季度	第二季度	第三季度	第四季度	全年合计
材料计划单价	A材料					
	B材料					
预计材料采购总金额						
预计现金流出量/元	期初应付账款					
	第一季度采购款					
	第二季度采购款					
	第三季度采购款					
	第四季度采购款					
	现金流出合计					

3. 直接人工成本计划

直接人工成本计划编制说明：

各季度预计产品生产量，根据公司生产计划填制。

各季度预计直接人工总成本，当期全额现金支付。

直接人工成本计划（2013年度）

数量单位：工时　金额单位：元

项目		第一季度	第二季度	第三季度	第四季度	全年合计
甲产品	预计产品生产量					
	单位产品工时标准（定额）					
	预计工时小计					
乙产品	预计产品生产量					
	单位产品工时标准（定额）					
	预计工时小计					
预计工时合计						
计划人工成本率						
预计直接人工总成本						
预计现金流出量						

4. 制造费用计划

制造计划编制说明：

（1）各费用项目除折旧费外，均为付现项目。

（2）间接材料费用本季度付款50％，下季度付款50％。

制造费用计划（2013 年度）　　　　　　　　　　　　单位：元

项目	第一季度	第二季度	第三季度	第四季度	全年合计
间接材料					
间接人工					
水电费					
维修费用					
折旧费					
其他费用					
合计					
预计现金流出量					

　　预计制造费用小时费用率

＝制造费用计划总额÷全年预计工时合计

＝

5. 单位产品成本计划

单位产品成本和期末产品存货成本计划编制说明：

期末产品存货数量来源于生产计划中的年末产品存货。

单位产品成本和期末产品存货成本计划（2013 年度）

项目		直接材料		直接人工	制造费用	合计
		A 材料	B 材料			
甲产品	单位产品耗用标准					
	标准定价及费用率					
	预计单位产品成本					
	期末存货数量/件	—		—	—	
	期末存货成本/元					
乙产品	单位产品耗用标准					
	标准定价及费用率					
	预计单位产品成本					
	期末存货数量/件	—		—	—	
	期末存货成本/元					

6. 商品产品成本计划

商品产品成本计划编制说明：

（1）产品存货销售数量和生产数量来源于生产计划。

（2）单位产品成本来源于单位产品成本计划。

商品产品成本计划（2013 年度）　　　　　　　　　　单位：元

项目		第一季度	第二季度	第三季度	第四季度	全年合计
生产量	甲产品					
	乙产品					
销售量	甲产品					
	乙产品					
单位产品成本	甲产品					
	乙产品					
计划生产总成本	甲产品					
	乙产品					
	合计					
计划销售总成本	甲产品					
	乙产品					
	合计					

习题四　黔元有限责任公司日常费用归集

黔元有限责任公司于 2013 年 1 月建成正式投产。该公司建有一个基本生产车间和一个机修辅助生产车间，前者生产甲、乙两种产品，后者提供一种修理劳务。2013 年 1 月份投产：甲产品 400 件，月末全部完工；乙产品 1 000 件，完工产品 400 件，月末在产品 600 件，完工程度 50%。甲、乙两种产品材料均在生产开始时一次投入。甲、乙两种产品单位定额工时为：6 工时/件，5 工时/件。辅助生产的制造费用不通过"制造费用"科目核算。

黔元有限责任公司 2013 年 1 月份发生有关经济业务如下：

（1）生产耗用 A 材料 3 600 千克，其中：直接用于甲、乙产品生产共用 2 800 千克，用作基本生产车间机物料 200 千克；机修辅助生产车间耗用 400 千克；用于企业行政管理部门 200 千克。A 材料计划单位成本 250 元/千克，材料成本差异率－2%。按投产量比例分配材料费用。

（2）发生工资费用 78 000 元。其中基本生产车间生产工人工资 34 000 元，基本生产车间管理人员工资 13 000 元；辅助生产车间生产人员工资 16 000 元，企业行政管理人员工资 15 000 元。按定额工时比例分配工资费用。

（3）计提固定资产折旧费 6 430 元。其中基本生产车间 2 740 元。辅助生产车间 1 530 元，行政管理部门 2 160 元。

（4）用银行存款支付其他费用 5 900 元。其中基本生产车间 2 600 元，辅助生产车间 1 400 元，行政管理部门 1 900 元。

要求：对黔元有限责任公司 2013 年 1 月日常费用进行分配归集核算。

1. 材料费用分配及账务处理。

材料费用分配表

年　月　日

单位：元

分配对象	直接计入	分配计入			材料计划成本	成本差异	材料实际成本
		分配标准	分配率	分配金额			
甲产品							
乙产品							
小计							
辅助生产							
基本生产车间一般用							
行政管理用							
合计							

账务处理：

分录：

2. 人工费用分配及账务处理。

职工薪酬费用分配表

年　月　日　　　　　　　　　　单位：元

分配对象	直接计入	分配计入			职工薪酬费用合计
		分配标准	分配率	分配金额	
甲产品					
乙产品					
小计					
辅助生产					
基本生产车间管理人员					
行政管理用					
合计					

账务处理：

分录：

3. 固定资产折旧费账务处理：

4. 支付其他费用账务处理：

习题五 黔元有限责任公司辅助生产费用分配

黔元有限责任公司设有供电和机修两个辅助生产车间，2013 年 3 月供电车间发生费用 19 500 元，机修车间发生费用 9 900 元。有关服务数量如下表所示。

辅助生产车间本月提供产品（劳务）资料

消耗部门		供电量/度	修理工时/小时
辅助生产车间	供电车间	—	300
	机修车间	5 000	—
基本生产车间	甲产品	21 000	—
	乙产品	24 000	—
	一般耗用	6 000	2 000
管理部门		9 000	1 000
合　计		65 000	3 300

要求：

1. 采用直接分配法分配辅助生产费用，并进行账务处理。

辅助生产费用分配表

年　月　　　　　　　　　　　　　单位：元

项目	分配费用	分配数量	分配率	甲产品 数量	甲产品 金额	乙产品 数量	乙产品 金额	制造费用 数量	制造费用 金额	管理费用 数量	管理费用 金额
供电车间											
机修车间											
合计											

账务处理：

2. 采用一次交互分配法分配辅助生产费用，并进行账务处理。

辅助生产费用分配表

年　月　　　　　　　　　　　　　　　　　　　　　　单位：元

项目		交互分配			对外分配		
		供电车间	机修车间	合 计	供电车间	机修车间	合 计
分配费用							
分配数量							
分配率							
供电车间	数量						
	金额						
机修车间	数量						
	金额						
基本生产	甲产品 数量						
	甲产品 金额						
	乙产品 数量						
	乙产品 金额						
制造费用	数量						
	金额						
管理费用	数量						
	金额						
合 计							

账务处理：

3. 采用计划成本分配法分配辅助生产费用，并进行账务处理。计划单位成本，电为
0.3 元/度，机修劳务为 4 元/工时。

辅助生产费用分配表

年　月　　　　　　　　　　　　　　　　　　　　单位：元

项目		供电车间	机修车间	合计
分配费用				
分配数量				
计划单位成本				
供电车间	数量			
	金额			
机修车间	数量			
	金额			
基本生产	甲产品 数量			
	甲产品 金额			
	乙产品 数量			
	乙产品 金额			
制造费用	数量			
	金额			
管理费用	数量			
	金额			
计划成本合计				
实际成本合计				
辅助生产成本差异				

账务处理：

4. 采用代数分配法分配辅助生产费用，并进行账务处理。

辅助生产费用分配表

年　月　　　　　　　　　　　　　　　　　　单位：元

项目		供电车间	机修车间	合计
分配费用				
分配数量				
分配率				
供电车间	数量			
	金额			
机修车间	数量			
	金额			
基本生产 甲产品	数量			
	金额			
乙产品	数量			
	金额			
制造费用	数量			
	金额			
管理费用	数量			
	金额			
费用合计				

分配率计算：

账务处理：

5. 采用顺序分配法分配辅助生产费用，并进行账务处理。

辅助生产费用分配表

年 月 　　　　　　　　　　　　　　　单位：元

项目	分配数量	分配费用	分配率	分配数量	分配费用	分配率	基本生产				制造费用		管理费用		合计
							甲产品		乙产品						
							数量	金额	数量	金额	数量	金额	数量	金额	
待分配															
合计															

辅助车间顺序判断：

账务处理：

习题六　贵阳新华印刷厂制造费用分配

贵阳新华印刷厂基本生产车间全年制造费用预算总额 300 000 元，全年计划产量为甲产品 2 000 件，乙产品 1 000 件。甲产品工时定额为 3 小时，乙产品工时定额为 4 小时。

2012 年 12 月基本生产车间本月实际生产甲产品 300 件，乙产品 200 件。"制造费用"借方期初余额 2 500 元，本月实际发生制造费用 45 000 元。

要求：

1. 计算制造费用年度计划分配率。

2. 采用年度计划分配率分配法分配本月制造费用。

制造费用分配表

年　月　　　　　　　　　　　　　　　　　　　　　　单位：元

品种	产量	单位工时	总定额工时	计划分配率	计划分配额

账务处理：

3. 采用定额工时比例分配调整制造费用余额。

制造费用分配表

年　月　　　　　　　　　　　　　　　　　　　　　　单位：元

品种	产量	单位工时	总定额工时	差异分配率	差异分配额

账务处理：

习题七　贵阳新华印刷厂废品损失核算

贵阳新华印刷厂基本生产车间本月共完工甲产品 3 000 件,经检验合格品为 2 960 件,不可修复废品 40 件。全部生产工时为 19 960 小时,其中合格品生产工时为 19 760 小时,废品生产工时为 200 小时。原材料在开始加工时一次投入。本月甲产品的实际成本为 191 784 元,其中直接材料 84 000 元,直接人工 59 880 元,制造费用 47 904 元。废品最终回收残料价值 600 元,应收过失人赔偿 300 元。

要求:

1. 按实际成本计算废品损失。

废品损失计算表

车间:　　　　　　　　　　　　年　月　　品种:　　　合格品:　　　废品:

项目	数量/件	直接材料	生产工时	直接人工	制造费用	合计
生产费用总额						
分配率						
废品生产成本						
减:残料价值						
赔偿款						
废品净损失						

2. 账务处理:

习题八 贵阳花溪机械厂费用在完工产品与在产品之间分配

贵阳花溪机械厂生产甲产品的工艺过程为原材料分别一次投入一、二生产厂家分别加工成 A、B 两种部件，再由第三车间组装成甲产品如下图。

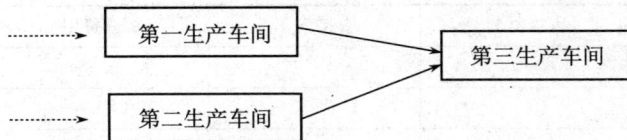

第一生产车间 → 第三生产车间

第二生产车间 →

第一，二生产车间生产 A、B 两种部件，均耗用同一种材料，第三车间组装甲产品耗用 A、B 两种部件的关系为 2A＋1B＝1 甲产品。

2013 年 5 月生产甲产品发生的费用如下：

单位：元

成本项目	直接材料	直接人工	制造费用	合计
月初在产品成本	45 000	52 000	28 000	125 000
本月费用	680 000	420 000	380 000	1 480 000
费用合计	725 000	472 000	408 000	1 605 000

2013 年 5 月生产完工甲产品 5 000 件。

要求：

1. 月末在产品第一车间 2 件；第二车间、第三车间无在产品，采用在产品不计算成本法计算结转完工产品成本。

成本计算单

品种：　　　　　　　年　月　　　　　　完工产品数量：

成本项目	直接材料	直接人工	制造费用	合计
月初在产品成本				
本月费用				
费用合计				
完工产品成本				
单位成本				

账务处理：

2. 月末在产品第一车间 12 件、第二车间 24 件、第三车间 10 件，各月在产品数量相差不多。采用在产品按固定成本计算法计算结转完工产品成本。

成本计算单

品种：　　　　　　　　　　　　年　月　　　　　　　　　　完工产品数量：

成本项目	直接材料	直接人工	制造费用	合计
月初在产品成本				
本月费用				
费用合计				
完工产品成本				
单位成本				
月末在产品成本				

账务处理：

3. 月末各车间在产品在本车间的完工程度为 50%，在产品数量和定额资料如下：

车间	单位产品材料定额/（千克/件）	单位产品工时定额/（工时/件）	月末在产品数量/件
1（A）	20	10	200
2（B）	10	8	400
3（甲）		4	100
合计	50	32	—

单位费用定额：材料 3 元/千克，直接人工 4 元/工时，制造费用 3 元/工时。
采用月末在产品按定额成本计算法计算结转完工产品成本。

月末在产品定额成本计算表

项目	计算过程
月末在产品材料定额成本	
月末在产品人工定额成本	
月末在产品制造费用定额成本	
月末在产品定额成本	

成本计算单

品种： 年 月 完工产品数量：

成本项目	直接材料	直接人工	制造费用	合计
月初在产品成本				
本月费用				
费用合计				
完工产品成本				
单位成本				
月末在产品成本				

账务处理：

4. 月末各车间在产品在本车间的完工程度为 50%，在产品数量和定额资料见要求 3，采用约当产量比例法计算结转完工产品成本。

月末在产品约当产量计算表

车间	投料程度	约当产量	完工程度	约当产量
1（A）				
2（B）				
3（甲）				
合计				

成本计算单

品种： 年 月 完工产品数量：

成本项目		直接材料	直接人工	制造费用	合计
月初在产品成本					
本月费用					
费用合计					
标准	完工产品				
	月末在产品				
分配率					
完工产品成本					
单位成本					
月末在产品成本					

账务处理：

5. 月末各车间在产品在本车间的完工程度为 50%，在产品数量和定额资料见要求 3，采用定额比例法计算结转完工产品成本。

产品定额耗用量计算表

项目		材料定额耗用量	工时定额耗用量
月末在产品	一车间		
	二车间		
	三车间		
	合计		
完工产品			

成本计算单

品种：   年 月   完工产品数量：

成本项目		直接材料	直接人工	制造费用	合计
月初在产品成本					
本月费用					
费用合计					
标准	完工产品				
	月末在产品				
分配率					
完工产品成本					
单位成本					
月末在产品成本					

账务处理：

6. 月末各车间在产品在本车间的完工程度为 50%，在产品数量和定额资料见要求 3，采用在产品成本按所耗材料费用法计算结转完工产品成本。（材料费用按定额耗用量比例分配）

成本计算单

品种：　　　　　　　　　　　年　月　　　　　　　　完工产品数量：

	成本项目	直接材料	直接人工	制造费用	合计
	月初在产品成本				
	本月费用				
	费用合计				
标准	完工产品		—	—	—
	月末在产品		—	—	—
	分配率		—	—	—
	完工产品成本				
	单位成本				
	月末在产品成本				

账务处理：

7. 月末在产品第一车间、第二车间无在产品；第三车间在产品 3 000 件，已完工尚未包装。采用在产品按完工产品成本计算法计算结转完工产品成本。

成本计算单

品种：　　　　　　　　　　　年　月　　　　　　　　完工产品数量：

	成本项目	直接材料	直接人工	制造费用	合计
	月初在产品成本				
	本月费用				
	费用合计				
标准	完工产品				
	月末在产品				
	分配率				
	完工产品成本				
	单位成本				
	月末在产品成本				

账务处理：

习题九　贵阳白云机械厂分批法成本计算

贵阳白云机械厂生产组织属小批生产，产品生产批数较多，月末有多个批号产品不能完工，产品成本计算采用简化的分批法进行。

2 月份各批产品生产情况如下。

2120 号：甲产品 6 件，1 月投产，2 月 22 日全部完工。

2121 号：乙产品 12 件，1 月投产，2 月末完工 8 件。

2122 号：丙产品 6 件，1 月末投产，尚未完工。

2123 号：丁产品 8 件，2 月投产，尚未完工。

各批号 2 月末累计原材料费用（原材料在生产开始时一次投入）和工时如下。

2120 号：原材料费用 20 000 元，工时 1 000 小时。

2121 号：原材料费用 28 600 元，工时 2 650 小时。

2122 号：原材料费用 16 800 元，工时 960 小时。

2123 号：原材料费用 12 000 元，工时 894 小时。

2 月末，该厂全部产品累计原材料费用 77 400 元，工时 5 504 小时，直接工资 29 800 元，直接燃料 5 800 元，制造费用 8 480 元。

2 月末，完工产品工时 2 632 小时，其中乙产品 1 632 小时。

直接材料采用产量比例分配，其他采用工时比例分配。

要求：

1. 采用简化的分批法计算成本。

产品成本二级账
（各批产品总成本）

摘要	直接材料	生产工时	直接工资	直接燃料	制造费用	合计
累计费用						
间接费用分配率						
转完工成本						
在产品成本						

产品成本明细账

批号：2120　　　　产品名称：甲产品　批量：　　　　　完工数量：
开工日期：　　　　完工日期：　　　　　　　　　订货单位：

摘要	直接材料	生产工时	直接工资	直接燃料	制造费用	合计
累计						
全部产品累计间接费用分配率						
本月完工产品转出						
完工产品单位成本						

产品成本明细账

批号：2121　　　　　　　　　产品名称：乙产品　批量：　　　　　完工数量：

开工日期：　　　　　　　　　完工日期：　　　　　　　　　　　订货单位：

摘要	直接材料	生产工时	直接工资	直接燃料	制造费用	合计
累计						
全部产品累计 间接费用分配率						
本月完工产品转出						
完工产品单位成本						
在产品						

产品成本明细账

批号：2122　　　　　　　　　产品名称：丙产品　　　　　　　　　批量：

开工日期：　　　　　　　　　完工日期：　　　　　　　　　　　订货单位：

摘要	直接材料	生产工时	直接工资	直接燃料	制造费用	合计
累计						

产品成本明细账

批号：2123　　　　　　　　　产品名称：丁产品　　　　　　　　　批量：

开工日期：　　　　　　　　　完工日期：　　　　　　　　　　　订货单位：

摘要	直接材料	生产工时	直接工资	直接燃料	制造费用	合计
累计						

　　各批号 2 月末累计直接材料（原材料在生产开始时一次投入）直接工资、直接燃料和工时如下。

　　2120 号：直接材料 20 000 元，工时 1 000 小时，直接工资 5 410 元，直接燃料 1 050元。

　　2121 号：直接材料 28 600 元，工时 2 650 小时，直接工资 14 336.5 元，直接燃料 2 782.5元。

　　2122 号：直接材料 16 800 元，工时 960 小时，直接工资 5 193.6 元，直接燃料 1 008元。

　　2123 号：直接材料 12 000 元，工时 894 小时，直接工资 4 859.9 元，直接燃料 959.5元。

　　2 月末，该厂全部产品累计制造费用 8 480 元。

　　2 月末，完工产品工时 2 632 小时，其中乙产品 1 632 小时。

　　直接材料采用产量比例分配，其他采用工时比例分配。

2. 采用间接费用累计分配（简化）的分批法计算成本。

累计制造费用分配表

分配对象		生产工时	分配率	制造费用	合计
完工产品					
	小计				
月末在产品					
合计					

账务处理：

产品成本计算单

批号：2120　　　　产品名称：甲产品　批量：　　　　　完工数量：
开工日期：　　　　完工日期：　　　　　　　　订货单位：

摘要	直接材料	生产工时	直接工资	直接燃料	制造费用	合计
累计						
分配转入制造费用						
费用合计						
本月完工产品成本						
完工产品单位成本						

产品成本计算单

批号：2121　　　　产品名称：乙产品　批量：　　　　　完工数量：
开工日期：　　　　完工日期：　　　　　　　　订货单位：

摘要	直接材料	生产工时	直接工资	直接燃料	制造费用	合计
累计						
分配转入制造费用						
费用合计						
分配率						
本月完工产品转出						
完工产品单位成本						
在产品						

产品成本明细账

批号：2122　　　　　　　　产品名称：丙产品　　　　　　　　　批量：

开工日期：　　　　　　　　完工日期：　　　　　　　　　　　订货单位：

摘要	直接材料	生产工时	直接工资	直接燃料	制造费用	合计
累计						

产品成本明细账

批号：2123　　　　　　　　产品名称：丁产品　　　　　　　　　批量：

开工日期：　　　　　　　　完工日期：　　　　　　　　　　　订货单位：

摘要	直接材料	生产工时	直接工资	直接燃料	制造费用	合计
累计						

习题十　贵阳白云机械厂分步法成本计算

贵阳白云机械厂生产甲产品的工艺过程为：原材料一次投入一车间加工成 S 半成品，再直接投入二车间加工成甲产品。各车间费用在完工产品和月末在产品之间采用约当产量比例法进行分配。2010 年 5 月有关资料如下：

甲产品产量统计表　　　　　单位：件

项目	一车间	二车间
月初在产品	200	300
本月投产量	1000	800
本月完工半成品或产成品	800	500
月末在产品	400	600
月末在产品在本车间完工程度/%	50	50

甲产品费用统计表　　　　　单位：元

车间	项目	直接材料	燃料及动力	直接人工	制造费用	合　计
一	月初在产品成本	16 000	3 000	8 000	10 000	37 000
	本月费用	80 000	37 000	52 000	70 000	239 000
二	月初在产品成本	24 000	8 000	12 000	16 000	60 000
	其中：上车间转入	24 000	6 000	8 000	11 000	49 000
	本月本车间费用		12 000	25 000	32 000	69 000

要求：

1. 采用综合逐步结转分步法计算成本。

（1）一车间结转完工半成品成本分录：

（2）二车间结转完工产品成本分录：

成本计算单

二级科目：一车间（S）完工数量： 月末在产品数量： 完工程度：

摘要		直接材料	燃料及动力	直接工资	制造费用	合计
月初在产品成本						
本月费用						
费用合计						
分配标准	完工半成品					
	月末在产品					
分配率（单位成本）						
完工半成品总成本						
月末在产品成本						

成本计算单

二级科目：二车间（甲）完工数量： 月末在产品数量： 完工程度：

摘要		半成品	燃料及动力	直接工资	制造费用	合计
月初在产品成本						
本月本车间费用						
转入半成品成本						
费用合计						
分配标准	完工产品					
	月末在产品					
分配率（单位成本）						
完工产品总成本						
月末在产品成本						

（3）进行成本还原。

完工产品成本还原计算表（还原率法）

品种：甲产品 完工产品数量：件

项目	还原率	半成品	直接材料	燃料动力	直接工资	制造费用	合计
①还原前完工产品总成本							
②加工车间本月完工半成品成本							
③半成品成本还原为加工车间费用							
④还原后完工产品总成本							
⑤还原后单位成本							

2. 采用分项逐步结转分步法计算成本。

成本计算单

二级科目：一车间（S）完工数量：　　　　月末在产品数量：　　　　完工程度：

摘要		直接材料	燃料及动力	直接工资	制造费用	合计
月初在产品成本						
本月费用						
费用合计						
分配标准	完工半成品					
	月末在产品					
分配率（单位成本）						
完工半成品总成本						
月末在产品成本						

（1）一车间结转完工半成品成本分录：

成本计算单

二级科目：二车间（甲）完工数量：　　　　月末在产品数量：　　　　完工程度：

摘要		直接材料	燃料及动力	直接工资	制造费用	合计
月初在产品成本	本车间费用					
	上车间转入					
本月本车间费用						
转入半成品成本						
费用合计	本车间费用合计					
	上车间转入合计					
	费用合计					
分配标准	完工产品					
	月末在产品 本车间					
	转入					
分配率（单位成本）	本车间					
	转入					
完工产品总成本						
月末在产品成本						

（2）二车间结转完工产品成本分录：

3. 采用平行结转分步法计算成本。

成本计算单

二级科目：一车间（S）完工数量： 广义在产品数量： 广义约当量：

摘要	直接材料	燃料及动力	直接工资	制造费用	合计
月初在产品成本					
本月费用					
费用合计					
分配标准 完工产品					
月末在产品					
分配率（单位成本）					
完工产品成本份额					
月末在产品成本					

成本计算单

二级科目：二车间（甲）完工数量： 广义在产品数量： 广义约当量：

摘要	直接材料	燃料及动力	直接工资	制造费用	合计
月初在产品成本					
本月费用					
费用合计					
分配标准 完工产品					
月末在产品					
分配率（单位成本）					
完工产品成本份额					
月末在产品成本					

完工产品成本汇总计算表

品种：甲产品   完工产品数量：

项目	直接材料	燃料及动力	直接工资	制造费用	合计
一车间转入完工产品成本份额					
二车间转入完工产品成本份额					
转出完工产成品总成本					
单位成本					

结转完工产品成本分录：

习题十一 M公司分类法成本计算

M公司生产的A、B、C三种产品其生产工艺过程相同，归为甲类产品，采用分类法按品种法的基本原理计算成本。月末费用在完工产品与在产品之间分配采用月末在产品按固定成本计算法计算。甲类完工产品成本在类内A、B、C三种产品之间分配：直接材料按材料定额成本确定的系数比例法分配，其他费用采用定额工时比例分配。假定A为标准产品。

2010年10月有关资料如下：

产品定额资料

品种	单位材料定额				单位工时定额 /（工时/件）
	E材料		D材料		
	用量 /（千克/件）	计划单价 /（元/千克）	用量 /（千克/件）	计划单价 /（元/千克）	
A产品	20		30		6
B产品	15	30	25	22	5
C产品	10		20		4

完工产品入库单
单位：件

品种	A产品	B产品	C产品
产量	850	670	350

生产成本明细账
类别：甲类产品　　　　　　　　　　　　　　　　　　　　　　　　　　单位：元

项目	直接材料	燃料及动力	直接工资	制造费用	合计
月初在产品	180 000	60 000	100 000	70 000	410 000
本月发生费用	2 400 000	295 500	492 500	197 000	3 385 000

要求：采用分类法计算产品成本。

产品成本计算单
类别：甲类产品

项目	直接材料	燃料及动力	直接工资	制造费用	合计
月初在产品					
本月发生费用					
费用合计					
完工产品成本					
月末在产品成本					

甲类完工产品成本分配计算表

品种	产量	材料单位系数	材料总系数	单位工时定额	定额总工时	成本项目				完工产品总成本	单位成本
						直接材料	燃料及动力	直接工资	制造费用		
分配率											
A 产品											
B 产品											
C 产品											
合 计											

结转完工产品成本分录：

习题十二 望捷公司定额法成本计算

望捷公司为大量大批生产企业，采用定额法计算产品成本。有关产品成本资料如下。

1. 产品定额成本计算表

产品定额成本计算表

产品名称：A   2012 年 8 月

材料名称	计量单位		材料消耗定额	计划单价	材料费用定额
b	千克		60	11	660

工时定额	直接工资		燃料及动力		制造费用		产品定额成本合计
	工资/小时	金额	支出/小时	金额	费用/小时	金额	
40	6	240	2	80	4	160	1 140

原材料在生产开始时一次投入，2012 年 9 月该公司对其原材料消耗定额进行了修订，原材料消耗定额为 60 千克，材料费用定额为 600 元。

2. 月初在产品定额成本和脱离定额差异

月初在产品定额成本和脱离定额差异

产品名称：A   2012 年 9 月

成本项目	定额成本	脱离定额差异
直接材料	6 600	−162
直接工资	1 200	+80
燃料及动力	400	+26
制造费用	800	+32
合计	9 000	−24

3. 本月产量和生产费用

A 产品月初在产品 10 件，本月投产 110 件，本月完工 100 件，月末在产品 20 件，月初和月末在产品的完工程度均为 50%；本月定额工时 4 200 小时，实际直接材料 5 280 千克，计划成本 528 800 元，材料成本差异率+2%，实际直接工资 27 900 元，燃料及动力 9 200 元，制造费用 17 280 元。

要求：

1. 计算月初定额变动差异。

成本项目	旧定额成本	定额变动系数	定额变动差异
直接材料			
直接工资			
燃料及动力			
制造费用			
合计			

2. 计算本月投入定额成本、脱离定额差异和材料成本差异。

成本项目	本月投入定额成本	脱离定额差异	材料成本差异
直接材料			
直接工资			
燃料及动力			
制造费用			
合计			

3. 计算累计定额成本、脱离定额差异和材料成本差异。

成本项目	定额成本合计	定额变动差异合计	脱离定额差异合计	材料成本差异合计
直接材料				
直接工资				
燃料及动力				
制造费用				
合计				

4. 计算完工产品和月末在产品的定额成本，采用定额成本比例法分配脱离定额差异，其他差异全部由完工产品成本负担。

成本项目	定额成本合计	脱离定额差异分配率	完工产品		月末在产品	
			定额成本	脱离定额差异	定额成本	脱离定额差异
直接材料						
直接工资						
燃料及动力						
制造费用						
合计						

5. 计算本月完工产品和月末在产品的实际成本。

成本项目	完工产品					月末在产品		
	定额成本	脱离定额差异	定额变动差异	材料成本差异	实际成本	定额成本	脱离定额差异	实际成本
直接材料								
直接工资								
燃料及动力								
制造费用								
合计								

习题十三 光明公司标准成本分析计算

M 企业 2013 年 5 月投产甲产品 8 000 件，领用 A 种材料 32 000 千克，其实际价格为每千克 40 元；领用 B 种材料 25 000 千克，其实际价格为每千克 30 元。该产品 A 材料的用量标准为 5 千克，标准价格为每千克 45 元；材料的用量标准为 3 千克，标准价格为每千克 25 元。

实际工时 10 000 小时，实际应付直接工资 110 000 元。该产品工时标准为每件 1.5 小时，标准工资率为每小时 10.80 元。

预算产量为 10 400 件，实际固定制造费用为 190 000 元，实际变动制造费用为 240 000元。工时标准为 1.5 小时，标准变动制造费用分配率为 12 元，固定制造费用分配率为 10 元。

要求：对 M 企业成本进行分析（固定制造费用按二因素法）。

习题十四　光明公司成本分析计算

光明公司 2012 年度生产甲、乙、丙三种产品，其相关成本资料如下表：

光明公司全部产品实际产量及单位成本表

2011 年度

产品名称	计量单位	产量		单位成本/(元/件)		
		本年计划	本年实际	上年实际	本年计划	本年实际
甲产品	件	5 000	4 500	400	380	370
乙产品	件	2 000	3 200	500	450	420
丙产品	件	1 000	800	—	300	320

1. 按产品类别分析全部商品产品成本计划的完成情况

全部商品产品成本计划的完成情况分析表

(按产品类别)

产品类别	产品品种	实际产量本年累计		实际与计划的差异		各种产品成本差异对总成本的影响/%
		计划总成本/元	实际总成本/元	降低额/元	降低率/%	
可比产品	甲产品					
	乙产品					
	合计					
不可比产品	丙产品					
	合计					
全部商品产品						

全部商品产品成本计划完成情况的分析说明：

2. 可比产品成本分析

（1）可比产品成本降低任务及其完成情况的计算。

可比产品成本计划降低任务计算表

（2012 年度）

可比产品	本年计划产量	单位成本		总成本		计划降低任务	
		上年实际成本	本年计划成本	上年实际成本	本年计划成本	降低额	降低率/%
甲产品							
乙产品							
合计							

可比产品成本实际降低任务计算表

（2012 年度）

可比产品	本年实际产量	单位成本		总成本		实际降低任务	
		上年实际成本	本年实际成本	上年实际成本	本年实际成本	降低额	降低率/%
甲产品							
乙产品							
合计							

可比产品成本降低任务完成情况：

成本降低额＝

成本降低率＝

（2）可比产品成本降低任务完成情况因素分析。

可比产品成本降低任务完成情况影响因素替代计算表
（连环替代法）

顺序	影响因素			计算方法	
	产量	品种结构	单位成本	降低额/元	降低率/%
1	计划	计划	计划		
2	实际	计划	计划		
3	实际	实际	计划		
4	实际	实际	实际		

可比产品成本降低任务完成情况各因素变动影响分析表
（连环替代法）

影响因素	对降低额的影响	对降低率的影响
产量		
品种结构		
单位成本		
合计		

（3）可比产品成本降低任务完成情况原因分析说明。